Themenheft Zentralabitur

Sprache | Medien | Lesen und Literatur

Erarbeitet von:
Stefan Schäfer

unter Beratung von:
Horst Klösel, Hannover
Heike Henniger, Leipzig
Beate Wolfsteiner, Regensburg

Ernst Klett Verlag
Stuttgart · Leipzig

Vorwort

Themenheft für das länderübergreifende Zentralabitur 2015

Das Themenheft „Sprache | Medien | Lesen und Literatur" bereitet auf das gemeinsame Deutsch-Abitur 2015 der Bundesländer Bayern, Hamburg, Mecklenburg-Vorpommern, Niedersachsen, Sachsen und Schleswig-Holstein vor. Anhand der inhaltlichen Vorgaben „Sprache, Medien, Lesen und Literatur" trainiert es die Abiturformen **„Erörterung pragmatischer Texte"** (auch textgebundene Erörterung) sowie **„Adressatenbezogenes Schreiben"**, die 2015 in allen genannten Ländern einheitlich gestellt werden können.

Entsprechend der Vorgaben der genannten Bundesländer für das Zentralabitur* ist das Heft in drei Kapitel aufgeteilt:
- Tendenzen der deutschen Gegenwartssprache
- Medien (Umgang mit Medien, Mediengeschichte, Medienkritik)
- Lesen und Literatur

Der Einstieg in die drei Hauptkapitel erfolgt über den sogenannten **Problemhorizont**, der eine erste Orientierung zum thematischen Schwerpunkt bietet, um den es im Kapitel geht.
Es werden Basisinformationen gegeben und/oder richtungweisende Fragestellungen aufgezeigt.
Es folgen dann **Aufgaben zur Selbsteinschätzung**, die unmittelbar in die Kernproblematik des Kapitels einführen bzw. Vorwissen abrufen.

Alle Teilkapitel eines Kapitels sind nach dem gleichen Prinzip gegliedert. Ein **Impuls** in Form eines kurzen Textes, einer Abbildung oder einer Grafik gibt einen ersten Anlass, sich mit dem Thema zu beschäftigen. Die anschließenden Texte sind je nach Schwierigkeitsgrad und Länge in **Basis-** und **Aufbautexte** eingeteilt.
Die Aufgabenstellungen sind so angelegt, dass sie einerseits ein zusammenhängendes Wissen über den thematischen Bereich schaffen und andererseits die im Abitur geforderten Teilkompetenzen der Erschließung und Erörterung eines pragmatischen Sachtextes einüben.
! Besonders **abiturrelevante Aufgabenstellungen** sind mit einem Ausrufezeichen gekennzeichnet.

Zur **Vertiefung und Erweiterung** der Kapitelthemen sind zusätzliche Texte über Online-Codes abrufbar. Die Online-Texte sind im Inhaltsverzeichnis farbig markiert, die Online-Codes finden sich in der Randspalte neben den entsprechenden Arbeitsaufgaben.

Die Materialien und die Aufgabenstellungen sind so gewählt, dass am Ende des Kapitels die dort beschriebenen **Kompetenzanforderungen (Was Sie wissen müssen/Was Sie können müssen)** erfüllt werden können. Die Kompetenzbeschreibungen folgen den Abiturvorgaben der Bundesländer.

Am Ende jedes Kapitels ist auf einer Doppelseite **„Gut zu wissen"** der wichtigste Lernstoff übersichtlich zusammengefasst. Diese Doppelseite dient dem selbstständigen Wiederholen für das schriftliche und mündliche Abitur.

Ein **Schreibtraining** am Schluss des Heftes zeigt anhand eines Beispieltextes in exemplarischen Arbeitsschritten, wie beim „Adressatenbezogenen Schreiben" vorgegangen werden sollte. Ein Schreibtraining zur „Erörterung pragmatischer Texte" kann über den Online-Code c323s4 abgerufen werden.

Viel Erfolg bei der Arbeit mit diesem Heft!

* Das in Niedersachsen geforderte Rahmenthema 6 (Reflexion über Sprache und Sprachgebrauch) des Kerncurriculums wird einschließlich Pflichtmodul (Tendenzen in der Gegenwartssprache) sowie Wahlpflichtmodul (Medienkritik) vollständig abgedeckt. Alle für das Abitur verbindlichen Texte sind berücksichtigt.

Inhalt

„Gute Bücher öffnen uns die Welt“ – Lesen und Literatur ... 74

Schreibtraining: Adressatenbezogenes Schreiben ... 106

„Die Sprache ist eben flexibel" – Tendenzen der deutschen Gegenwartssprache

Problemhorizont

Innere Mehrsprachigkeit – Varietäten und Stile

Die deutsche Sprache als eine natürliche Sprache umfasst verschiedene Teilsprachen (z. B. Standardsprache, Umgangssprache, Dialekte, Fachsprachen, Gruppensprachen), die auch als Subsysteme der deutschen Sprache bezeichnet werden. In der Fachsprache der Sprachwissenschaft bezeichnet man diese Teilsprachen oder Subsysteme als Varietäten (lat. *varietas* = Verschiedenheit). Die Gesamtheit aller Varietäten einer Sprache wird auch die „Architektur" einer Sprache genannt.

Die Fähigkeit zur Nutzung sprachlicher Varietäten (z. B. Standardsprache und Dialekt) wird als „innere Mehrsprachigkeit" bezeichnet – in Abgrenzung zur „äußeren Mehrsprachigkeit", die Erst- und Zweitsprachen, Mutter- und Fremdsprachen umfasst. Zur inneren Mehrsprachigkeit und zur Sprachvielfalt tragen neben den sprachlichen Varietäten des Deutschen auch die stilistischen Varianten der deutschen Standardsprache bei. Dieser Vielfalt der deutschen Sprache und ihrer unterschiedlichen Nutzung soll in diesem Kapitel nachgegangen werden.

Methodischer Tipp

1. Legen Sie sich ein Glossar an und halten Sie die Fachbegriffe fest, die Ihnen in diesem und den folgenden Kapiteln begegnen. Definieren Sie dabei die Begriffe möglichst knapp.

Aufgabe zur Selbsteinschätzung

1. Identifizieren Sie die Sprecher und ordnen Sie die Grußformeln den jeweiligen Varietäten und Stilen zu. (Mehrfachnennungen sind möglich.)

Guten Tag! Tach! Servus! Sei mir gegrüßt! Moin, moin!
Grias di! Ey, du Arsch! Ey Alder, was geht? Salü! Grüß Eahna!
Wie geht's, wie steht's? Grüß Gott! Habe die Ehre! Hallo!
Hi! Yalla! Gruezi! Ahoi! Glück auf!

Standardsprache/ Hochsprache	*Umgangssprache/ Alltagssprache*	*Dialekt/ Mundart*	*Fachsprache/ Fachjargon*	*Gruppensprache/ Sondersprache*

Migrantensprache	*hohe Stilebene/ pathetisch*	*niedrige Stilebene/ vulgär*	*formeller Stil/ öffentlich*	*informeller Stil/ privat*

1 „Mehrsprachig sind wir schon in unserer Muttersprache“ – Innere Mehrsprachigkeit und Sprachvarietäten

1.1 Varietäten der deutschen Sprache im Überblick

Beispiel 1

Abweichend von Paragraph 2 werden bei Schafböcken, die in einem Kreuzungszuchtprogramm als Väter von Endprodukten verwendet werden sollen, die Zuchtwertteile Fleischleistung und Zuchtleistung einheitlich für alle Kreuzungszuchtböcke des Kreuzungszuchtprogramms festgestellt.

(EU-Verordnung)

Beispiel 2

„Höggschte Konzentration.“

(Fußballbundestrainer Joachim Löw)

Beispiel 3

„Jut! Mejen mich schlajen,mejen mir prügeln, mejen mir schmeißen Wasserflasche an Kopp; eh nich weiß, wo Kind is, eh nich haben mit Augen jesehen, bringen mich keiner und niemand von Stelle fort.“

(Das polnische Dienstmädchen Pauline Piperkarcka in Gerhart Hauptmanns Tragikomödie „ Die Ratten“)

Beispiel 4

„SCHEISSE!“, schrie er aus vollem Halse über den leeren Platz.“NIMM DOCH EINER DEN SCHEISSHUND HIER WEG! NIMM DOCH EINER DEN VERDAMMTEN SCHEISSHUND HIER WEG, HIMMEL, ARSCH UND ZWIRN NOCH MAL! UND HALT'S MAUL!“, brüllte er den Hund an, der daraufhin tatsächlich verstummte.

(Herr Lehmann in Sven Regeners Roman „Herr Lehmann“, Frankfurt a. M. 2003, S. 11)

Beispiel 5

Berliner Klopsgeschichte

Ick sitz an' Tisch und esse Klops
uff eenmal klopts.
Ick kieke, staune, wundre mir,
Uff eenmal jeht se uff, die Tür!
Nanu, denk ick, ick denk nanu,
Jetz is se uff, erst war se zu.
Ick jehe raus und kieke
Und wer steht draußen? – Icke.

(Aus: Ewald Harndt: Französisch im Berliner Jargon, Berlin 2005)

Beispiel 6

„Was guckst du; bin ich Kino? Isch geh Schule, wie isch Bock hab!“

(Kanak Sprak)

Beispiel 7

§ 323c StGB
Unterlassene Hilfeleistung

Wer bei Unglücksfällen oder gemeiner Gefahr oder Not nicht Hilfe leistet, obwohl dies erforderlich und ihm den Umständen nach zuzumuten, insbesondere ohne erhebliche eigene Gefahr und ohne Verletzung anderer wichtiger Pflichten möglich ist, wird mit Freiheitsstrafe bis zu einem Jahr oder mit Geldstrafe bestraft.

Beispiel 8

„Guten Tag. Ich brauche einen neuen PC.“ „Oh, da habe ich 'was Tolles für Sie. Den PCSYS 6510: Intel Celeron M360 3,64 Ghz System, Windows XP Media Center Edition, 19'' Widescreen TFT Display, die Home Entertainment Komplettlösung, Ashampoo Software Paket XXL, Compucase Gehäuse, 350 Watt Super Silent Netzteil (extreme leise), Intel Celeron M360 3,46 Ghz, 512 MB DDR-2 RAM, 250 GB S-ATA Festplatte, 128 MB 3D Grafik onboard, LAN 10/100-DSL Ready.“

(Verkaufsgespräch im Computerladen)

Beispiel 9

„und da ham wir uns in unsern schönen wartburg gesetzt und sind die berliner allee damals hieß se ja noch klement-gottwald-allee runter bis zur ostseerstraße und als günther in die ostseer straße einbiegen wollte da hab ick'n richtigen heulkrampf gekriegt da hab ick gesagt nee da fahr ich nicht hin da ham se mich nich als meine oma gestorben ist rübergelassen dann will ick jetzt da och nich hin jetzt hab ick da nüscht verloren da hab ick geheult ich wollte einfach nich nachm westen fahrn.“

(Ina B., Erzieherin, 48 Jahre. Aus: Norbert Dittmar/Ursula Bredel: Die Sprachmauer. Die Verarbeitung der Wende und ihre Folgen in Gesprächen mit Ost- und WestberlinerInnen, Berlin 1999)

Beispiel 10

„Geiz ist geil!“

(Werbespruch)

Aufgabe

1. Ordnen Sie die Beispiele 1–10 mit Hilfe der Definitionen in der Übersicht den unterschiedlichen Varietäten des Deutschen zu. Tragen Sie dazu einfach die Textnummer ein. Arbeiten Sie mit einem Partner.

2. Diskutieren Sie Ihre Ergebnisse in der Gruppe und begründen Sie Ihre Zuordnungen.

3. Tragen Sie weitere Beispiele für die verschiedenen Sprachvarietäten in die rechte Rubrik ein. Notieren Sie zu jedem Beispiel Gruppe (= Sprecher welcher sozialen Gruppe?), Region (= in welcher Region?) und Anwendungsbereich (= in welchem kommunikativen Zusammenhang?).

Übersicht

Varietäten der deutschen Sprache

Varietät	*Merkmale*	*Beispielnummer*	*Gruppe/Region/Anwendungsbereich*
Standardsprache (Hochsprache, Schriftsprache)	**Standardsprache** ist die wissenschaftliche Bezeichnung für eine kodifizierte Sprache, wie sie durch eine allgemein als verbindlich angesehene schriftliche Niederlegung von Wortschatz, Grammatik und Aussprache erfolgt. Allgemeine Verbindlichkeit entsteht in der Regel dadurch, dass sich der Staat hinter die Kodifizierung stellt und diese **Sprachnorm** z. B. für den amtlichen Sprachgebrauch oder die Lehrpläne an Schulen vorschreibt. Der Vorstellung einer einheitlichen Standardsprache im Sinne der einzig „korrekten" Sprachform widersprechen jedoch regionale Variationen (unterschiedliche Kodifizierungen z. B. in Deutschland und Österreich).		
Alltagssprache	Als **Alltagssprache** bezeichnet man den alltäglichen Bereich der Standardsprache (in Abgrenzung zum medialen, wissenschaftlichen oder arbeitspraktischen Gebrauch der Standardsprache).		
Umgangssprache	Der Begriff **Umgangssprache** bezeichnet eine stilistische Variante der Alltagssprache (in Abgrenzung zum familiären, saloppen, derben oder vulgären Sprachgebrauch).		
Regionalsprachliche Varietäten: regionale Umgangssprachen/Regionalsprachen (Regiolekte)	Als **regionalsprachliche Varietäten** (auch regionale Umgangssprachen oder Regiolekte) bezeichnet man Sprachsysteme zwischen Standardsprache und Dialekten, die Merkmale verschiedener Dialekte enthalten und wesentlich durch einen charakteristischen Akzent geprägt sind (z. B. Österreichisch, Berlinerisch).		
Dialekte (Mundart)	Der Begriff Dialekt (= Mundart) stammt aus dem Griechischen (griech. διαλέγομαι, *dialegomai*) und bedeutet „miteinander reden". Dialekte sind eine lokal gebundene und im Wesentlichen eine gesprochene Sprachform, die sich von der standardsprachlichen Norm hinsichtlich Aussprache (Phonetik), Wortschatz (Lexik) und Grammatik (Morphologie, Syntax) z. T. stark unterscheidet. Dialekte sind nicht an eine soziale Schicht, aber an bestimmte lokale Gruppen und Sprechsituationen gebunden.		
Sondersprachen	Als **Sondersprachen** bezeichnet man im Gegensatz zur Alltags- und Umgangssprache jeden Ausschnitt, den nicht alle Sprecher teilen. Sondersprache ist somit ein Oberbegriff zu allen Fachsprachen und Soziolekten.		
Fachsprachen	**Fachsprachen (Expertensprachen)** dienen der Verständigung innerhalb eines Sachbereiches (z. B. bei Berufen, Wissenschaftsgebieten, aber auch Hobbys) und weisen insbesondere eine spezifische Terminologie (Fachwortschatz) aus.		
Gruppensprachen (Soziolekte)	**Gruppensprachen (Soziolekte)** bezeichnen den Sprachgebrauch einer beruflich, gesellschaftlich oder kulturell abgegrenzten Gruppe von Menschen, einem bestimmten sozialen Milieu, einer Ethnie oder einer Subkultur („Szene"). Sie dienen der sozialen Abgrenzung nach außen und zur Herstellung einer eigenen kulturellen Gruppenidentität.		

Innerhalb der Standardsprache und der Varietäten lassen sich weitere Differenzierungen des Sprachgebrauchs finden und zusätzliche Feinabgrenzungen vornehmen. Allen hier vorgestellten Definitionen gemeinsam ist aber, dass sprachliche Varietät bestimmt ist entweder durch ihre räumliche, soziale oder aber situative Dimension. Nicht unterschieden wird bei diesen Einteilungen, ob mündliche Kommunikation vorliegt oder geschriebene Sprache. Auch unterschiedliche Beziehungsverhältnisse zwischen Sprechern werden nicht berücksichtigt, ebenso wenig wie die ganz persönliche Sprache eines Einzelnen, der Ideolekt.

Variablen der Standardsprache	***Variante***	***Variante***
Regionale Variable	Apfelsine (Norddeutschland)	Orange (Süddeutschland)
Soziale Variable	Ich hab nein gesagt, weil da drauf hab ich keine Lust gehabt. (restringierter Code)	Ich habe abgelehnt, da ich dazu keine Lust hatte. (bildungssprachlich)
Situative Variable	Mensch, mach doch endlich mal das Fenster zu! (familiär/informell)	Darf ich Sie bitten, das Fenster zu schließen? (formell/höflich)

Aufgabe

1. Finden Sie weitere Beispiele für die genannten Variablen. Verwenden Sie dazu ein Wörterbuch der aktuellen Gegenwartssprache.

2. Sprache unterliegt immer auch einem zeitlichen Aspekt:
- Formulieren Sie die neuhochdeutsche Variante des Satzes.
- Besprechen Sie: Könnte man unterschiedliche Sprachstufen auch als Varietäten des Deutschen bezeichnen?

Zeitliche Variable	Kilaubu in kot fater almahticun, kiskaft himiles enti erda (Althochdeutsch, Ende des 8. Jahrhunderts)	Ich geloube an got vater almechtigen, schepfaere himels und der erde (Mittelhochdeutsch, 12. Jahrhundert)

Basistext

Mario Wandruszka: Mehrsprachig in der Muttersprache (1979)

Sprachwissenschaftler bezeichnen die Fähigkeit der Menschen, verschiedene Sprachvarietäten mehr oder weniger situationsangemessen verwenden zu können, als innere Mehrsprachigkeit. Mario Wandruszka, Professor für romanische Philologie in Tübingen und Salzburg, bringt das Konzept folgendermaßen auf den Punkt.

Mehrsprachig sind wir schon in unserer Muttersprache. Die Sprache, die wir in der Schule lernen, ist bereits unsere erste Zweitsprache, nach einer regional, sozial, kulturell begrenzten Sprache der Kindheit eine transregionale, transsoziale Kultursprache. Wir lernen sehr schnell mehrere gesellschaftliche Gruppensprachen zu verstehen und zu gebrauchen, Schülersprachen, Studentensprachen, Sportsprachen, Fachsprachen. Wir sprechen zu Hause eine andere Sprache als im Beruf oder in der Öffentlichkeit. Wir wechseln von der Alltagssprache zur Sonn- und Feiertagssprache, von der Kultursprache zur Vulgärsprache. Wir sind mehrsprachig in allen Regenbogenfarben des soziokulturellen Spektrums. Jede Sprache ist eigentlich ein Konglomerat von Sprachen; jede Sprache ist ein Polysystem.

Aufgabe

1. Lesen Sie den Text von Wandruszka und erläutern Sie das Konzept der inneren Mehrsprachigkeit anhand der Beispiele, die Sie bisher kennengelernt haben.

2. Sammeln und diskutieren Sie in der Klasse, welche Varietäten Sie beherrschen. Belegen Sie diese Varietäten mit Beispielen.

3. Überlegen Sie, ob und inwieweit allen Sprachteilnehmern die gleiche Möglichkeiten der inneren Mehrsprachigkeit zur Verfügung stehen.

Tipp zur Weiterarbeit

1. Legen Sie eine Mindmap zum Thema Sprache an. Ergänzen Sie diese Mindmap nach und nach um weitere Aspekte, die Sie im Verlauf des Unterrichts kennenlernen.

2. Legen Sie sich eine Sammlung von Zeitungstexten zum Thema Sprache an. Ergänzen Sie Ihre Mindmap um die darin behandelten Themen, Fragen und Aspekte.

1.2 „Endskonsequente Krassheit" – Beispiel: Kiezdeutsch

Impulstext

Heiko Meixner: Krass history (2001)

Anfang der 1990er-Jahre kommt es im Münchner Untergrund zwischen zwei krasssen Checkern zu einer Begegnung, die was zuerst für die Münchner Hood, später das ganze Land, ja man, eventuell sogar für den ganzen krassen Planeten von brontaler Bedeutung sein wird. Das Poweraggregat ERKAN MARIA MOOSLEITNER und der ständig verbrainte STEFAN LUST treffen in der U8, der schnellsten U-Bahn-Linie zwischen dem Norden und Süden Münchens, zum ersten Mal aufeinander …

… Beide waren gerade auf dem Weg in die City. Da ERKAN mit Oberlippenbart, frisch gestutzt, aus dem Hasenbergl kommend, wo er auf Straße schon eine bekannte Größe is, und da STEFAN aus Richtung von den Hochhäusern Neuperlachs. Die Lage abpeilend, checkt STEFAN mit frisch abgezwicktem, „heißem" Bonanzarad in die U-Bahn ein. „Cool, was geht?", denkt er, „da is ja auch schon ein potentieller Kunde." Ganz Geschäftsmann macht er Anfrage beim ERKAN, der was fett stabil dasteht und Respekt verbreitet, ob er Interesse an korrektem Deal mit Fahrrad hat. Da ERKAN ist halt fett sprachlos, weil des Bike halt irgendwie verdammt viel Ähnlichkeit mit dem Teil hat, was ihm gestern erst geklaut worden is. Was geht'n? Was soll da ERKAN mit dem Typ, der ihm sein eigenes Rad verchecken will, machen? Brontal umbatschen? Oda anderskrass, is der Typ etwa auch so krasser Checker wie da ERKAN? Prinzipiell hat der Kollege konkreten Look, man, auch wenn des Handtuch, was er um den Hals hängen hat, irgendwie mehr so anderskrass rüberkommt. ERKAN lässt STEFAN leben. Auch da STEFAN checkt langsam, dass der Typ, der was ihm da gegenüberstehen tut, ziemlich endskonsequente Krassheit ausstrahlt. Cooler Style, auch wenn die Goldkette aus Plastik, die was er um Hals hängen hat, mehr so peinlich rüberkommt und auch sein Oberlippenbart mehr Flaum is als Respectbalken.

Comedy-Duo Stefan und Erkan

Von da an verbringen die beiden Checker quasi jeden Tag miteinander. Hey, halt! Nicht, dass hier jetzt einer denkt, die wären dann schwul geworden oder so. Nein man, sie waren halt immer auf der Suche nach Krassheit und Action. Also die Lage abchecken, Produkte organisieren, Teile checken und verchecken, trainieren für brontale Fights im Kicks 2000, sich Döner, Falafel und Lahmaçun bei „Eckis Falafel-Eck" einfahren, mörderscharfe Bunnys klarmachen, im Stüberl abhängen oda im Drucktempel fett Gas geben. Bald is ganz München Teil von ihrer krassen Hood. Aber weil Stefans Eltern mittlerweile ins Zentrum gezogen sind, trifft man die krassen Zwei am häufigsten in dem lebendigen Action-Dreieck zwischen Hauptbahnhof, Schwanthalerstraße und Münchner Freiheit. Ihre Schule is die Straße, doch während Erkan bald mit Bildung abschließt, wird Stefan von so subversivem Lehrer 1er-Abitur zugesteckt. Angeblich hat der Lehrer seitdem zufällig neuen BäMWä, aber wirklich gesehen hat den schwulen Abiturwisch noch niemand. Is eh fett peinlich. Yo man, Bildung bremst!

Aufgabe

1. Lesen Sie den Text und prüfen Sie, ob Sie mitunter schon ähnliche Wörter oder Wendungen benutzt haben. Tauschen Sie sich mit Ihren Mitschülern aus.
2. Beschreiben Sie im Detail die Abweichungen von der Standardsprache (Wortschatz, Satzbau, Morphologie).
3. Formulieren Sie grammatische Regeln für dieses „Türkendeutsch".

Zusatztexte
- *Dem Tuss aus dem Prospekt*
- Feridun Zaimoglu: *Ich spiel in der Liga der Verdammten*

v6c7xa

Tipp zur Weiterarbeit

1. Übertragen Sie den Text „Dem Tuss aus dem Prospekt", den Sie über den Online-Code abrufen können, mündlich in die Alltagssprache.
2. Weisen Sie an den Texten „Krass history" und „Dem Tuss aus dem Prospekt", den Sie über den Online-Code finden, Merkmale der Satire nach.
3. Kanakisch oder die „Kanak Sprak" wurde einem breiten Kreis durch Feriduns Zaimoglus Buch „Kanak Sprak. 24 Misstöne vom Rande der Gesellschaft" bekannt. Informieren Sie sich über dieses Buch und lesen Sie den „Misston", den Sie über den Online-Code abrufen können. Beschreiben Sie die Sprachverwendung dieses „Misstons" im Unterschied zum Text „Dem Tuss aus dem Prospekt".

Basistext

In einem Interview mit der Süddeutschen Zeitung erläutert die Potsdamer Linguistin Heike Wiese ihre jüngsten Forschungsergebnisse zum Thema „Kiezdeutsch".

Jugenddialekt Kiezdeutsch: „Ich bin Alexanderplatz" (2012)

Unvollständige Sätze, durchmischt mit arabischen und türkischen Worten: Kiezdeutsch, die Jugendsprache der Großstädte, hat keinen guten Ruf. Zu Unrecht, sagt Sprachwissenschaftlerin Heike Wiese: Der Slang wird als Dialekt des Deutschen erhalten bleiben.

SZ: „Hallo, ich bin die Heike, und ich habe gerade ein Buch geschrieben" – können Sie das bitte mal auf Kiezdeutsch sagen, Frau Wiese?
Heike Wiese: Der Bitte kann ich kaum entsprechen. Kiezdeutsch ist ja Deutsch. Das ist nicht exotisch.

SZ: Bin isch Heike, hab isch Buch geschrieben, Moruk.
Wiese: Ja, das . . . ginge. Es wäre der Situation aber überhaupt nicht angemessen. Unserem Alter auch nicht. Das würde ich vielleicht sagen, wenn ich ein Teenie wäre. Aber auch dann reden die ja so nicht mit Erwachsenen.

SZ: Wie alt sind Kiezdeutschsprecher?
Wiese: Das sind Jugendliche, also etwa zwölf bis 20. Ein Wort wie „Moruk" (Türkisch für „Alter", die Red.) würde aber auch von denen nicht jeder verwenden. Die Jüngeren kennen es noch nicht, und die Älteren benutzen es, wenn, dann zum Spaß. So, wie wenn ich „Alter" sage.

SZ: Sie bezeichnen Kiezdeutsch als Dialekt, also als etwas, das bleibt und dauerhaft ins Deutsche einsickern könnte.
Wiese: Das wäre schön. Wobei: nicht einsickern. Es stößt zum Hochdeutschen dazu, zu unserem bunten Spektrum.

SZ: Sie sagen: schön. Trotzdem gibt es keinen Dialekt, der einen so miesen Ruf hat. Vulgär und falsch, heißt es gern.
Wiese: Dialekte haben allgemein keinen guten Ruf in Deutschland. „Das ist meiner Mutter ihr Hut." Wer so etwas sagt, wird schnell abgestempelt. Beim Kiezdeutsch haben wir außerdem viele Jugendliche, die mehrsprachig sind, mit Migrationshintergrund. Auch das ist negativ besetzt. Migrationshintergrund: Das Wort wird mit Sprachproblemen assoziiert, nicht mit Innovation.

SZ: Die Frankfurter Allgemeine bezeichnete das, was Sie innovativ finden, mal als „Schrumpfgrammatik". Können Sie die Kritik nachvollziehen?
Wiese: Nein, aber ich finde es nicht überraschend. Die Überzeugung ist ja soziolinguistisch bekannt, auch aus anderen Ländern: Alles, was nicht Standard ist, wird als falsch wahrgenommen, und nicht als alternative Möglichkeit, Deutsch, Französisch oder Englisch zu sprechen.

SZ: Sie schreiben, das bürgerliche Bildungsdeutsch sei eine Erfindung des 17. und 18. Jahrhunderts. Ein Instrument der neu entstandenen Mittelschicht, um sich gegen die Dialekte und das Proletariat abzugrenzen. Ist das immer noch so? Sind wir nicht toleranter geworden?
Wiese: Haha. Da sollten Sie mal ein paar der E-Mails lesen, die ich bekomme, wenn über meine Kiezdeutsch-Forschung berichtet wird.

SZ: Was lesen Sie da?
Wiese: Das ist in den meisten Fällen nicht zitierfähig. Da sind starke Emotionen im Spiel. Für viele Leute ist Kiezdeutsch gebrochenes Deutsch, und nur so darf man es ihrer Meinung nach sehen. Da scheint es auch um ein Weltbild zu gehen, das in Gefahr gerät. Gute Sprecher versus schlechte Sprecher.

SZ: Es gibt keine schlechten Sprecher?
Wiese: Denke ich nicht. Es gibt schlechte Sprecher des Englischen in Deutschland oder japanische Touristen, die Deutsch nicht gut beherrschen. Wer eine Fremdsprache lernt, kann gut oder schlecht sein. Aber wer in Deutschland geboren und mit unserer Sprache aufgewachsen ist, der ist kein Aus-, sondern ein Inländer – also ein Sprecher einer Art des Deutschen. Und die ist nicht gut oder schlecht. Wenn ich Kiezdeutsch spreche, heißt das auch nicht, dass ich keine andere Variante des Deutschen beherrsche.

SZ: Und was ist mit der hohen Arbeitslosigkeit junger Menschen mit Migrationshintergrund? Hat das nichts mit mangelndem Sprachvermögen zu tun? Hat einer, der dauernd Kiezdeutsch spricht, im Bewerbungsgespräch keine Nachteile?
Wiese: Ich sage nicht, dass jemand, der Kiezdeutsch spricht, das Standarddeutsch der Mittelschicht problemlos beherrscht. Das hängt aber davon ab, ob er selbst in der Mittelschicht

aufgewachsen ist. Es ist unabhängig davon, ob er außerdem noch Kiezdeutsch spricht.

SZ: Die Herkunft spielt keine Rolle?
Wiese: Soziale Herkunft ja, ethnische Herkunft nein. Wir haben zum Beispiel herausgefunden, dass alle Jugendlichen in Kreuzberg Kiezdeutsch sprechen – unabhängig von ihrer Ein- oder Mehrsprachigkeit, ihrer deutschen, türkischen oder arabischen Herkunft. Anders ist es in einem eher monoethnischen Stadtteil wie Hellersdorf. Da sprechen die Jugendlichen kein Kiezdeutsch, sondern klassischen Berliner Dialekt. Nur „Atze" sagen alle.

SZ: Gibt es Kiezdeutsch auch außerhalb von Kreuzberg?
Wiese: Allerdings. Ich bin ja nicht die Einzige, die zu dem Thema forscht. Es gibt ähnliche Untersuchungen aus Hamburg, Mannheim, auch aus Regensburg. Die Ergebnisse sind überall ähnlich. […]

SZ: Sprechen Ihre Studenten auch Kiezdeutsch?
Wiese: Viele können das. Die sind dem Jugendalter ja noch nicht lange entwachsen.

SZ: Sie zitieren in Ihrem Buch „Kiezdeutsch" auch den „Tatian", eine althochdeutsche Übersetzung lateinischer Evangelientexte: als Beleg dafür, dass die oftmals wilde kiezdeutsche Stellung der Verben, die im Hochdeutschen falsch ist, an sich nichts Neues ist. „Erino portun ih firchnussu" – „Eiserne Türen ich zerschmettere."
Wiese: Schön, nicht? Bei der Verbstellung gibt uns das Kiezdeutsch Optionen zurück, die wir verloren hatten. Es passt einfach sehr gut in das System des Deutschen, und vieles, das wir in Kiezdeutsch finden, gibt es auch in anderen Varianten des Deutschen so ähnlich, zum Teil nur nicht so ausgeprägt oder so systematisch.

SZ: Zum Beispiel?
Wiese: „Ich bin Alexanderplatz." So etwas schnappe ich oft in der S-Bahn auf. Nominale ohne Präposition und Artikel. Das ist weit verbreitet, wenn jemand mitteilen möchte, wo er gerade ist. Ein paar Studierende von mir haben dazu mal eine schöne Hausarbeit geschrieben. Der Titel war das Zitat eines Mannes, der gerade in einer Straße in Potsdam unterwegs war und das am Handy laut mitteilte: „Ich bin Thomas Mann."

Aufgabe

1. Kreuzen Sie an, welcher Art von Varietät Heike Wiese das Kiezdeutsche zurechnet. Mehrere Antworten können richtig sein.
A Dialekt ☐ B Jugendsprache ☐ C Regionalekt ☐ D Soziolekt ☐
2. Fassen Sie die zentralen Aussagen Wieses in kurzen Sätzen zusammen. Arbeiten Sie mit einem Partner.
3. ! Überprüfen Sie die Aussagen auf dem Hintergrund Ihrer bisherigen Arbeit auf Richtigkeit.
4. ! Lesen Sie den folgenden Lexikonartikel zum Begriff „Dialekt" und bewerten Sie auf dessen Grundlage die Einordnung Wieses des Kiezdeutschen als Dialekt.
5. ! Schreiben Sie auf der Grundlage Ihrer Vorarbeiten eine kurze Stellungnahme zu Wieses Positionen.

Basistext

Lexikonartikel: „Dialekt" (2000)

Dialekt (griech. διαλεκτοσ *dialektos* = Sprache der Unterhaltung, Umgangssprache) Besondere Sprech- (und z. T. auch Schreib-)weise innerhalb einer National- oder Standardsprache. Die Besonderheit erstreckt sich auf alle Sprachebenen (Lautebene/Phonologie, Morphologie, Lexik, Syntax, Idiomatik), hat aber v. a. in Lautung und Wortschatz eine deutl. Ausprägung, die von anderen Sprachteilhabern der Standardsprache als abweichend bzw. von den Sprechern eines D. selbst so wahrgenommen wird. Die prägenden Kennzeichen verbinden sich mit dem Geltungsbereich des D. dahingehend, dass dieser räuml. eingegrenzt werden kann und D.e aufgrund von Landschafts- oder älteren Stammesnamen benannt werden, z. B. Hess., Tirolisch usw. […]

Aufbautext

In einem Beitrag in der „Frankfurter Allgemeinen Zeitung" setzt sich der Bamberger Professor für Deutsche Sprachwissenschaft, Helmut Glück, mit Wieses Thesen auseinander.

Helmut Glück: Sachtemang mit dit Kiezdeutsche (2012)

Heike Wieses Thesen über Jugendsprache gründen sich auf Sozialarbeit, haben aber keinen Halt in der Linguistik.

„Kiezdeutsch" heißt eine Sprechweise Jugendlicher, die auf Berliner Schul- und Hinterhöfen zu hören ist. Anderswo nennt man sie weniger freundlich „Kanak Sprak" – nach einem Buch von Feridun Zaimoglu – oder „Türkendeutsch". Durch Filme und einige Rap-Texte gewann diese Art zu sprechen, die als krass, geil oder auch brontal gilt, Ansehen unter eher bildungsfernen Jugendlichen. Die Potsdamer Germanistin Heike Wiese hat „Kiezdeutsch" zu einem Medienereignis gemacht. Sie gibt sich große Mühe, diese gequetschte Sprechweise als fröhliche, beachtenswerte und nützliche Neuerung des Deutschen darzustellen.

Wiese hat ihre Daten an zwei Berliner Schulen bei 24 Jugendlichen erhoben. Das ist nicht viel, für Verallgemeinerungen reicht das nicht aus. Diese Daten hat sie von ungeschulten Jugendlichen sammeln lassen, was methodisch bedenklich ist. Transkripte dieser Daten wurden nie veröffentlicht. Ihre Qualität ist deshalb nicht kontrollierbar. Wieses Hypothesen stehen im Empirischen auf schwachen Beinchen.

Im Terminologischen sind diese Beinchen nicht stämmiger. „Kiezdeutsch" sei ein „neuer, dynamischer Dialekt" des Deutschen, behauptet sie und wiederholt es ständig. Sie missachtet die geltende linguistische Terminologie. Dort ist „Dialekt" definiert als eine Sprechweise, die eine Region charakterisiert im Gegensatz zur Hoch- und Schriftsprache, die ein ganzes Sprachgebiet abdeckt. Ein weiteres Mantra betrifft den Umstand, dass „Kiezdeutsch" – wie ein Dialekt – eine spezielle Grammatik und einen eigenen Wortschatz besitze. Das ist trivial: jede sprachliche Äußerung folgt grammatischen Regeln und verwendet Wörter.

Wiese kapert den Terminus „Dialekt" für eine jugendliche Sprechweise, in der Angeberei eine große Rolle spielt. Warum? Sie möchte an seinem Prestige schnorren, denn Dialekte genießen Ansehen.

Wenn „Kiezdeutsch" kein Dialekt ist, ist es dann vielleicht ein Soziolekt? Soziolekte sind Sprechweisen, die in einer bestimmten sozialen Schicht verbreitet sind, etwa Missingsch in Hamburg oder das Ruhrdeutsche. Soziolekte sind jedoch nicht auf eine bestimmte Altersgruppe beschränkt.

„Kiezdeutsch" ist weder ein Dialekt noch ein Soziolekt, sondern eine transitorische Sondersprache, die auf Einflüssen anderer Sprachen und auf Fehlern im Deutschen beruht. Mit „transitorisch" ist gemeint, dass eine Sprechweise in einem bestimmten Lebensalter verwendet und danach wieder abgelegt wird. „Jugendsprachen" verwendet man im wilden, rebellischen Lebensabschnitt zwischen Kindheit und Erwachsenenalter. Sie sind unter Bezeichnungen wie Studentensprache, Soldatensprache, Schülersprache oder Teenagersprache vielfach beschrieben worden als sprachlicher Ausdruck des Flegelalters. „Kiezdeutsch" ist eine sozial, bezüglich des Lebensalters und im Hinblick auf den Verwendungsradius markierte, kommunikativ beschränkte Sondersprache. Es ist kein Fall für die Dialektologie, sondern für die Sprachpsychologie und die Fehleranalyse.

Das Standarddeutsche ist der große Gegenspieler von „Kiezdeutsch". Wiese erklärt das Hochdeutsche kurzerhand zu einem Dialekt unter anderen und behauptet, es sei der Mehrheit des Volkes von der Minderheit des „Bildungsbürgertums" aufgezwungen worden. Damit verkennt sie die großen Unterschiede zwischen einer Schriftsprache und einem Dialekt und erweist sich als blind für die Funktionen, die eine Schriftsprache erfüllen muss, ein Dialekt aber gerade nicht. Auch hier maßt sie sich Definitionsmacht an. Dass die Hoch- und Schriftsprache Deutsch im 17. und 18. Jahrhundert im Bürgertum entwickelt wurde, ist ein Faktum. Man setzt es nicht dadurch außer Kraft, dass man sie zu einem Dialekt neben anderen erklärt.

„Kiezdeutsch" ist natürlich nicht der erste Fall, in dem das Deutsche in Kontakt zu anderen Sprachen geriet. Dabei entstanden immer wieder Sprachmischungen, die mitunter eigene Namen bekamen, z. B. Küchenlatein, Kauderwelsch, Apothekergriechisch, Mönchslatein, Rotwelsch. Manche von ihnen waren gebrochene Sprechweisen von Lernenden, andere waren verbale Angeberei, wieder andere

Geheimsprachen. Solche Mischsprachen sind für das Deutsche seit dem 18. Jahrhundert quellenmäßig belegt. Das gebrochene Deutsch französischer Flüchtlinge des 18. Jahrhunderts ist vor allem literarisch bezeugt, etwa in Lessings „Minna von Barnhelm". Man weiß, dass Adelbert von Chamisso zwar ein wunderbares Deutsch schrieb, aber nur mit starkem Akzent deutsch sprechen konnte. Aus dem Französisch der besseren Kreise entwickelte sich das halbgebildete „Berlinfranzösisch", das Spuren im Berlinischen hinterließ, z.B. einige Adverbien mit der Endung -mang (französisch -ment) wie mittenmang und sachtemang.

Auch Deutsches im Munde böhmischer „Exulanten" ist aus dem 18. Jahrhundert in Bruchstücken überliefert. Sie begründeten das Dorf Böhmisch-Rixdorf, das heute zu Neukölln gehört. Halbgares Böhmisch-Deutsch nannte man in Österreich Kucheldeutsch, das Verb dazu war böhmakeln. Weshalb Kucheldeutsch? Weil in besseren Wiener Häusern im 18. und 19. Jahrhundert viele böhmische Köchinnen wirkten. Ihr Idiom wurde in Friedrich Torbergs Geschichten von der Tante Jolesch literarisch verewigt, und auch in Johann Nestroys Stücken wird geböhmakelt. In der k. u. k. österreich-ungarischen Armee gab es deutsch-slawische und deutsch-ungarische Sprachmischungen. […]

All diese Mischsprachen könnte man mit „Kiezdeutsch" vergleichen. Doch für die historische Dimension ist Wieses „Kiezdeutsch"-Prosa blind.

Im Ruhrgebiet traf im letzten Drittel des 19. Jahrhunderts das Polnische auf das Plattdeutsche. So entstand „Polnisch Platt mit Zungenschlag". Es ist vor allem in Spottgedichten überliefert. „Polnisch Platt mit Zungenschlag" ging auf im Kohlenpott-Deutsch.

Die beiden Frührentner Adolf Tegtmeier (Jürgen von Manger) und Herbert Knebel (Uwe Lyko), ebenso die Metzgersgattin Else Stratmann (Elke Heidenreich) sind für das Ruhrdeutsche, was Erkan und Stefan (Florian Simbeck und John Friedman) für „Kiezdeutsch" sind: Kunstfiguren. Dass „Kiezdeutsch" auf dieses Vorbild zurückgehen könnte, kommt Wiese nicht in den Sinn. Es wäre ja immerhin möglich, dass „Kiezdeutsch" ein Kunstprodukt ist, das zwei Schauspieler aufgeschnappt, zurechtgemacht und über Filmdialoge in Umlauf gebracht haben.

Unumstritten war bisher, dass die Kinder in der Schule Hochdeutsch zu lernen haben. Wiese hingegen möchte „Kiezdeutsch" in den Deutschunterricht holen. Für Jugendliche, die „Kiezdeutsch" sprechen, ist Unterricht im Hochdeutschen notwendiger, wenn man ihnen Chancen auf eine Lehrstelle und ein selbstständiges Berufsleben eröffnen will.

Wiese geht es nicht um Beschreibung und Analyse; dafür sind die Daten, die sie vorlegt, zu schmal. Es geht ihr um Krawall. Sie möchte „Kiezdeutsch" sozial aufwerten, aus der Schmuddelecke holen. In den einschlägigen Kiezen mag man das als sozialpädagogische Maßnahme schätzen. Man kann die „Kiezdeutsch"-Kampagne aber auch als Großsprecherei einstufen. Hier wird eine Kleinigkeit zu einer weltbewegenden Neuigkeit aufgeblasen: ein neuer Dialekt wird geboren, und wir dürfen dabei zusehen!

Wiese verfolgt, wie sie laufend betont, sozialintegrative Absichten. Einwände denunziert sie als Mythen, Unsinn, Irrtümer, Mangel an Sachargumenten, Fehleinschätzungen usw. Das Missfallen, das ihre Schriften bei manchen Leuten ausgelöst hat, nennt sie „Moralpanik" und vergleicht es mit den Hexenverfolgungen. Auch das ist Großsprecherei.

sozialintegrativ = Erziehungsstil von Lehrern, der darauf abzielt, unterschiedlichen Persönlichkeiten, Begabungen und Talenten gerecht zu werden

Wie Wissenschaft geht, bestimmt sie selbst nach der Pippi-Langstrumpf-Methode: ich mach mir meine Welt, so wie sie mir gefällt. Das mag im Kiez und im Privatfernsehen funktionieren. In der Wissenschaft funktioniert es nicht. Heike Wiese hat die Sozialarbeit zur Leitschnur für die Sprachforschung gemacht. Sie möchte dem Fortschritt dienen, die Wissenschaft politisieren, die Bildungsbürger erschrecken. Sie ist offen parteilich. Schon deshalb sind ihre Erkenntnisse über „Kiezdeutsch" wissenschaftlich wertlos.

Aufgabe

1. Stellen Sie jeweils kurz in eigenen Worten dar, was mit den folgenden Aussagen Glücks gemeint ist.
A „Wieses Hypothesen stehen im Empirischen auf schwachen Beinchen." (Z. 25 f.) B „Im Terminologischen sind diese Beinchen nicht stämmiger." (Z. 27 f.) C „Heike Wiese hat die Sozialarbeit zur Leitschnur für die Sprachforschung gemacht." (Z. 185 f.)

2. Fassen Sie den Artikel abschnittweise zusammen.

Abschnitt	*Inhalt in Stichworten*

3. Legen Sie dar, weshalb laut Glück das Kiezdeutsche nicht als Soziolekt gelten kann.

4. Erläutern Sie, wie Glück selbst das Kiezdeutsche bestimmt. !

5. Vergleichen Sie die Positionen der beiden Sprachwissenschaftler in Bezug auf die Standardsprache. !

6. Untersuchen Sie die sprachliche Gestaltung des Textes. Stellen Sie fest, welche stilistischen und rhetorischen Mittel verwendet werden. Beschreiben Sie die Wirkung der verwendeten sprachlichen Mittel. Legen Sie eine Tabelle an. !

7. Bestimmen Sie die Textsorte von Glücks Artikel. Erläutern Sie den Zusammenhang zwischen Sprachverwendung und Textsorte. !

8. Begründen Sie, wie Sie Glücks Sprachverwendung deuten und bewerten. !

9. „Es wäre ja immerhin möglich, dass „Kiezdeutsch" ein Kunstprodukt ist, das zwei Schauspieler aufgeschnappt, zurechtgemacht und über Filmdialoge in Umlauf gebracht haben." – Diskutieren Sie diese Möglichkeit und ihre Wahrscheinlichkeit. Beziehen Sie den Text „Affengeil hat ausgefetzt" von Alex Rühle (S. 17) in Ihre Diskussion mit ein.

Tipp zur Weiterarbeit

1. Lesen Sie den Text von Klaus Lüber „Kanaksprak", den Sie unter dem angegebenen Online-Code finden können. Schreiben Sie auf der Grundlage der Texte von Wiese, Glück und Lüber eine Stellungnahme, wie das Kiezdeutsch zu bewerten ist, d. h., was diese Varietät über ihre Sprecher aussagt. Begründen Sie Ihre Meinung.

Zusatztexte
· Klaus Lüber: *Kanaksprak*
m3d55s

Kreative Aufgabe

1. Glück kritisiert unter anderem, Heike Wiese habe ihre Arbeit zum Medienereignis gemacht – und dies mit Methoden fürs Privatfernsehen.
Formulieren Sie Ratschläge an einen Wissenschaftler, wie er es zum Medienstar bringen kann. Berücksichtigen Sie hierbei auch Fragen der Themenauswahl, der Präsentation der Inhalte und des persönlichen Auftretens.

1.3 „Ist ja voll opfer, Alter“ – Beispiel: Jugendsprache

Impulstext

Wörterbuch der Szenesprachen (2009)

Frienden (zu engl. friend = Freund) Das Prinzip sozialer Netzwerke ist – richtig: das Vernetzen. Da das Wort aber wie verbekanntschaften etwas unpersönlich klingt, sagt man einfach frienden. Für viele User gilt mittlerweile die Regel: Wer viele Freunde hat, hat viel Ansehen. In den Communitys des WEB 2.0 fällt dabei auch sonst eher schüchternen Menschen die Kontaktaufnahme ganz leicht. Denn eine Abfuhr kratzt hier nicht am Ego. Wenn dich also plötzlich der Langweiler, der in Mathe immer schräg vor dir gesessen hat und dessen Namen dir vor der Freundschaftsanfrage komischerweise gar nicht bekannt war, **adden** will, dann kannst du die Anfrage einfach ignorieren. Aber da die virtuelle Präsenz in der Freundesliste zum Glück nicht bedeutet, dass man ab jetzt jeden Samstag zusammen shoppen geht und um die Häuser zieht, wird er aus Mitleid gefriendet.

Schmacko Männer finden es oft wenig schmeichelhaft, von Frauen als „Süßer“ bezeichnet zu werden. Heißt es von einem Mann in der ebenfalls verniedlichenden Umschreibung, er sei ein Schmacko, so heißt das nichts anderes, als dass er lecker – im Sinne von gut aussehend – ist. Als Adjektiv bedeutet **Schmacko** ebenfalls lecker im Sinne von schmackhaft und kann dann, ganz ohne Hintergedanken, auf süße wie saure Delikatessen bezogen werden.

Opfer Im Gegensatz zum klassischen Opfer, das unverschuldet ein Verbrechen erleiden muss, wird so nun auch betitelt, wer in den Augen anderer als Loser seine Randgruppenlage selbst verschuldet hat. Der Ausdruck findet Verwendung als Schimpfwort („Du Opfer!“), als Adjektiv, wenn etwas besonders schlimm oder extrem schlecht ist („Ist ja voll opfer, Alter“), und wird teilweise auch als freundlich gemeinte Anrede im Sinne von „Alter“ verwendet („Hey, Opfer, kommst du mit in die Cafeteria?“). Da der Apfel bekanntlich nicht weit vom Stamm fällt, hat sich als Steigerungsform der **amtlichen** Beleidigung der Ableger **Opferkind** entwickelt.

Aufgabe

Methode
· (unkommentiertes) Blitzlicht

1. An wen wenden sich Ihrer Meinung nach solche Wörterbücher?
2. Beurteilen Sie den Wert solcher Wörterbücher. Begründen Sie Ihre Einschätzung.
3. Erfinden Sie weitere Einträge für ein Wörterbuch der Szenesprachen.

Aufgabe

1. Stellen Sie jeweils kurz in eigenen Worten dar, was mit den folgenden Ausdrücken im Text von Alex Rühle gemeint ist.
   A „rudimentäres Verständnis“ (Z. 9 f.) B „Prestigefunktion von Jugendlichkeit“ (Z. 57 f.) C „sprachliche Einheiten de- und rekontextualisieren“ (Z. 72 f.) D „verfallsgeschichtliche Lamenti“ (Z. 75 f.)
2. Erarbeiten Sie den Argumentationsgang des Textes und halten Sie ihn in Stichworten fest.
3. Fassen Sie zusammen, was Rühle an Wörterbüchern zur Jugendsprache kritisiert und wie er sich ihren Erfolg erklärt.
4. Jugendsprache gehört zu den sogenannten Sondersprachen (vgl. S. 8 f.). Erklären Sie die Funktion dieser Sondersprachen am Beispiel der Jugendsprache.
5. Erläutern Sie die Bedeutung der Jugendsprache für die Jugendlichen und für deren Eltern.

Basistext

Alex Rühle: Affengeil hat ausgefetzt (2004)

Der pubertierende Jugendliche ist seinen Eltern ein 190 Zentimeter großes Rätsel. Was will er nur? Was sagt er uns? War das ein zustimmendes oder ein ablehnendes „Hmmm", mit dem er auf eine Frage geantwortet hat? Und was bedeutet „ischig"?

Ein noch größeres Rätsel ist dem Buchhandlungskunden allerdings die stetig wachsende Abteilung der Wörterbücher zum rudimentären Verständnis der pubertierenden Jugendlichen. „Wörterbuch der Jugendsprache", „Grund- und Aufbauschatz Kanakisch", „Duden-Wörterbuch der Szenesprachen" – wer kauft so was?

Anfang des 19. Jahrhunderts, kurz nachdem Jean-Jacques Rousseau das Lebensalter der „Jugend" in die Welt gesetzt hatte, fingen Studenten damit an, Lexika der von ihnen benutzten Ausdrücke herauszugeben. Daniel Ludwig Wallis beginnt in seinem 1813 erschienenen Büchlein „Der Göttinger Student" ein eigenes Kapitel über „Gebräuchlichste Ausdrücke und Redensarten der Studenten" mit der Beobachtung: „Kürze und Derbheit sind das Gepräge der meisten Ausdrücke und Phrasen." Daran hat sich wenig geändert.

Jean-Jacques Rousseau (1712–1778) = Schweizer Schriftsteller und Philosoph der Aufklärung

Anders ist es mit Wallis' Beobachtung über den Gebrauch der Jugendsprache: „Man muss selbst Student seyn, um Wohlgefallen daran zu finden. Sobald man der Burschenwelt entrueckt ist, fallen nach und nach die fremdartigen Woerter weg." Heute versuchen viele Erwachsene trotz hochgradiger Entrückung von aller Burschenwelt weiterhin mit den fremdartigen Wörtern bei der Jugend zu punkten. Grauslig die Eltern, die meinen, mit neueren Anglizismen herumhantieren zu müssen. Widerwärtig die Verlage, die Jugendslang-Lexika so bewerben: „Ein affengeiles Buch, das echt anfetzt, wer es sich reinzieht, wird mehr Durchblick haben." [...]

Wer Jugendliche mal mit einem der vielen Szenelexika konfrontiert, erntet Unverständnis, als habe er aus einem tschechisch-mongolischen Wörterbuch vorgelesen: Vieles von dem, was da steht, hat kein Jugendlicher je gehört.

Primelkopf? Sumpfnatter? Man muss kein linguistischer Jugendbeauftragter sein, um zu spüren, dass das Erfindungen eines überforderten Erwachsenen und keine Slangvokabeln sind. [...] Viele Wortschöpfungen sind bei Drucklegung schon veraltet, andere Begriffe wie cool oder geil, die in solchen Wörterbüchern jedes Mal neu in die Länge und Breite erklärt werden, sind seit Generationen bekannt. Dass sich diese Bücher trotzdem gut verkaufen, liegt an der „Prestigefunktion von Jugendlichkeit", wie die Sprachwissenschaftlerin Eva Neuland es formuliert: „Wissen über Jugendlichkeit enthält zugleich das Gebrauchswertversprechen, sich über dieses Wissen ein Stück der eigenen Jugendlichkeit zurückzuerobern."

Weshalb auch die Erwachsenen, wenn sie einen gerade kursierenden Begriff erhaschen, darin wie in einem matten Spiegel die eigenen Begriffe der Jugendzeit aufblinken sehen: „Krass sagt ihr? Bei uns war das schau." Verstanden haben sie damit nichts. Denn die Sprache der Jugendlichen besteht nicht aus einzelnen Trendvokabeln wie endkrass, korrekt oder fett. Sie de- und rekontextualisiert sprachliche Einheiten: Man spielt mit gerade aktuellen Slogans, Filmen, Titeln.

Und was ist mit den verfallsgeschichtlichen Lamenti, die die Sprache der Jugendlichen begleiten wie der Jammer Hartz IV? [...] Während der Linguist Peter Schlobinski behauptet, aggressive Brutalismen, Grobianismen und vulgäre Fäkalismen nähmen ständig zu, behauptet die Jugendforscherin Ingrid Kromer das Gegenteil: Es sei erstaunlich, wie höflich die SMS-Generation in ihren Mitteilungen miteinander umgehe.

Mehr und mehr kann man aber aus der Ferne der Erwachsenenwelt den Eindruck gewinnen, dass jugendsprachliche Manierismen von der Unterhaltungsindustrie selbst gesteuert werden.

Der Musikkanal Viva präsentiert sich seinen jugendlichen Zuschauern geradezu als mediales Über-Ich: „Wir sind euer Fernsehen, eure Sprache, eure Farben und eure Musik", heißt es in einer Pressemappe. Wir sind eure Sprache: Das hat seinen wahren Kern. Medienfiguren wie Erkan & Stefan, die gerade wegen ihrer enormen Dummheit zu Kultfiguren werden, prägen das Sprechen der Jugendlichen heute mehr als jedes Buch.

1.4 „Die Sekundenzeiger schleichen“ – Funktionalstile

Beispiel 1

§ 12
Belegungsverpflichtungen

(1) Die Belegungsverpflichtungen in der Qualifikationsphase ergeben sich aus der Anlage 3. Die Schülerinnen und Schüler haben im Durchschnitt mindestens 34 Wochenstunden zu belegen. Die Prüfungsfächer sind durchgehend zu belegen. Die Ergänzungsfächer sind vor Beginn eines jeden Schuljahres für die folgenden zwei Schulhalbjahre zu belegen. Die Wahlfächer sind jeweils mindestens für ein Schulhalbjahr zu belegen.

Beispiel 2

Klassen im Kampf

Zehntausende Schüler und Studenten haben am Mittwoch für eine bessere Bildung demonstriert. Auf ihren Kundgebungen in ganz Deutschland forderten sie unter anderem „kostenlose Bildung für alle“. Trotz des nasskalten Wetters gingen in Städten wie Hamburg, Hannover, München, Stuttgart oder Berlin viele junge Menschen auf die Straße. Die Proteste blieben meist friedlich. In der Hauptstadt stürmten etwa 1000 Schüler kurzzeitig die Humboldt-Universität. Unter dem Motto „Bildungsblockaden einreißen“ hatten verschiedene Schüler- und Studentengruppen zu dem bundesweiten Streik aufgerufen. Manche Direktoren drohten den Schulschwänzern mit Strafen.

Beispiel 3

Die Bahnhofsuhren in den verästelten Trakten des Anatomischen Instituts ließen die Sekundenzeiger schleichen und auf der Zwölf zögern, bis der Minutenzeiger aus seiner Erstarrung ins nächste Fach fiel, wo er Haftanker auszuschießen schien, in denen er wie betäubt, gestaucht von den Puffern der vergangenen und der bevorstehenden Minute, hängenblieb; [...]

Beispiel 4

Für die von euch, die es noch nicht wissen:
Ich studiere ostasiatische Sprachen und Religionswissenschaft.
Das bedeutet: Ich habe es vor allem mit Linguisten und Soziologen zu tun.
Es. ist. der. Horror.
Der blanke Horror.
Diese Menschen sprechen kein Deutsch mehr. Woran merke ich das?
Ganz einfach: Ich habe ein Entspannungsgefühl, wenn ich gen 23 Uhr einen englischen Text lese.
Die wissenschaftlichen Arbeiten, die ich für diverse Seminare lesen muss, sind so auf Teufel komm raus mit Worthülsen vollgepfropft, es ist zum Heulen.

Aufgabe

1. Erklären Sie, in welchem Zusammenhang die jeweilige Sprachverwendung der Beispieltexte typisch ist.
2. Beschreiben Sie möglichst konkret, wie sich die Texte sprachlich voneinander unterscheiden (z. B. Wortwahl, Satzbau).
3. Bestimmen Sie mithilfe der folgenden Übersicht den Stil der Beispieltexte 1 bis 4.

Übersicht

Funktionalstile

Künstlerischer Stil	*Fachsprachlicher Stil*	*Publizistischer Stil*	*Alltagssprachlicher Stil*
Sprache der Literatur	**Sprache der Wissenschaft (Technik, Wirtschaft, Verwaltung, ...)**	**Sprache der Öffentlichkeit**	**Inoffizieller Sprachverkehr**
Verwendet in: literarischen Werken	Verwendet in: wissenschaftlichen Werken, technischen Anleitungen, Vertragstexten, amtlichen Erlassen, ...	Verwendet in: öffentlichen Massenmedien, wie Zeitungen, Rundfunk, Fernsehen, in der Werbung, in der Politik	Verwendet in: alltäglichen Kommunikationssituationen
Meist schriftlich, aber auch mündlich: Lesung, Theater, Hörspiel ...	Meist schriftlich, aber auch im mündlichen Verkehr in den Fachbereichen (= Berufsslang)	In geschriebener und gesprochener Form	Meist mündlich, aber auch schriftlich möglich (private Korrespondenz)
Ästhetische Funktion	Exakt bezeichnende Funktion	Übermittelnde Funktion	Allgemein-mitteilende Funktion
Ziel: Bewusste Rezeption des Lesers, Vermittlung ungewöhnlicher, auch neuer Sichtweisen, Erzeugen von Betroffenheit beim Leser	Ziel: Begriffsklarheit (Ausschluss von Mehrdeutigkeit)	Ziel: Informationsvermittlung, Meinungsbildung	Ziel: Verständigung im Alltag
Kennzeichen: – standard- und nicht-standard-sprachliche Mittel – Ausschöpfen des „metaphorischen Potenzials" der Sprache – ungewöhnliche sprachliche Mittel = poetische Freiheiten der Sprache	Kennzeichen: – Fachbegriffe, standardsprachliche Ausdrücke in fachsprachlicher Bedeutung – fachsprachlich markierte Klischees (Phrasemen, v.a. im Amtsstil) – häufig vorgeschriebene Wendungen = fachsprachlich standardisierte Sprache	Kennzeichen: – Stilmischung mit dem Ziel der Erhöhung der Wirkung – Emotionalisierung, Wecken von Interesse – Übernahme von Elementen aus anderen Funktionalstilen = Hauptträger des sprachlichen Standards	Kennzeichen: – neutral: Vermeidung gehobener Ausdrucksmittel – parataktischer Satzbau – oft elliptisch: gemeinsamer Kontext der Kommunikationspartner – Sprachökonomie: Tendenz zur Kürze – Einflüsse aus regionalen und sozialen Varietäten (≠ Dialekt/Soziolekt) = alltagssprachliche Schicht der Standardsprache

Der Begriff Funktionalstile kann leicht in die Irre führen. Sie können zwar ähnliche sprachlich-stilistische Mittel teilen, aber entscheidend für die Zuordnung zu einem Funktionalstil ist weniger die stilistische Färbung als die kommunikative Funktion eines Textes (z. B. unterhalten/informieren).

Mit der herkömmlichen Stilistik (= Lehre vom Stil) haben Funktionalstile nichts zu tun. Das wird leicht deutlich, wenn man sich die Vielfalt und die Bandbreite literarischer Erzeugnisse ansieht oder die Textsorten einer Zeitung untersucht und die stilistischen Mittel, die dort eingesetzt werden.

Tipp zur Weiterarbeit

1. Finden Sie weitere Textbeispiele für die vier Funktionalstilbereiche, die die stilistische Bandbreite zeigen.

2. Bestimmen Sie für jeden der vier Funktionalstile auf einer Skala von 1–10 die Vielfalt der Darstellungsmöglichkeiten.

Kreative Aufgabe

1. Erzählen Sie ein Märchen (z. B. „Rotkäppchen" oder „Der Froschkönig") in verschiedenen Varietäten, z. B. in Ihrem (einem) Dialekt, in der Sprache der Werbung, der Zeitungssprache, in der Jugendsprache, auf Amtsdeutsch ...

1.5 „Sprachvarianten realisieren können“ – Das Konzept der inneren Mehrsprachigkeit des Deutschen

Sprachwissenschaftler versuchen seit Langem, ein übersichtliches grafisches Modell der Standardsprache und ihrer Sprachvarietäten zu finden. Auf S. 20–22 werden zwei Modelle vorgestellt, das von Helmut Henne und Heinrich Löffler. Beide Wissenschaftler kommen aus unterschiedlichen Richtungen der Linguistik, entsprechend unterschiedlich sind die Modelle.

Aufbautext

Peter Braun: Das theoretische Modell der inneren Mehrsprachigkeit (1998)

In seinem Konzept der „inneren Mehrsprachigkeit des Deutschen“ zeigt H. Henne auf, dass Sprachvarietäten nicht nur nebeneinander, sondern miteinander existieren. In seinen Darstellungen gibt es Hinweise dafür, dass Varietäten in der gesellschaftlichen Praxis möglicherweise feldartig zusammengehören. Hier zunächst die Wiedergabe des Modells und der zugehörigen Beschreibung. […]

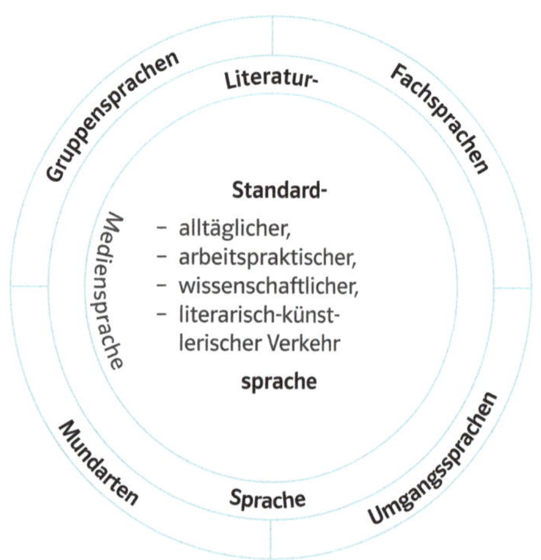

Helmut Henne: Die innere Mehrsprachigkeit des Deutschen

H. Henne beschreibt das Modell wie folgt:

„Die deutsche Standardsprache als diejenige Existenzform, welche die kulturelle und politische Geschichte und Existenz der Deutschen trägt, ist differenziert in Stilschichten bzw. Funktionalstile. Diese sind solche des

- alltäglichen,
- arbeitspraktischen,
- wissenschaftlichen und
- literarisch-künstlerischen

Verkehrs. Quer dazu steht das, was man Mediensprache, also den Funktionalstil der Rundfunk-, Fernseh- und ‚Printmedien‘ (horribile dictu) nennen kann. Dabei ist wichtig, darauf hinzuweisen, dass die Institutionen und ihr sprachlicher Einfluss in den Funktionalstilen aufgehoben sind (und eigentlich die religiöse Sprache keinen zureichenden Grund in diesem Modell hat). Die funktionalistisch gegliederte, also durch Sprachvielfalt ausgezeichnete Standardsprache ist spätestens seit dem 19. Jahrhundert das Zentrum sprachlicher Kommunikation, (Selbst-)Darstellung und Erkenntnis. Um dieses Zentrum lagern sich ‚Kreise‘: Literatursprache, Fach- und Wissenschaftssprachen, Gruppensprachen, regionale Umgangssprachen, Dialekte. Diese Sprachkreise existieren nur, weil es die Standardsprache gibt: Kommunikation in den Wissenschaften zum Beispiel ist nur mithilfe der Standardsprache möglich. Fachinterne Kommunikation ist also solche in der Wissenschaftssprache unter Zugrundelegung der Standardsprache; fachexterne Kommunikation (von Fachmann zu Laie) ist solche in der Standardsprache (‚wissenschaftlicher Verkehr‘) mithilfe wissenschaftlicher Begriffe.“

Bemerkenswert, dass Henne die Standardsprache strukturell und funktionell als Gebersprache für andere Varietäten versteht. Nicht zu übersehen die syntaktischen Entlehnungen, die die Fach- und Sondersprachen, aber auch die Literatursprachen bei der Standardsprache nehmen. Andererseits ist zu beobachten, dass die Standardsprache, z. B. auf den Ebenen des Wortschatzes, der Semantik, der Phraseologie, ja sogar der Morphologie, von anderen Varietäten beeinflusst wird. Im positiven Sinne könnte man sagen: die Standardsprache ist auch Nehmersprache, sie steht in einem äußerst vielfältigen Sprecherfeld in Kontakt zu anderen Existenzformen und kann sich ihrem Einfluss nicht entziehen. Und solche Beobachtungen wie ständige Kontaktnähe und wechselseitige Wirkweisen lassen *die Annahme zu, dass es sich bei den Varietäten in der deutschen Gegenwartssprache um ein Sprachfeld mit strukturell und funktionell verteilten Aufgaben und Leistungen handelt.*

Der Feldzusammenhang ist auch daran zu erkennen, dass die meisten Sprecher einer Sprache, je nach Aufgabe, Situation, Ausbildung, Raum und Zeit, mehrere Sprachvarietäten realisieren können. Eine Varietät wird jeweils und tatsächlich gesprochen, die anderen sind potentiell vorhanden und können jederzeit realisiert werden. Ein und derselbe Sprecher mag zu Hause oder vor den Toren des Finanzamtes mit allen umgangssprachlichen Freiheiten über seine Steuererklärung reden. Unter den strengen Blicken des Finanzbeamten wird er um eine standardsprachliche (bis fachsprachliche) Sprechweise bemüht sein.

Man kann Th. Lewandowski zustimmen, wenn er *von einer interpersonalen und einer intrapersonalen Gebrauchsweise der Sprachvarietäten* spricht. Die interpersonalen Möglichkeiten des Einzelnen sind abhängig vom intrapersonalen Repertoire und somit von Ausstattung und Merkmalen des Idiolekts. Überraschend ist, wie schnell ein Sprecher von einer Varietät in eine andere ‚umschalten‘ kann. Das zeigen viele Beispiele aus dem sprachlichen Alltag. Eine Serviererin im Café ruft, durch einen Schalter sprechend, in phonetisch angestrengter Standardsprache: „Ausgabe, bitte!“ Als ihr der Kuchenteller hereingereicht wird, flüstert sie, sich laut auf einen Kunden beziehend: „Haste das gehört?“ Lässt man sich von solchen Beobachtungen und Überlegungen leiten, so kann man in der Tat mit H. Bußmann von einer „systematisch geordneten Heterogenität natürlicher Sprachen“ sprechen.

Aufgabe

1. Erklären Sie Hennes Modell mit Ihren eigenen Worten. Arbeiten Sie in Gruppen. !
2. Erläutern Sie die Wechselwirkung, die zwischen der Standardsprache auf der einen und den verschiedenen Varietäten auf der anderen Seite bestehen. !
3. Unter „Mehrsprachigkeit“ versteht man gewöhnlich das Beherrschen von mindestens zwei Nationalsprachen (wie Deutsch, Englisch, Türkisch usw.). Stellen Sie die Unterschiede dieser („äußeren“) Mehrsprachigkeit zur inneren Mehrsprachigkeit dar. !

Aufbautext

Heinrich Löffler: Die Varietäten des Deutschen (1994)

Die Graphik, die sich als eine Art „Sprachwirklichkeitsmodell“ versteht, versucht die […] Varietäten des Deutschen darzustellen. Die Übersicht will gleichzeitig mit dem etwas verwirrenden Eindruck die Komplexität und Relativität jedes Einteilungsversuches der Sprachwirklichkeit optisch andeuten.

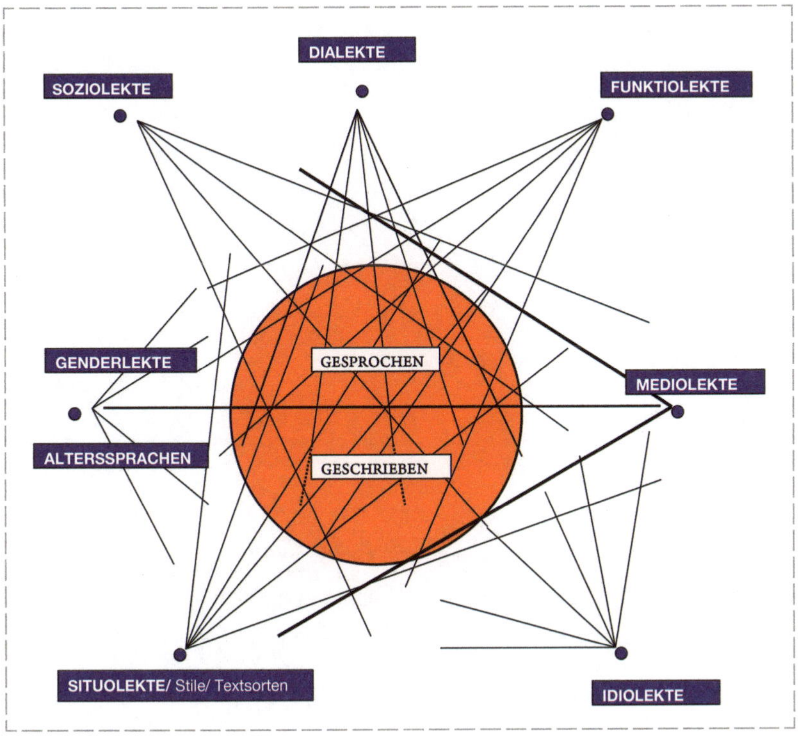

Kreis und Striche sollen zeigen, dass die Sprachwirklichkeit ein übergangsloses Kontinuum darstellt und dass alle Klassifizierungsversuche eine Frage des Standpunktes sind und immer nur unzureichend sein können. Die Übergänge sind fließend, und die Unterscheidungskategorien überschneiden sich. Die Varietäten – in Anspielung an das Suffix -lekt bei „Dia-lekt“ auch „Lekte“ genannt, kann man [...] als gebündelte Textexemplare ansehen, deren sprachliche Merkmale in der Hauptsache von Redekonstellationstypen oder sozio-pragmatischen Bedingungen wie Individuum, Gruppe, Gesellschaft, Situation, Funktion geprägt sind.

Die äußeren sechs Ecken stellen sprachliche Großbereiche („Lekte“) dar, die sich nach dem Medium (Mediolekte), der Funktion (Funktiolekte), der arealen Verteilung (Dialekte), der Sprechergruppen (Soziolekte), nach Alter und Geschlecht (Kinder-, Erwachsenen, Alten-Sprachen; Sex(o)lekte, Genderlekte) und nach Interaktionstypen bzw. Situationen (Situolekte) unterscheiden. Von jeder dieser Hauptecken gehen Strahlenbündel aus, die weitere Unterteilungen innerhalb eines „Lektes“ darstellen und sich gegenseitig überlagern und überschneiden.

Für alle Einteilungen gilt, dass es letztlich sprachliche Merkmale sein müssen, die einen „Lekt“ von einem anderen unterscheiden. Varietäten sollen an ihrem sprachlichen Erscheinungsbild oder ihren sprachlichen Symptomen erkennbar sein. Die Kategorien der Klassifizierung hingegen sollen im weitesten Sinne extralinguistisch sein, das heißt, sie sollten aus dem Bereich der Interaktion und der sozialen Konstellation (Gruppierung) stammen. [...]

Die Soziolinguistik versucht nun, in der Varietätendifferenzierung systematische Zusammenhänge zu sehen. Hauptkriterium sind die Dimensionen der kommunikativen Interaktion und der daran beteiligten Sprecher, Gruppen und personalen Konstellationen überhaupt. Durch die Schwerpunktverlagerung von der anfänglichen Schichtensprach-Problematik hin zur gesellschaftlichen Sprachvielfalt überhaupt ist die Soziolinguistik fast deckungsgleich mit der Varietätenlinguistik geworden. Man könnte beide Disziplinen auch als Sprachwirklichkeits-Forschung bezeichnen.

Aufgabe

! 1. Beschreiben Sie mithilfe des Begleittextes das grafische Modell Löfflers.

Methode
· Placemat

2. Vergleichen Sie die Modelle von Henne und Löffler und stellen Sie dar, was die Modelle an Erklärungen leisten und welche Bereiche nicht abgedeckt werden. Arbeiten Sie in Gruppen.

2 „Das System der Trampelpfade“ – Sprachwandel und Sprachkritik

Impulstext

Aufgabe

1. Ordnen Sie die Beispiele bestimmten Situationen und Sprechern bzw. Verwendungszusammenhängen zu.
2. Finden Sie weitere Beispiele.

Basistext

André Meinunger: Nun doch etwas zu Anglizismen (2008)

In seinem „Buch „Sick of Sick?" setzt sich der Sprachwissenschaftler Meinunger mit der populären Sprachkritik, die immer wieder den zunehmenden Gebrauch von Anglizismen beklagt, kritisch auseinander.

Was genau sind Anglizismen? [...] Nicht nur bei Wikipedia, sondern in allen gängigen und einschlägigen Nachschlagewerken findet man Wörter als erste Exemplifizierungen des Begriffs. Natürlich sind Anglizismen mehr als nur englische oder englischstämmige Wörter (im Deutschen) – aber diese sind es vor allem anderen: *U-Turn* und *Chicken-Wings* sind also Anglizismen, wie sie im Buche stehen!

Wenn wir schon einmal dabei sind: Anglizismen im Deutschen berühren die teutonische Seele sehr. Hier wittert man die größte Bedrohung für unsere Sprache – manchmal wohl nicht ganz zu Unrecht –, aber platter Purismus, d. h. kategorisches Ablehnen aller Wörter oder Wortverbindungen, die aus dem Englischen oder Amerikanischen zu uns kommen, wäre nicht nur überzogen, sondern würde eine Bereicherung der deutschen Sprache verhindern. [...]

Wenn sich englische Wörter ins Deutsche einschleichen und überleben wollen, müssen sie auch etwas dafür bieten. Einfach *Account* für *Konto* sollte da nicht reichen. Es ist eine alte Weisheit, dass Sprache echte Synonyme nicht recht duldet. Synonyme sind, laut Definition, kurz gesagt verschiedene Wörter für dieselbe Sache, meist illustriert mit *Orange* und *Apfelsine*. Alle Versuche, Synonymie zu verdeutlichen, machen aber darauf aufmerksam, dass meist geringe Bedeutungsunterschiede feststellbar sind, dialektal: *Metzger* versus *Schlachter* oder *Fleischer*, stilistisch: *Sperling* klingt etwas gehobener oder wissenschaftlicher als *Spatz*, *Ross* viel antiquierter und literarischer als *Pferd*, *Tätigkeitswort* und *Blinddarm* klingen laienhafter als *Verb* und *Appendix*. Das liegt daran, dass es wirklich wenig sinnvoll ist, mehrere Ausdrücke für ein Konzept zu haben und lernen zu müssen. Deshalb hat man sich zu fragen, ob ein *Event* wirklich nichts anderes ist als ein *Ereignis*, oder ob mehr oder weniger dahintersteckt. Wenn man sich die Sache vergegenwärtigt, zeichnet sich ein Unterschied ab. *Event* ist die (erste) Übersetzung für Ereignis – ja. Aber: Ereignisse können organisierte Veranstaltungen sein: die Fußball-WM, die neue Bayreuther Ring-Inszenierung oder der CSD in Berlin oder Lüneburg. Ereignisse können aber unbeeinflusste oder unbeeinflussbare Geschehnisse sein: die Flut („Jahrhundertflut" von 2002) oder der Tsunami (von 2004), der Tod eines alterschwachen Menschen oder ein x-beliebiger Sonnenuntergang. Die ersten Ereignisse zeichnet die aktive Handlung von Menschen aus. So etwas fehlt Letzteren. Die wiederum sind in der philosophischen Literatur als bezeichnenswerte Phänomene diskutiert worden, vor allem bei Wilhelm Kamlah (Philosophische Anthropologie: Sprachkritische Grundlegung und Ethik, 1972) als: „Widerfahrnisse".

Derartige Unterscheidungen sind sprachstrukturell sehr interessant. Gerade die im letzten Abschnitt diskutierte, also die Differenzierung zwischen Vorhanden- oder Abwesenheit eines menschlichen Handlungsträgers, ist in den Sprachen der Welt für sehr viele grammatische Prozesse ausschlaggebend. In unserem Fall unterscheidet sie *Events* von *Ereignissen*. Events können nur Vorgänge genannt werden, hinter denen menschliche Macher stehen. Möglicherweise wünscht sich der deutsche Sprecher von heute ein Wort für gesteuerte Ereignisse. Andererseits werden auch noch so englischfreundliche „Speaker" oder „Talkerinnen" wie Jil Sander, Nina Hagen oder Silvana Koch-Merin einen Regenguss oder Ebbe und Flut nicht als Events bezeichnen.

Auch entgegen der Behauptung:

[...] seit einiger Zeit gibt es auch den Loser, wobei nicht ganz klar ist, worin er sich vom Verlierer unterscheidet. Dass das Verlieren eine Spezialität der angelsächsischen Kultur sein soll, lässt sich geschichtlich jedenfalls nicht nachweisen. (Sick 3, S. 235),

kann man doch einen Unterschied ausmachen. Zum Beispiel: In einem konkreten Zweikampf gibt es bei eindeutigem Ausgang einen Sieger oder Gewinner und einen Verlierer. Die beiden Verlierer aus einem Halbfinale treten dann im Kampf um den dritten Platz an. Hier kann man nicht ohne Weiteres vom *Loser* sprechen. Vielmehr meint das Konzept *Loser* einen Versager, einen, der eher auf der anderen denn der Sonnenseite des Lebens steht, einen, dem nichts so recht gelingen will. Wenn man den Loser also abschaffen will, sollte man eher den Versager anbieten.

Auch wenn man die vielen englisch(stämmig)en Wörter im Deutschen leid ist, vermag man hier sehr schön zu beobachten, welche minimalen Differenzen es geben kann.

Aufgabe

1. Erklären Sie die Formulierung „Es ist eine alte Weisheit …“ (Z. 10).
2. Erläutern Sie die Position des Verfassers zu Anglizismen im Deutschen.
3. Stellen Sie dar, mit welchen Argumenten er seine Position begründet.
4. Untersuchen und bewerten Sie die sprachliche Gestaltung des Textes und ihre Wirkung.
5. Erörtern Sie, ob Sie die Argumentation und die sprachliche Gestaltung des Textes überzeugt.
6. Stellen Sie ca. 10 Anglizismen zusammen, die Ihres Wissens von Sprachschützern kritisiert wurden oder die Ihrer Meinung nach kritikwürdig sind. Notieren Sie, aus welchen Bereichen die Beispiele stammen.
7. Suchen Sie für die gesammelten Wörter und Wendungen deutsche Entsprechungen und überprüfen Sie, ob (weitgehende) Synonymie vorliegt.

Basistext

An·gli·zis·mus, *der* ‚Anglizismus, Anglizismen‘ siehe auch Austriazismus, Gallizismus, Helvetimus

Der Begriff **Anglizismus** bezeichnet ganz allgemein den Vorgang, dass aus dem britischen Englisch Wörter, Redewendungen oder bestimmte Konstruktionen in andere Sprachen, z. B. auch ins Deutsche, übernommen werden. An Wörtern finden sich auch in diesem Wörterbuch viele Beispiele (clean, Cockpit, Jukebox …). Nach englischem Vorbild gebildete grammatische Konstruktionen fallen oft erst bei genauerem Hinsehen auf, z. B. „in 1999“ statt „im Jahre 1999“.

In 2013 werden wir erfahren, ob ….

Wie es in Englisch heißt …

Soll ich dir den Text downloaden?

Aufgabe

1. Finden Sie weitere Beispiele für Anglizismen, die sich nicht nur auf die Übernahme englischer Wörter beschränken. Arbeiten Sie mit einem Partner. Stellen Sie Ihre Ergebnisse in der Klasse vor und diskutieren Sie.
2. Die Deutschen sind mitunter übereifrig und benutzen auch englische Wörter, die es im Englischen so gar nicht gibt oder dort eine andere Bedeutung haben. Das Handy z. B. existiert nur im Deutschen – Briten und Amerikaner sprechen entweder von *mobile (phone)* oder *cell phone*. Finden Sie weitere Beispiele.
3. Erörtern Sie schriftlich, ausgehend von Ihrer Wahrnehmung von englischen Wörtern in der Alltagssprache sowie in den Medien und in der Werbung, ob Anglizismen eine Bereicherung für die deutsche Sprache darstellen.

Kreative Aufgabe

1. Englische Begriffe werden häufig benutzt, um den Anschein von Modernität und der Fortschrittlichkeit zu erwecken. Suchen Sie sich einen Zeitungstext oder einen Sachtext und schreiben Sie ihn um. Versuchen Sie, so viele Anglizismen wie möglich einzubauen.

Tipp zur Weiterarbeit

1. In Deutschland gerät leicht aus dem Blick, dass auch die englische Sprache einem Wandel unterworfen ist. In dem Text „Kekse sind ein sehr sensibles Thema“, den Sie unter dem Online-Code abrufen können, äußert sich die britische Sprachwissenschaftlerin Lynda Mugglestone zu Erscheinungen des gegenwärtigen Englisch.
2. Anglizismen haben sich auch in den Konstruktionen der Umgangssprache verbreitet. Durch die Synchronisation amerikanischer Fernsehserien verändert sich die alltägliche Kommunikation entscheidend. Lesen Sie den Beitrag von Eike Christian Hirsch und sammeln Sie weitere Beispiele.

Zusatztexte
- Lynda Mugglestone: *Kekse sind ein sehr sensibles Thema*
- Eike Christian Hirsch: *Wie es sich anfühlt*

n577hs

Basistext

Wolf Schneider unterrichtete viele Jahre angehende Journalisten und bemühte sich, ihnen die Grundlagen des guten Deutschs und die Regeln adressatengerechten Schreibens zu vermitteln.

Wolf Schneider: Volkes Maul ist nicht genug (1986)

Wer es wagt, als Ratgeber für korrektes Deutsch auf den Plan zu treten, der wird sogleich von drei Einwänden überfallen: erstens, dass es sich um ein uferloses Thema handle; zweitens, dass Profis selbstverständlich am besten wüssten, was richtig ist; und drittens, dass es altmodisch sei, die Frage des korrekten Sprachgebrauchs, der grammatikalischen Normen, der Rechtschreibung [...] allzu wichtig zu nehmen. Die Sprache wachse und ändere sich wie jedes Lebewesen; „scheinbar" gegen „anscheinend" abzugrenzen, sei eine Pedanterie; und wenn das Volk keinen korrekten Konjunktiv mehr wolle, dann möge der Konjunktiv eben sterben, und wer dagegen sei, könne ohnehin nichts ändern. [...]

Was [...] den Punkt angeht, dass es altmodisch sei, zerbrechende Normen zu verteidigen, oder gar hoffnungslos und lächerlich wie der Kampf des Don Quijote gegen die Windmühlenflügel – so sollte man darüber keine zu rasche Meinung haben.

Es war schon immer so, dass Feinheiten oder zusätzliche Verfeinerungen der Grammatik nicht von Landarbeitern und Halbwüchsigen ersonnen oder hochgehalten wurden, sondern von Dichtern, Mönchen und Lehrern; das Volk neigt zu saftigem Ausdruck in schlampiger Form. Jahrtausendelang hat sich das Volk nicht gegen die Lehrer und Mönche durchgesetzt; und da wir mit dem Ergebnis, nehmt nur alles in allem, doch zufrieden sind, muss die Frage erlaubt sein, warum Lehrer und Journalisten plötzlich vor der uralten Formfaulheit des Volkes kapitulieren sollen. (Bloß weil die Mönche fehlen?)

Im Zusammen- und Gegeneinanderwirken der erfindenden und der bewahrenden, der experimentierenden und der reglementierenden Kräfte, des kraftvollen Inhalts und der geschmiedeten Form sind die großen Sprachen groß geworden, und dabei sollte man es belassen.

Man könne es nicht, die alten Regeln würden von der Entwicklung überrollt? Dieser Einwand ist allgegenwärtig, ziemlich ausgeleiert und im Grunde einfach falsch. Wenn hunderttausend Lehrer und Journalisten ihre historische Pflicht gegenüber der Sprache nicht mehr erfüllen, weil sie es nicht mehr zeitgemäß finden oder weil es ihnen zu mühsam ist, dann hat freilich Volkes Maul gesiegt – auf welches Luther *schaute*, während ihm gleichzeitig die sächsische Hof- und Kanzleisprache entgegentrug. [...]

„Mutter gleitet Kind aus dem Arm"
Bei der *Deklination* nehmen viele Journalisten die Hürde des Genitivs und des Dativs nicht; zu schweigen vom Kasus der Apposition.

Einerseits liegt die aufwändige Deklination im Sterben: Niemand sieht mehr Helene*n* in jedem Weibe, keiner küsst mehr Charlotte*n* und keiner schielt mehr auf Karl*n* den Großen; unsere Neigung zum starken Deklinieren hat sich in den letzten zwei Jahrhunderten abgeschwächt. Auch dem langsam sterbenden Dativ-E (dem Könige, dem Tage) brauchen wir nicht nachzuweinen.

Andererseits hängen sich viele an den modischen Unfug, dem *Typ* und dem *Autor* eine Dativ-Endung zu verpassen: dem Typen, dem Autoren – obwohl sie doch ihrem Motoren dergleichen nicht zumuten würden.

Dann wieder haben sie vor dem Dativ solchen Horror, dass sie ihn unterdrücken; teils mit der Folge linkischer Stolperei: „Verkehrstod Kampf angesagt" und „Hüttendorf Erdboden gleichgemacht"; beides in der *Frankfurter Rundschau*; teils entstellt zur bloßen Lächerlichkeit: „Mutter gleitet Baby aus dem Arm" (Überschrift im Vermischten der *Süddeutschen Zeitung*) – die Mutter dem Baby oder der Mutter das Baby?

Auch den Krieg gegen den Genitiv scheinen manche Redakteure zu gewinnen: „Haig: Keine Interventionspläne Kubas oder Nicaraguas" *(FAZ)*: Keine Interventionspläne hat aber gar nicht Kuba (wie es dasteht), sondern Haig gegen Kuba (wie es nicht dasteht).

Dass der *Spiegel* das ihm Mögliche tut, den Genitiv aus dem Deutschen zu verbannen, ist bekannt: „Brandt-Schatten Gaus", und im Schatten des *Spiegels*: die Scheidung von Queen-Schwester Margaret". [...]

Beliebt in vielen Redaktionen ist der Streit, ob es „des Kreml" oder „des Kremls" heiße.

Grundsätzlich hängen wir männlichen Eigennamen ein -s an (am Ufer des Rheins) – nicht aber ausländischen Eigennamen (der Lauf des Mississippi). Oft stellt sich also die Frage, ob ein Wort als deutsches oder als fremdes Wort zu betrachten sei: des Nils? In einer Zeit, die unter Anleitung des *Spiegels* immer deklinationsfauler wird, sollten die Journalisten als Nachfolger der Mönche handeln und im Grenzfall für das -s plädieren [...].

Aufgabe

1. Der Text von Wolf Schneider ist deutlich in zwei Teile gegliedert. Finden Sie Überschriften für jeden Textteil.
2. Fassen Sie zusammen, mit welchen Argumenten Schneider im ersten Teil des Textes den Einwänden gegen „Ratgebern für korrektes Deutsch" begegnet. !
3. Bei dem zweiten Teil des Textes handelt es sich um eine Sprachglosse. Benennen Sie die Textelemente einer Sprachglosse. Sie können auch die Texte von Dieter E. Zimmer (vgl. unten) und Eike Christian Hirsch (vgl. Online-Code S. 25) heranziehen, um die Merkmale zu erarbeiten.
4. Der Autor unterrichtet angehende Journalisten. Bewerten Sie vor diesem Hintergrund seine Sprachkritik. !
5. Der Text von Schneider ist über 25 Jahre alt, die Deklination aber noch immer ein beliebtes Thema der Sprachkritik. Sammeln Sie Pro-Contra-Argumente und diskutieren Sie, welchen Nutzen Sprachkritik tatsächlich hat. Bedenken Sie dabei, dass Sprache einem ständigen Wandel unterworfen ist.

Tipp zur Weiterarbeit

1. Informieren Sie sich mithilfe einer Sprachgeschichte über Luthers Einfluss auf die deutsche Sprache. Klären Sie, wie die Aussage „während ihm gleichzeitig die sächsische Hof- und Kanzleisprache entgegentrug" zu verstehen ist.

Basistext

Dieter E. Zimmer: Migrationshintergrund (2006)

Der Wissenschaftsjournalist Dieter E. Zimmer kommentiert und kritisiert schon seit vielen Jahren den Sprachgebrauch seiner Mitmenschen.

Es ist, als hätte in den Sozial- und Schulbehörden ein Verklausulierungswettbewerb stattgefunden. „Etwa die Hälfte aller Schulabgänger mit Migrationshintergrund hat keine abgeschlossene Berufsausbildung." – „Die Welten der Mädchen mit Migrationshintergrund sind ganz anders." – „Am häufigsten kommen die Pflegekräfte mit Migrationshintergrund heute aus Polen."

Warum sagen sie nicht geradeheraus *Ausländer*? Warum nicht *Nichtdeutsche* oder *Einwanderer* oder *Immigranten*? Aus zwei Gründen, die sich gegenseitig das Alibi liefern. Zum einen sind *Ausländer* und *Einwanderer* oder *Nichtdeutsche* zu spezielle Begriffe, denn sie enthalten jeder eine Feststellung zum rechtlichen Status, die nur auf einen Teil der Gemeinten zutrifft. Die in Deutschland geborenen Kinder von Ausländern ohne deutsche Staatsangehörigkeit zum Beispiel sind strenggenommen weder *Ausländer* noch *Einwanderer*, und sie sind – gerade das ist ihr Problem – weder *Deutsche* noch *Nichtdeutsche*. Diesem Defizit allerdings haben die (vielverwendeten) Begriffe *Zuwanderer* und *Migrant* fast vollständig abgeholfen. Die umständliche bürokratische Umschreibung *Person mit Migrationshintergrund* ist darum schlicht überflüssig.

Der zweite Grund ist Rücksichtnahme: Die eigene Klientel soll nicht mit Bezeichnungen etikettiert werden, die in Teilen der Bevölkerung negativ besetzt ist. Es ist die gleiche prophylaktische Rücksichtnahme, die aus Türken *Mitbürger türkischer Herkunft* macht, aus Armen *Unterprivilegierte*, aus Alten *Senioren*, aus Altersheimen *Seniorenresidenzen*, aus Verhandlungsgegnern *Sozialpartner*, aus Verbrechern *Straffällige*, aus Gefängnissen *Vollzugsanstalten*, aus Elends-, Armen- und Ausländerquartieren, Slums und Gettos *soziale Brennpunkte*, aus Unwissenheit und Dummheit *Bildungsferne*, aus Geisteskranken und Verrückten *Psychiatriepatienten* oder *Personen mit Psychiatrieerfahrung*. Kein Mensch soll über seine Unzulänglichkeiten definiert werden. Die alten, plumpen, direkten Wörter, so die Theorie dahinter, riefen negative Assoziationen hervor und *stigmatisierten* die Betroffenen damit. Die neue sprachliche Einkleidung soll unliebsame Tatbestände kaschieren und etwaige Vorurteile ins Leere laufen lassen. Wenn du etwas gegen Zigeuner gehabt haben solltest: Die gibt es gar nicht mehr, es gibt nur noch *Roma und Sinti*.

Der Erfolg solcher rein sprachlichen Weltverschönerungsmaßnahmen ist indessen zweifelhaft. „In diesem sozialen Brennpunkt konzentrieren sich Personen mit Migrationshintergrund aus zumeist bildungsfernen Milieus." – wie überaus rücksichtsvoll, aber die Leute ahnen dennoch sogleich, was gemeint ist: dass im lokalen Türkenkiez Familien leben, die Deutsch weder lesen noch schreiben können. Sie denken und fühlen über diese Personengruppe weiter wie vorher, wenn nicht mit den alten Wörtern, die sie nunmehr in der Öffentlichkeit lieber für sich behalten, dann mit den neuen, die unverzüglich mit den alten Konnotationen aufgeladen werden. Wenn sie Vorurteile hatten, werden sie von ihnen nicht durch ein überarbeitetes Vokabular geheilt, sondern höchstens durch gegenteilige Lebenserfahrungen.

Auch mit der Schutzfunktion der „politisch korrekten" Sprache dürfte es nicht weit her sein. Wenn der Arme sein Portmonee um und um dreht, nützt es ihm wenig, dass sein Geldmangel auf den zuständigen Ämtern als *Sozialschwäche* geführt wird. Der Alte denkt über seine zunehmende Gebrechlichkeit nicht versöhnlicher, wenn man ihn zuvorkommend als *Senior* tituliert. Die Dummheit hat nicht abgenommen, seit es sie nicht mehr gibt.

Dennoch sind semantische Manipulationen nicht von vornherein wirkungslos. Jede Ideologie macht sich durch die semantischen Verschiebungen im Vokabular einer Sprache kenntlich, die sie mit sich bringt. Begriffe bezeichnen nicht nur, sie interpretieren die Wirklichkeit auch. Der politische Kampf um die Begriffe ist ein Kampf um die Deutungshoheit. Effektiver aber, als alte Wörter, die den Schmutz der Zeiten an sich tragen, durch klinisch saubere neue zu ersetzen, ist die Vorzeichenumkehrung. So haben die Homosexuellen viel für den Abbau von Vorurteilen ihnen gegenüber getan, als sie das frühere unverhohlene Schimpfwort *schwul* kurzerhand mit einem positiven Vorzeichen versahen und geradezu zu einem stolzen Banner erhoben. Das aber konnten nur sie selber; die Ämter hätten nur eine umständliche kaschierende Umschreibung wie *andersorientiert* in Umlauf setzen können, die die allgemeine Druckserei nicht beendet hätte.

Dem alles in allem geringen Nutzen des bloßen Begriffstauschs steht sogar ein Schaden gegenüber. Die Umetikettierung nämlich kann bei den Leuten leicht den Verdacht erwecken, dass etwas Offensichtliches vor ihnen verborgen werden solle. Dass es zwei Sprachen gebe, ihre eigne direkte und ehrliche und eine öffentliche, die umständlich und verlogen ist. Dass also ein Bluff im Gange sei.

Die *Person mit Migrationshintergrund* liefert einem solchen Verdacht Munition. Die Bezeichnung drängt das, was gerade das sozial Problematische ist, wortreich in den Hintergrund, als seien Integration und Assimilation längst geschafft: normale *Mitbürger* alles, die nur irgendwo im Hintergrund einmal eine Beziehung zu einer fremdländischen Kultur hatten. Der Begriff leistet der Selbsttäuschung Vorschub, und Selbsttäuschungen rächen sich eines Tages.

Den hellhörigen Schriftsteller Max Goldt schreckt der *Migrationshintergrund* zu Recht: „Nicht schön ist es aber, wenn Kinder nichtdeutscher Eltern, bloß weil man sie nicht Ausländer nennen möchte, als ‚Menschen mit Migrationshintergrund' bezeichnet werden. Meine Eltern flohen 1945 aus Schlesien. Bin ich deswegen ein ‚Mensch mit Vertreibungshintergrund'? Formeln lassen sich leicht in Beleidigungen umdeuten. ‚Du hast wohl 'nen Migrationshintergrund' klingt wie ‚Du hast einen Knall!'"

Aufgabe

1. Nennen Sie weitere Beispiele für solchen beschönigenden Sprachgebrauch.

! 2. Erläutern Sie die Gründe, die der Autor für den Gebrauch des Begriffes „Migrationshintergrund" sieht.

! 3. Arbeiten Sie die Position heraus, die Dieter E. Zimmer dieser Art der Sprachverwendung gegenüber einnimmt. Beziehen Sie bei Ihren Ausführungen die Formulierung „rein sprachliche Weltverschönerungsmaßnahmen" (Z. 23) mit ein. Erläutern Sie, wie der Autor seine Einstellung begründet.

4. Vergleichen Sie den Text thematisch mit dem zweiten Textteil von Wolf Schneider („Mutter gleitet Baby aus dem Arm"). Welche Gemeinsamkeiten und Unterschiede können Sie feststellen? Leiten Sie daraus Bereiche einer möglichen Sprachkritik ab.

! 5. „Wenn der Arme sein Portmonee um und um dreht, nützt es ihm wenig, dass sein Geldmangel auf den zuständigen Ämtern als Sozialschwäche geführt wird", schreibt Zimmer. Hilft es dem Armen vielleicht, wenn man ihn „armen Schlucker" oder „Sozialschmarotzer" nennt? Schreiben Sie eine Erwiderung zu Zimmers Auffassung, in der Sie die Vorteile eines politisch korrekten Sprachgebrauchs herausstellen. Wählen Sie als Textsorte entweder „Leserbrief" oder „Glosse".

Aufbautext

Uwe Pörksen: Plastikwörter. Die Sprache einer internationalen Diktatur (1988)

Im Frühjahr 1985 tagten in der kleinen mexikanischen Bergstadt Tepotzlan einige namhafte Industrielle, Politiker und Professoren des Landes, um darüber zu sprechen, wie man Mexiko an den jüngsten Zug der High Technology anschließen könne. Wohlgemerkt: nicht *ob* es zu tun sei, sondern *wie*. Ein Professor und Bankier aus den Vereinigten Staaten eröffnete das Treffen und erläuterte eingangs seine *Philosophie*. Der Mensch habe zwei auffallende Eigenschaften, sagte er, er mache Technik und er organisiere Gesellschaft. Zwischen beiden Arten des Machens gebe es ein *interplay*, und sie trieben einander in die Höhe ... Nachdem der Mensch so auf den dürrsten aller Universalnenner gebracht worden war, konnte die Tagung beginnen. Sie war von einigen treibholzartig floatenden Wörtern bestimmt: *progreso, proceso, modernization, desarrollo, necesidades, communication, information, crisis*. Der Nordamerikaner sprach sie ein wenig anders aus, ersetzte *desarollo* durch *development* und hatte den anderen voraus, dass er auf dem Hochplateau der *Hightech* zu siedeln schien und man sich an seinem Standort als dem glänzenden Zukunftsgipfel orientierte. Im Übrigen war man sich einig. Die Wörter ermöglichten diesen fast grenzenlosen Konsens und dispensierten von der Frage: Wozu?

In einer Pause meinte jemand, der nur zufällig Gast des Treffens war, diese Tagung würde ja nur mit hundert Wörtern bestritten. Sein mexikanischer Freund schüttelte den Kopf und sagte schnell: „Mit hundert Wörtern ist man Präsident! Es sind kaum fünfzig."

Es waren vielleicht nur fünfzehn. Fünfzehn Interkontinentalwörter scheinen zu genügen, um ein schönes, unendliches, tausendgestaltiges Land an eine neue Technik anzuschließen und es ihr zu unterwerfen. [...]

Schon eine alphabetische Anordnung der Plastikwörter macht erkennbar, dass sie dazu tendieren, Sätze zu bilden, auch ohne Verben, die, wie man so richtig sagt, eine geringe Rolle spielen: *Arbeit, Arbeitskraft, Arbeitsplatz, Ausbildung; Austausch, Beziehung; education (Erziehung); Energie, Entscheidung, Entwicklung; Faktor, Fortschritt, Funktion; Gesundheit, Grundbedürfnis, Identität; Information, Kommunikation, Konsum; Kontakt; Lebensstandard, Leistung, Lösung; Management, Modell, Modernisierung; Partner, Planung; Problem, Produktion, Projekt; Prozess, Qualität; Ressource (Rohstoff), Rolle; servicio (Dienste); Sexualität; Strategie, Struktur; Substanz (Material, Stoff); System, Versorgung, capitalisation (Verwertung); Wachstum, Wert; Zentrum, Zukunft*

Manche Wörter ordnen sich wie von selbst zu Reihen: „Problem – Lösung – Strategie": Das ist fast schon ein typischer Satz und ein weitreichendes Instrumentarium.

System, Struktur. Das erste Wort erlaubt die Zusammenfassung eines globalen Bereichs und suggeriert seine Verfasstheit, – das *System von Weimar, unser Wirtschaftssystem* –, das zweite suggeriert den Gefügecharakter eines undurchschauten Gebildes. Wenn man nichts überblickt und ebenso wenig durchschaut, kann man immer noch sehr gut von *System* und *Struktur* sprechen.

Vermutlich ist der hohe Abstraktionsgrad der Plastikwörter ihre wirksamste Eigenschaft; er ist es, der das Feld der Sprache und der ihnen antwortenden Sachen planiert.

Energie – Ressource – Produktion – Versorgung – Konsum. Die Eignung dieser Kette zum universellen Zugriff und Programm liegt auf der Hand. Hier ist von Ökonomie die Rede. Vergleichbare Reihen ließen sich für Landschaftsplanung oder Erziehung, Gesundheit oder Transport bilden. Sie negieren alle die lokalen Besonderheiten. In fünf Vokabeln erschließen und ordnen sich riesige Räume.

Information – Kommunikation. Wir nähern uns dem inneren Kreis, den Wörtern im Zentrum des großen Rades. Hier werden die Bedeutungen restlos universal und ahistorisch und lassen sich inzwischen mathematisch ausdrücken – vielleicht bald auch für unser alltägliches Bewusstsein. *Rolle – Faktor.* Was kann nicht *zum Faktor werden* oder *eine Rolle spielen* ...

Die Wörter sind auf beunruhigende Weise austauschbar, sie lassen sich gleichsetzen, in einer Kette von Gleichsetzungssätzen aneinanderreihen. Es scheint immer wieder Sinn zu geben: „Information ist Kommunikation. Kommunikation ist Austausch. Austausch ist eine Beziehung. Beziehung ist ein Prozess. Prozess bedeutet Entwicklung. Entwicklung ist ein Grundbedürfnis. Grundbedürfnisse sind Ressourcen. Ressourcen sind ein Problem. Probleme bedeuten Dienstleistung. Dienstleistungssysteme sind Rollensysteme. Rollensysteme sind Partnersysteme. Partnersysteme bedeuten Kommunikation. Kommunikation ist eine Art von Energieaustausch." Manche Gleichsetzungen lassen sich auch ohne Verben aussprechen: „*Ressource:* Energie und Gesundheit, Information und Kommunikation. *Modell:* Fortschritt und Partnerschaft."

Die Beweglichkeit dieser Wörter, ihre Fähigkeit, Verbindungen einzugehen, ist unheimlich.

Aufgabe

1. Lesen Sie den Text von Pörksen und benennen Sie die Eigenschaften von Plastikwörtern.
2. Vergleichen Sie den Text inhaltlich mit dem Text von Dieter E. Zimmer.
3. Formulieren Sie ein kurzes Statement, das die Position beider Autoren auf den Punkt bringt. !
4. Erörtern Sie das Verhältnis von Sprache und Wirklichkeit, das in beiden Texten zum Ausdruck kommt.

Basistext

Tobias Hürter: Welches Deutsch sprechen wir in 50 Jahren?

Verfällt unsere Muttersprache? Wird sie gar verschwinden? Oder erneuert sie sich? Ihr Schicksal liegt uns allen buchstäblich auf der Zunge. Stellen Sie sich vor, Sie sind im Auto unterwegs. Eine junge Frau steht mit einer Panne am Straßenrand. Sie bieten Ihre Hilfe an. Die Frau antwortet: „Danke! Ich bekomme schon geholfen."

„Bekomme geholfen", stutzen Sie da? Dann geht es Ihnen wie den meisten deutschen Sprechern. Obwohl sie es verstehen, klingt es irgendwie falsch für ihre Ohren – noch. Ein wachsender Anteil von Sprechern benutzt diese Konstruktion namens Dativpassiv. Vielleicht haben auch Sie schon mal etwas „geschenkt bekommen" oder „einen Zahn gezogen gekriegt"? Dann könnte es Ihnen ja doch irgendwann herausrutschen, dass Sie „geholfen bekommen" – und Ihre Urenkel bekommen womöglich gar „gehelft". Das Dativpassiv ist dabei, sich im Deutschen festzusetzen. Es steht heute in keiner Schulgrammatik. In 50 Jahren könnte es in jeder stehen.

Unsere Muttersprache verändert sich. Das Dativpassiv ist nicht die einzige Konstruktion, die sich den Weg in den allgemeinen Sprachgebrauch bahnt. Neue Verbformen schleichen sich ein, alte Wörter werden neu ausgesprochen. Die Mechanismen und Ursachen des Sprachwandels waren lange ein Rätsel. „Seit dem 19. Jahrhundert suchen wir nach ihnen", sagt der Sprachforscher Rudi Keller von der Universität Düsseldorf, „jetzt können wir behaupten, wenigstens die Grundzüge zu verstehen."

Sicherlich spielen kulturelle und soziale Veränderungen eine Rolle: Migranten, das Internet, die Werbung, der Einfluss des Englischen. Aber wohin führt das alles? Verfällt das Deutsche? „Die deutsche Sprache wird so schlampig gesprochen und geschrieben wie wohl nie zuvor", klagt Mathias Schreiber, Redakteur des „Spiegel"-Kulturressorts. 65 Prozent der Deutschen sehen es wie er, hat die Gesellschaft für deutsche Sprache in einer Umfrage ermittelt. Könnte unserer Muttersprache gar der Untergang drohen? […]

Wie düster ist die Lage wirklich? Fast jede Generation stimmt ihre eigene Klage über den Sprachverfall an: „Die Sprache wird heute so schnell umgebildet, dass sie verkommen und verlottert ist. Unbeholfenheit und Schwerfälligkeit, Schwulst, Ziererei und grammatische Fehlerhaftigkeit nehmen zu", schrieb der Philologe Gustav Wustmann 1891. Wenn alle Warnungen vor dem Niedergang des Deutschen eingetroffen wären, müsste unsere Muttersprache längst zu einem Grunzen degeneriert sein.

Die Entwicklung des Deutschen gleicht einer Flüsterpost von den alten Germanen über die Minnesänger, Luther und Goethe bis heute

Lebende Sprachen verändern sich mit der Welt, über die sie sprechen, das liegt in ihrer Natur. Neue Wörter entstehen. Alte verschwinden, werden anders ausgesprochen oder bekommen neue Bedeutungen. Nur sechs Generationen trennen uns von Johann Wolfgang Goethe – 250 Jahre Flüsterpost: Jede Generation hat ihre Eltern bestens verstanden. Aber der größte deutsche Dichter hätte heute ernstliche Verständigungsschwierigkeiten. Wenn Goethe sich „beitätig" zeigen wollte, dann wollte er helfen. Wenn er etwas „merkwürdig" fand, dann meinte er es wörtlich: würdig, es sich zu merken. Merkwürdig im heutigen Sinn klingt Friedrich Schillers Rat, „Heirate, weil du jung bist" – bis man „weil" wie er versteht: als „während". Ursprünglich stammt „weil" vom mittelhochdeutschen „wîle", also „Weile". Der zeitliche Zusammenhang wurde erst später in einen Ursachenzusammenhang umgedeutet. Und die bewegte Geschichte von „weil" geht weiter. Heute wird es mehr und mehr dazu benutzt, um Begründungen statt Ursachen zu benennen: „Peter ist schon weg, weil sein Auto steht nicht mehr im Hof." Dieses „epistemische Weil" ist dabei, sich von der Umgangssprache in die Standardsprache vorzuarbeiten. Man erkennt es an der für Weil-Sätze sonst ungewohnten Hauptsatzstellung.

Wörter schleifen sich ab im langen Gebrauch, wie Kiesel in einem Flussbett. Das lateinische „aqua" (Wasser) wurde im Französischen zu

„eau"; lateinisch „habent" (sie haben) wurde zum spanischen „han" – und wer weiß, vielleicht hat es ja schon Cicero so ausgesprochen. Im Deutschen schreiben wir „haben" und sagen meist „ham". „In ein paar hundert Jahren könnte ‚ham' auch die Schriftform sein", sagt der Sprachforscher Keller. Im Englischen, das mit dem Deutschen die germanischen Wurzeln gemeinsam hat, sind fast alle Endsilben diesem Abnutzungsprozess zum Opfer gefallen. Daher gilt Deutsch manchen Linguisten als „verlangsamtes Englisch".

Aber auch die deutsche Grammatik glättet sich im Lauf der Zeit. Ein jahrhundertealter Trend ist, dass starke Verben sich in schwache verwandeln. „Schrauben" zum Beispiel: Die Vergangenheitsform von „er schraubt" lautete früher nicht „er schraubte", sondern „er schrob" – und in manchen Gegenden hat sich „schrob" bis heute gehalten. Die meisten Deutschen benutzen die alte Form nur noch im Adjektiv „verschroben". Gut möglich, dass unsere Nachfahren einst „er helfte" statt „er half" sagen. Die Engländer tun es bereits: Aus dem mittelenglischen „he holp" wurde im Lauf der Jahrhunderte „he helped".

Jede sprachliche Neuerung beginnt mit einem Regelbruch, der sich dann nach und nach selbst als neue Regel durchsetzt. Wie würden Sie zum Beispiel reagieren, wenn ein Freund Ihnen am Telefon sagt, er sei gerade „am Kochen"? Noch akzeptabel? Und wenn er sagt, er sei gerade „Suppe am Kochen"? Wenn Sie auch da nicht aufhorchen, sind Sie vermutlich aus dem Rheinland. Von dort nämlich breitet sich derzeit diese Am-Konstruktion, auch „rheinische Verlaufsform" genannt, über den deutschen Sprachraum aus.

Mit dem Sprechen ist es ein bisschen wie mit dem Gehen. Es ist so selbstverständlich, dass wir kaum darüber nachdenken. Rudi Keller, der von seinem Arbeitszimmer aus den Düsseldorfer Uni-Campus überblicken kann, vertritt eine sehr anschauliche „Trampelpfadtheorie" über den Sprachwandel: Die Studenten laufen zwischen Hörsälen, Bibliothek und Mensa nicht auf den angelegten Wegen, sondern kürzen über den Rasen ab. „Der einzelne Student denkt sich nicht viel dabei, er ist schlicht faul", sagt Keller, „aber insgesamt entsteht so ein Wegenetz, das viel intelligenter organisiert ist als das von den Architekten geplante." So ähnlich ist es mit der Sprache: Sie ist ein Gemeinschaftswerk ihrer Sprecher, ohne dass jemand sie lenkt – weder Kunstprodukt noch Naturphänomen.

Einer dieser Trampelpfade, den die deutschen Sprecher gerade legen, ist der unbestimmte Demonstrativartikel: „Da vorne fährt son Bus mit Wasserstoffantrieb." „Son" verhält sich zu „ein" wie der bestimmte Demonstrativartikel „dieser" zu „der". Es wäre wirklich ein neues Wort, keine bloße Zusammenziehung von „so ein", denn wir könnten es auch verneinen und in die Mehrzahl setzen: „kein son Bus", „zwei sone Busse". Es wird sicherlich noch Jahrzehnte dauern, bis „son" und „sone" vom Umgangsdeutschen in die Schriftsprache einziehen. „Das wäre kein Verfall", sagt Rudi Keller, „sondern eine Komplettierung unseres Sprachsystems."

Wenn wir einfach nur faul wären, würden wir nur noch miteinander nuscheln. Aber wir haben Gründe, etwas Schwung in unsere Sprache zu bringen. Wir wollen den Mitmenschen auffallen, imponieren, sie bewegen und höflich zu ihnen sein – und dazu entfernen wir uns immer wieder von den ausgetretenen Pfaden der Sprache.

Die gegenläufigen Kräfte bringen immer wieder Schwung in den Sprachwandel. So hatte das Deutsche jahrhundertelang ein tadelloses Wort für Frauen: „wîp" – Weib. Aber die Minnesänger wollten die Frauen nicht nur bezeichnen, sondern ihnen schmeicheln, und so besangen sie sie als „vrouwe" – Herrin. Die Frauen gewöhnten sich daran, „Weib" dagegen bekam einen abfälligen Klang. Heute ist „Dame" das betont höfliche Wort – in einer „Frauenklinik" gibt es „Damentoiletten", aber es gibt weder „Damenkliniken" noch „Frauentoiletten". Wenn die Geschichte sich wiederholt, wird „Dame" in die Rolle von „Frau" nachrutschen. Aber ebenso könnte es sein, dass „Dame" einen schlechten Beiklang bekommt wie „Dirne", das früher einmal schlicht für unverheiratete Frauen stand. Das wäre das Ende der „Damentoilette". [...]

Über die letzten 450 Jahre plätscherte der Wandel des Deutschen eher ruhig dahin. Wir können Luthers deutsche Schriften mit etwas Mühe im Original lesen, während heutige Englischsprecher die Zeitgenossen Luthers richtiggehend übersetzen müssen. Luther war der große Einiger der deutschen Sprache. Vor seiner Bibel-Übersetzung war das Deutsche ein Sammelsurium regionaler Dialekte ohne übergreifende Hochsprache. Wer sich ein paar Kilometer von zu Hause entfernte, konnte sich meist nur noch mit Händen und Füßen verständigen. Den Gelehrten jener Epoche blieb nur Latein als gemeinsame Sprache.

In der Zeit von Luther bis ins 20. Jahrhundert stieg Deutsch zur führenden Kultur- und Wissenschaftssprache auf. Wer vor dem Zweiten Weltkrieg in Physik, Mathematik, Philosophie oder Psychologie über das „Unschärfeprinzip" oder das „Entscheidungsproblem", über „Erkenntnis" oder das „Ich" reden wollte, musste den deutschen Jargon seiner Disziplin beherrschen. Heute benutzen sogar deutsche Forscher die englischen Übersetzungen dieser Begriffe. „Deutsch verliert angestammte, mühsam errungene Domänen", sagt die Linguistin Karin Donhauser von der Humboldt-Universität in Berlin.

Auch bei der Jugend verliert das gute alte Hochdeutsch an Boden. Englisch ist „cooler", mit den Migranten mischen sich Einflüsse aus südlichen und östlichen Ländern dazu. Auch junge Deutsche sagen türkisch „lan" für „Mann": „Pass auf, lan!" Man kann die exotische Würze als Bedrohung sehen. Oder als Bereicherung.

Die neuen Sprecher verändern nicht nur den Wortschatz des Deutschen, sondern auch seinen Klang. So gilt im Deutschen seit germanischer Zeit die Regel des Silbenschnitts: Kurze Vokale stehen in geschlossenen Silben („Topf"), lange in offenen Silben („roh"). Wenn wir „roh" mit kurzem o sprechen wollen, schließen wir die Silbe unwillkürlich mit einem Stopplaut aus dem Kehlkopf. Kaum ein deutscher Muttersprachler hat vom Silbenschnitt gehört, aber jeder befolgt ihn. Zuwanderer kennen diese Regel nicht aus ihrer Heimatsprache und brechen sie. Ein kurzes „roh" ist fremd für uns, aber nicht unverständlich. Wir beginnen, uns umzugewöhnen. „Der Silbenschnitt wird wohl verschwinden", sagt Dietmar Zaefferer, Linguist an der Universität München. Wer wird ihn vermisssen?

Andere Sprachen sind seit jeher zugänglicher für fremde Einflüsse als das Deutsche. Jedes dritte englische Wort ist französischen Ursprungs – und der reiche Wortschatz gilt als Stärke des Englischen. Keine Angst also vor einem Entwicklungsschub des Deutschen!

Wenn viele Deutsche um ihre Sprache bangen, dann vielleicht auch deshalb, weil sie nicht mehr den Ton angeben. Lange Zeit haben Bildungsbürger und Schriftsteller bestimmt, was gutes Deutsch ist. Damals war es auch nicht besser: Zu Zeiten Goethes und Schillers war es in höheren Kreisen en vogue, französisch zu parlieren. Und wie gestelzt klingen heute Fremdwörter wie „azotisch" oder „abhorrescieren", die das erste Duden-Wörterbuch von 1880 verzeichnet! Das Deutsche hat sich von selbst von ihnen gereinigt.

Heute findet der Sprachwandel auf den Schulhöfen, in SMS-Botschaften und den Chatrooms des WWW statt. Eine Sprachform bildet sich heraus, die der Publizist Dieter E. Zimmer als „Privates Spontanes Alltagsdeutsch" bezeichnet: „Man schreibt so, wie man denkt und spricht." Das sei schlecht fürs Schreiben, befürchtet Zimmer. Andererseits könnte es aber auch dem Denken und Sprechen guttun.

Aufgabe

1. Halten Sie die Etappen des Sprachwandels fest, die im Text genannt werden.

2. Stellen Sie die im Text genannten sprachlichen Veränderungen am Gegenwartsdeutschen tabellarisch dar. Benennen Sie die Veränderungen und geben Sie die Beispiele aus dem Text an.

Veränderung Wortschatz	*Veränderung Grammatik*	*Veränderung Aussprache*

3. Benennen Sie, welche Ursachen für den sich abzeichnenden Sprachwandel im Text genannt werden.

! 4. Erläutern Sie die unterschiedlichen Positionen, mit denen dieser Sprachwandel begleitet wurde.

! 5. Stellen Sie anschließend dar, wie der Autor den Sprachwandel bewertet.

Zusatztexte
- Rudi Keller: *Sprachwandel – Die Theorie der unsichtbaren Hand*
y6kn5p

Tipp zur Weiterarbeit

1. Lesen Sie den Auszug aus Rudi Kellers „Theorie der unsichtbaren Hand", den Sie unter dem Online-Code abrufen können. Erläutern Sie am Beispiel der Entstehung von Trampelpfaden, was Phänomene der dritten Art sind und wie sie mithilfe von Invisible-hand-Prozessen erklärt werden können.

3 „Scheiss Cheater sind alles nur lackaffen" – Der Einfluss der Neuen Medien auf die Sprache

Impulstext

afaik aka asap bd cu lg lol uok

Aufgabe

1. Lösen Sie die Abkürzungen auf. Erläutern Sie, in welchen Medien und bei welchen Gelegenheiten sie gebraucht werden. Kennen Sie weitere Abkürzungen?

SMS-Text 1

10:55, Tussi:	Hey Du, bin grad mit Schonwieder Schmerzen aufgewacht und geh nachher zum Arzt, Frühstück verschoben auf Sonntag,OK? nich bös sein bitte
11:16, Sara:	VIELLEICH TREFFEN NACH ARZT SPURLOS CAFE?
11:23, Tussi:	JA GERN, ABER DAS WIRD BEI MIR SICHER 2-2.30 IS DAS OK?
11:24, Sara:	NACHHER NOCHMAL TEL. OK?
11:26, Tussi:	JAU I MELD MI DANN WENN MEI HALS WIEDER ZSAMMEGEFLICKT ISCH!

SMS-Text 2

19:19, Sara:	Party!?
19:26, Roman:	Ok, Party! Trägst Du mich hin? Und sag dem Bär bescheid.
19:54, Sara:	Ja, bei mir oder wie?
19:56, Roman:	Kaffee?!
19:59, Roman:	Burgterrasse?
20:00, Sara:	JA!

SMS-Text 3

20:58, Jutta:	Meine suße Maus, ich faß' dat nit: juckel mir den arsch ab + was is: der Kerl pennt! Aber ejahl: lieb ihn trotzdem. schönen Tach noch, +Bussi
21:15, Tussi:	Och, nich trauerich sein. Kuschel Dich doch einfach an ihn. Bussi!

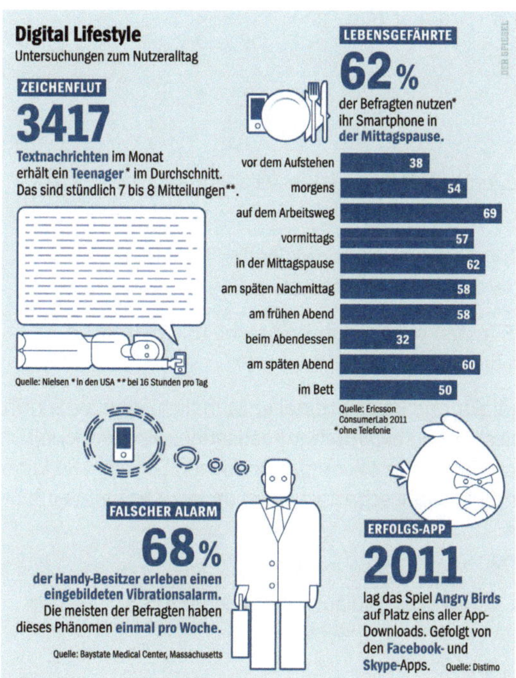

Aufgabe

1. Bei diesen SMS-Botschaften handelt es sich um authentische Texte. Kommentieren Sie die Botschaften in einem Blitzlicht.

Methode
· (unkommentiertes) Blitzlicht

2. Verschaffen Sie sich einen Überblick über Ihr kommunikatives Verhalten und das Ihrer Mitschüler. Notieren Sie, wie Sie das Medium SMS nutzen: Wer sind die Adressaten Ihrer Botschaften? Über welche Themen schreiben Sie? Charakterisieren Sie Ihren Sprachgebrauch bei dieser Form der medialen Kommunikation. Wie viele Botschaften verschicken Sie täglich? Vergleichen Sie die Ergebnisse.

3. Diskutieren Sie, ob die abgedruckten Texte repräsentativ für den Sprachgebrauch in diesem Medium sind.

Quelle Grafik links: Nielsen

Basistext

Dieter E. Zimmer: Internet-Postings (2005)

In dem Kapitel „Die Intelligens stirbt aus" hat der Wissenschaftsjournalist Dieter E. Zimmer in seinem Buch „Sprache in Zeiten ihrer Unverbesserlichkeit"2005 eine Auswahl von Textbelegen aus dem Internet zusammengestellt.

ja das ist war..... wenn man gut ist dänken das du Cheates wirst alls cheater bezeichnet und kannst nix machen das ist scheisse..ich spiele ja (medal of honor) und (cod) bei mohaa sind auch Cheater die cheaten die sind alle krank ich weiss nicht warum die Cheaten ich weiss nicht warum aber die sind in mein augen krank..ich finde das feige mann kann kein spiel meer spielen da sind alles nur Cheater .....(* ! *) wenn das ein Cheater list ist ein arschloch Scheiss Cheater sind alles nur lackaffen

ich spiele ja auch cod ich bin noch nicht um die ecke da schiessen die schon .. aber ich schiesse dan auch und ich bin imer er weg wie die.... das ist nicht war ich finde das so eine scheisse mit blöden cheater warum habe die das denn geh macht mit den cheats warum ?? das ist doch kein spielen meer sauerei

war heut in der stadt und die hatten wirklich NICHTS dass man auch nur anähernt mit den orginal-daniel-klamotten vergleichen konnte ausser so doofe rot weisse pullis aber ohne bänder....

Bei Pimkie habense jetzt dieses geile oberteil ^^ morgen geh ich shoppen =) un da haben se den laden pimkie un colloseum

Eigentlich haben doch pimkie un colloseum ,die es bei uns in verschiedenen centern gibt,trotzdem die gleichen angebote oder? weil irgentwie wär es scheisse,wenn wir da heute extra hinfahren,un es das was ich mir gerne kaufen würd nich haben *löl*

alsoooooooooooo ich war heute ja wiegesagt nu shoppen, bei pimkie hattense das orange leider net,wie in dem center--- =(nunja,dafür habe ich aber das rotweiße =) un ich bin unheimlich stolz drauf es ist zwar wiegesagt net das originale,die bänder fehlen halt,aber auf den ersten blick,fällt nix auf =) un ein untewrschied is noch,das an den armen anstatt 4 rote streifen wie beim kübi,nur 3 bei mir sin,aber dat fällt nu auch wirklich net auf! sonst ist alles gleich denke ich =) also,für alle die interresiert sind,wiegesagt,bei colloseum preis: 14.99 €

also,es lohnt sich finde ich zur not,könnte ich auch mal ein foddo mit mir un dem pulli mit unsere digicam machen un lads hoch,un stells nur für euch hier rein *g*

Aufgabe

Methode
· Redekette

1. Tauschen Sie sich untereinander aus: Posten Sie selbst (gelegentlich)? Wo und aus welchem Anlass? Lesen Sie (regelmäßig) Postings? Welche und warum?

2. Diskutieren Sie, ob diese Belege von Zimmer repräsentativ für die private Kommunikation im Internet sind. Beziehungen Sie Ihre eigenen Erfahrungen mit Blogs, Chats oder Social Media mit ein.

3. Vergleichen Sie die Sprache der Postings mit der in den SMS-Texten verwendeten Sprache und halten Sie Unterschiede und Gemeinsamkeiten fest. Wie erklären Sie sich die Unterschiede?

4. In der Sprachwissenschaft unterscheidet man zwischen medialer und konzeptioneller Mündlichkeit bzw. Schriftlichkeit. „Medial" meint dabei den Unterschied zwischen graphischer und akustischer Realisation, „konzeptionell" die gewählte Ausdrucksweise und damit die Nähe entweder zur Schriftsprache oder der mündlichen Sprache: So kann etwa eine politische Rede medial mündlich, konzeptionell aber gleichwohl schriftlich sein; umgekehrt kann eine SMS medial schriftlich, aber konzeptionell gleichwohl mündlich sein.
Charakterisieren Sie die Sprachbeispiele vor diesem Hintergrund.

5. Bewerten Sie die Sprachverwendung im Internet allgemein. Vergleichen Sie auch hier wieder mit SMS-Texten.

Aufbautext

Peter Schlobinski: SMS-Texte – Alarmsignale für die Standardsprache (2005)

Gebrauchen Jugendliche eine SMS-Sondersprache, wenn sie ‚simsen' bzw. ‚smsen'? Alle Untersuchungen zeigen, dass dem nicht so ist. Zwar gibt es Abweichungen von der Standardorthographie wie die konsequente Klein- oder Großschreibungen, es gibt Abkürzungen wie hdl ‚hab dich lieb', GUK ‚Gruß und Kuss' oder i für ‚ich' und a für ‚auf', die Texte sind kurz und einfach und sie weisen sprechsprachliche Elemente und besondere graphostilistische Mittel auf wie den Smiley [-:)]:

ja, hab ich nur gerad net dran gedacht

:-(EIN RABENSCHWARZER TAG HEUTE :-(WERDS IHM AUSRICHTEN :-(ALLES KLAR BEI DIR? FREUE MICH AUF UNSER DATE AM FR :-) EINEN STRESSFREIEN TAG WÜNSCHE ICH, GUK, ME

SMS-Mitteilungen sind einerseits schriftbasiert, andererseits aber in starkem Maße konzeptuell mündlich. Prosodische und nonverbale Merkmale, die in der Face-to-Face-Kommunikation relevant sind, müssen besonders dargestellt werden. Und: Aufgrund der Zeichenbegrenzung und den Eingabebedingungen folgen die ‚Simser' in der Regel dem Prinzip der Sprachökonomie: Kommuniziere so viel Information wie möglich in unter 160 Zeichen so, dass der Tippaufwand möglichst gering ist. Die Texte sind keineswegs unverständlich, sondern Ausdruck funktionaler Schreibprozesse. Dies bedeutet nicht, dass der Schreiber nicht anders schreiben kann, sondern vielmehr, dass er so schreibt, wie es vor dem Hintergrund der technischen Voraussetzungen kommunikativ erforderlich ist.

Die Auswirkungen neuer Kommunikationstechnologien auf die Sprach- und Kommunikationsgemeinschaften moderner Gesellschaften sind sicherlich schwer zu prognostizieren. Neue Kommunikationstechnologien integrieren die Welt in globale Netzwerke, die den Einzelnen an einer technokulturell geformten Kommunikationsgemeinschaft teilhaben lassen. Technologische Innovationen wie die mobilfunkbasierte Kommunikations- und Informationstechnologie erzwingt bei ihren Kommunikationsteilhabern eine Anpassung an ihre Logik, an die technischen Voraussetzungen, an ihre voreingestellten Muster und Parameter, an ihre Kodierung und Dekodierung. Sie hat Auswirkungen auf globalisierte Kommunikationszusammenhänge, aber auch auf lokale Sprach- und Kommunikationsgemeinschaften.

Unter einer größeren historischen Perspektive scheint der Vergleich mit den Folgen des Buchdrucks in einer gewissen Hinsicht nicht unangemessen. Michael Giesecke hat in seiner Arbeit zu den Auswirkungen des Buchdrucks in der frühen Neuzeit gezeigt, dass die im Zeitalter des Buchdrucks in Europa geschaffenen Sprachen sich letztlich als Kodierungsanweisungen für die Informationsspeicherung und -verbreitung in den neuen, nationalen typographischen Systemen erweisen. Und man bezeichnete die neuen Sprachen, wie Giesecke ausführt, „wegen ihrer Zurichtung auf die technischen Parameter denn ja auch zutreffend als ‚Kunstsprachen' (Schottel) und in jüngerer Zeit als Standardsprachen". Giesecke stellt nun die These auf, dass erst im Zuge der Entwicklung einer neueren Generation von technologischen Informations- und Kommunikationssystemen die Standardsprache gegenüber den für die neueren Systeme geschaffenen Computersprachen an Natürlichkeit wiedergewinnt, und er bezeichnet dies als „Renaturalisierung". Betrachtet man nun internet- und mobilfunkbasierte Schriftkommunikation, so lässt sich eine zweite, andere Art von Renaturalisierung erkennen: Die Standardsprachen als ursprünglich notwendige Standarddruck- bzw. Standarddruckschriftsprachen werden neu und verändert gebraucht in schriftbasierten, aber konzeptuell mündlichen Kommunikationssystemen. Schriftsprache kommt unter den Druck ‚emulierter' Mündlichkeit. Dies ist die eine Seite der Medaille. Die andere Seite ist die zunehmende Abkehr vom orthographisch fundierten Zeichensystem bei gleichzeitiger Hinwendung zu grafischen Zeichensystemen; in Japan werden neben den Smileys besondere Bildzeichen (Emoji) in den SMS-Fließtext integriert. Indem Schriftsprache als standardisierte Sprache derart von zwei Seiten in die Zange genommen wird – durch die gesprochene Sprache und durch Visualisierungstechniken, und das Einfallstor sind hierbei neue Textsorten und Mediengenres der 2. Gutenberg-Revolution –, unterliegen Sprachnormen einem enorm zunehmenden Druck, der die Sprachvariation erhöht. Hieraus können möglicherweise auch Sprachwandelprozesse resultieren. Allerdings finden diese nicht außerhalb des deutschen Sprachsystems und kommunikativer Notwendigkeiten statt, sondern auf der Folie der deutschen Grammatik und gemeinsam geteilten Kommunikationswissens.

emuliert = nachgebildet, nachgeformt

Aufgabe

1. Nennen Sie die Merkmale von SMS-Kommunikation (Sprache und Kommunikationsbedingungen).
2. Erläutern Sie die Bedeutung des Satzes: „Schriftsprache kommt unter den Druck ‚emulierter' Mündlichkeit." !
3. Stellen Sie dar, wie Schlobinski die Frage nach der künftigen Entwicklung der Standardsprache aufgrund der „2. Gutenberg-Revolution" beantwortet. !

Basistext

Daniel Kehlmann: Ein Beitrag zur Debatte (2009)

Text in alter Rechtschreibung

Bei dem folgenden Textauszug handelt es sich um den Beginn der Geschichte „Ein Beitrag zur Debatte" aus Daniel Kehlmanns Buch „Ruhm", in dem dieser kunstvoll neun Geschichten zu einem Roman verschränkt. In „Ein Beitrag zur Debatte" kommt ein Internetfreak, dessen Leben hauptsächlich darin besteht, unter dem Pseudonym „mollwitt" in diversen Chatforen zu posten, in einer Art „XXL-Posting" zu Wort.
Der im Text erwähnte Schauspieler Ralf Tanner spielt in der ersten der neun Geschichten eine zentrale Rolle (u. a. wird er dort von Carla Mirelli geohrfeigt). Darauf wird in diesem Ausschnitt Bezug genommen.

Da muß ich erst ausholen. Sorry und: weiß ja, daß lithuania23 und icu_lop sich wieder über die Länge von diesem Posting lustig machen werden, und natürlich lordoftheflakes, der Troll, wie neulich bei seinem Flaming im movieforum, aber kürzer kann ichs nun mal nicht, und wers eilig hat, soll das einfach überspringen. Treffen mit Celebrities? Na aber aufgepaßt!

Vorausschicken muß ich, daß ich ein riesen Hardcore-Fan von diesem Forum bin. Stahlidee. Normale Typen wie ich und du, die Prominente spotten und davon erzählen: Kalte Sache, toll überlegt, interessant für jeden, und außerdem hat das Kontrollfunktion, damit die wissen, daß sie gescannt werden und sich nicht aufführen können wie was weiß ich. Wollte schon lange hier posten, allein woher der Kontent? Dann aber letztes Wochenende, und gleich voller Container.

Ganz kurz Vorgeschichte. (Mein Leben war der volle Container Irrsinn in letzter Zeit, muß man aber fertig werden mit, gibt eben solche und solche Zeiten, Yin und Yang, und für die Freaks, die nie davon gehört haben: Das ist Philosophie!) Meinen Usernamen mollwitt kennt ihr aus andren Foren. Ich poste viel bei Supermovies, auch bei den Abendnachrichten, bei literatur4you und auf Diskussionsseiten, und auch wenn ich Blogger sehe, die Bullshit verzapfen, halt ich mich nicht zurück. Immer Username mollwitt. Im Real Life (dem wirklichen!) bin ich Mitte dreißig, ziemlich groß, vollschlank. Unter der Woche trage ich Krawatte, Officezwang, der Geldverdienmist, macht ihr ja auch. Muß sein, damit man seinen Lifesense realisieren kann. In meinem Fall Schreiben von Analysen, Betrachtungen und Debatten: Kontributionen zu Kultur, Society, Politikzeug.

Ich arbeite in der Zentrale einer Mobiltelefongesellschaft und teile Büro mit Lobenmeier, den ich hasse, wie noch nie einer einen anderen gehaßt hat, da könnt ihr drauf Kies essen. Wünsche ihm den Tod, und gäbs Schlimmeres, dann wünschte ich ihm das statt Tod, und gäbs noch Schlimmeres, dann exaktgenau das statt dessen. Logischer Fall, daß er auch der Lieblings Mann vom Boss ist, immertäglich pünktlich, immerja fleißig, und solange er am Desk ist, macht er sein Workzeug und unterbricht nur, um mir das Auge zu geben und so was zu sagen wie: „Ey, schon wieder im Internet?" Manchmal springt er auf, geht um meinen Desk und will mir auf den Screen glancen, aber ich bin fix und klicke immer rechtzeitig zu. Nur einmal mußte ich sehr dringend Restroom, da hab ich aus Versehen paar Fenster offen gelassen, und als ich zurück, saß er mit riesen Smile auf meinem Stuhl. Ich schwörs euch, wär der nicht dauernd Fitneß-Studio, in dem Moment hätt er richtig Fresse gekriegt.

Ernst übel ist auch unser Boss. Ganz unkalt und heftig schlimm, aber nicht auf die kleine Art. Ich glaube, daß er mir vertraut, aber man weiß nicht bei ihm: Ständig denkt er über uns nach und listet Pläne, die keiner überzieht. Mir ja ganz fremd, das Power Play, mir gehts um die Gesamtsache und die Gesellschaft und all die Schweinereien, die täglich, ihr wißt ja. Ist doch obvious, daß wer in der Zeitung schreibt, schon gekauft, und über wen geschrieben wird, mit drin. Eine riesen Konspiration, alle mit allen unter Decke, machen Geld wie Irrsinn, und wir Anständigen gucken zu. Ich sag nur Beispiel: Funksprüche von 9/11, lest das mal nach im Netz, dann wundert ihr euch über gar nichts mehr!

Zurück zum Topic. Begann alles letzten Freitag. Grad wollt ich im Filmforum der Abendnachrichten posten, wegen Ralf Tanner und der Ohrfeige. Bugclap4 meinte, daß da nichts mehr läuft zwischen ihm und Carla Mirelli, während icu_lop dachte, da ist noch was zu retten. Ich wußte wieder mehr, weil hatte auf andrer Website was gelesen, aber als ich damit public gehen wollte, merkte ich, daß ich nicht mehr posten konnte. Ging einfach nicht! Voller Container Fehlermeldung jedes Mal, und weil es mir plötzlich so was von stank, rief ich da einfach an.

Okay, okay, okay, okay, schon klar. Unüberlegt. Weiß ich. Aber am Abend zuvor zu allem andren schon wieder Ärger mit Mutter gehabt: Kannst für dich selbst kochen, kannst dein Zeug selbst waschen, so was und mehr davon, bis ich dann zurück: „Wohn doch allein, zahl selbst Miete!"

Sie dann: „Wollt ja nie hierherziehen! Und du willst ja lieber mit irgendeinem Weibsmensch!"

Drauf ich: „Geh doch zurück nach Rüdesheim, blöde Kuh!"

Gegen Mitternacht dann riesen Versöhnung, aber ich war immer noch wirr und kopfzerbraust am nächsten Tag, sonst wärs mir sicher nicht passiert.

Also: Guckte Nummer nach, wählte. War so wütend, daß ich mein Herz beaten hörte.

Meldete sich eine müde Männer-Stimme. Ich: „Meine Postings werden nicht angezeigt! Ist schon das vierte Mal."

Stimme drauf: Wie, was, wo Postings? Überzog gar nichts.

Ich deshalb: Erklären, erklären, blabla, dann er: „Verbinde weiter!"

Dann zweiter und dritter Techniktyp, und ausgerechnet jetzt kam Lobenmeier zurück und machte ein Smile wie Mooshirn und hörte zu, während der Techniktyp nach Namen und Standort und IP-Adresse und Ethernet ID fragte. Dann tippte der Typ, gähnte, tippte, stockte. „Geben Sie nochmal die IP!"

Ich: „Probleme?"

Er tippte, stockte, tippte, fragte dann, ob möglich, daß ich schon zwölftausenddreihunderteinundvierzigmal im Abendnachrichten Forum gepostet habe.

„Und?"

Er noch mal: „Zwölftausenddreihunderteinundvierzigmal."

„Na und?"

Er zum dritten Mal. Führte alles zu nichts. Ich legte auf.

Ich weiß, daß ihr euch jetzt hochlacht wie Irrsinn. Aber niemand ist immer total auf Alert, und Müllmist passiert eben. Als ich wieder versuchte, ging das Posten gleich, und es gab so viel zu tun, daß ich nicht mal mehr drüber nachdachte. […]

Aufgabe

1. Tragen Sie zusammen, was Sie in dem Textausschnitt über den Ich-Erzähler erfahren. Stellen Sie Ihre Ergebnisse in Form eines Steckbriefes dar. Arbeiten Sie mit einem Partner.

2. Erörtern Sie, ob bzw. inwieweit der Ich-Erzähler als literarische Figur überzeugend ist. Beziehen Sie bei Ihren Überlegungen vor allem seine Sprache mit ein. Überlegen Sie, inwieweit der Romanauszug Ihre Erfahrungen mit der Sprache in Chatforen, Blogs usw. widerspiegelt. !

3. Informieren Sie sich über den Begriff „Satire" und prüfen Sie, ob der Begriff für den Textauszug zutrifft.

4. Charakterisieren Sie die Sprachverwendung in Kehlmanns Text mithilfe Ihrer bisherigen Arbeitsergebnisse. !

5. Bewerten Sie ausgehend von Ihren eigenen Erfahrungen das Posting der Figur mollwitt schriftlich. !

Kompetenzen

Was Sie wissen müssen:

- Zentrale sprachwissenschaftliche Begriffe (Standardsprache, Funktionalstil, Varietät)
- Definition von Fachsprache, Soziolekt und Dialekt
- Modell der inneren Mehrsprachigkeit (auch in der Unterscheidung von Varietäten und Stilen)
- Begriff „Anglizismus"
- Merkmale der Textsorte Sprachglosse
- Sprachwandeltheorie (z. B. Theorie der unsichtbaren Hand nach Rudi Keller)
- Faktoren, die den Sprachwandel begünstigen
- Merkmale medienbasierter Sprache (SMS, Posting) und ihre Einflüsse auf die Standardsprache

Was Sie können müssen:

- Texten Informationen entnehmen
- Texte zusammenfassen
- Position eines Autors darlegen
- Argumentationsgang und -aufbau bestimmen
- Stilistisch/rhetorische Mittel erkennen und ihre Wirkung beschreiben
- Schlussfolgerungen aus einem Text ziehen
- Textaussagen und -intentionen kritisch bewerten (erörtern)
- Aussagen unterschiedlicher Texte aufeinander beziehen
- Fachsprachlich (Sprachwissenschaft) angemessen schreiben

Gut zu wissen:
Merkwissen zum Nachschlagen

Standardsprache und Varietäten

Das Deutsche besteht, wie andere Nationalsprachen auch, aus einer Vielzahl von regional, sozial oder kulturellen „Teilsprachen", den sogenannten Varietäten. **Standardsprache** ist dabei lediglich eine Varietät (d. h. ein spezifisches Subsystem) einer Sprache, auch wenn sie in dessen Zentrum steht: „Umlagert" ist dieses Zentrum von zahlreichen Fach- und Wissenschaftssprachen, Dialekten, Gruppensprachen usw. Die Tatsache, dass fast alle Sprecher einer Nationalsprache über mehrere **Varietäten** - neben einem mehr oder weniger ausgeprägten Standard auch einen Code für den Beruf und einen (regional geprägten) für die Freizeit - verfügen, wird als „innere Mehrsprachigkeit" bezeichnet.

Zu den wichtigsten Varietäten gehören die **Dialekte**, d. h. regional begrenzte Sprachverwendungsweisen, deren Besonderheiten sich auf alle Sprachebenen (also von der Aussprache bis hin zur Grammatik) erstreckt, sozial aber meist nur geringfügig beeinflusst ist (d. h. einen Dialekt teilen sich junge und alte Menschen, arme und reiche usw.). Dialekte im engeren Sinne haben dabei immer weniger Sprecher, sodass man mit Blick auf den Großteil regional geprägter Sprechweisen heute von **Regiolekten** spricht und damit eine dialektal gefärbte Sprechweise (meist beschränkt auf lautliche Besonderheiten und wenige Wortschatzelemente) meint.

Ins mediale und damit öffentliche Blickfeld geraten sind seit einiger Zeit außerdem die Jugendsprache und die „Kanak Sprak" („Kiezdeutsch"). **Jugendsprache** meint dabei (und insofern ist der Begriff auch irreführend) keine einheitliche Sprache, die *die* Jugend spricht, sondern dient vielmehr als Sammelbezeichnung für zahlreiche unterschiedliche Sprechweisen, die in - vorrangig - durch Jugendliche geprägten Milieus Verwendung finden. Diese Sprechweisen lassen sich nach Milieus unterscheiden, und insofern kann auch die „Kanak Sprak" (ebenso wie andere Szenensprachen) als Jugendsprache gelten. Anders als gemeinhin angenommen, werden jugendliche Sprechweisen weniger von einem bestimmten Wortschatz geprägt als vielmehr durch die spielerische Variation bzw. Verfremdung sprachlicher Einheiten (d. h. deren De- und Rekontextualisierung). Neben der Sprachprofilierung dient Jugendsprache bzw. eine bestimmte Sprechweise Jugendlicher auch als soziales Band innerhalb jugendlicher Gruppen (zur Festigung nach innen und zur Abgrenzung nach außen).

Eine Beschreibung der **Kanak Sprak (Kiezdeutsch)** fällt vor allem deshalb nicht leicht, da diese Sprachverwendungsweise einem erheblichen medialen Einfluss unterliegt, d. h. nicht zuletzt durch das Fernsehen populär gemacht wurde. Kanak Sprak ist nicht auf eine bestimmte soziale Schicht beschränkt (und mithin kein Soziolekt), auch nicht auf eine bestimmte Region (und also kein Dialekt). Auffällig sind innerhalb der Kanak Sprak die starken Einflüsse des Türkischen, weshalb sie oft als Ethnolekt bezeichnet wird. Das würde jedoch wiederum implizieren, dass das Kiezdeutsche mehrheitlich von Nichtmuttersprachler des Deutschen, vorrangig von Muttersprachlern des Türkischen gesprochen würde, was aber nicht stimmen muss. Etwas sperrig, aber wissenschaftlich korrekt ist so die Einordnung der Kanak Sprak unter die „transitorischen Sondersprachen", im konkreten Fall mit starken Beziehungen zu medial geprägten jugendlichen Sprechweisen.

Die Varietätenvielfalt bleibt dabei nicht ohne Einfluss auf die Standardsprache, da sich die verschiedenen Varietäten gegenseitig beeinflussen (z. B. wenn Elemente der Jugendsprache in die Alltagssprache übernommen werden) und zum Sprachwandel beitragen.

Sprachwandel und Sprachkritik

Sprache ist einem ständigen Wandel unterworfen. Die Ursachen sind vielfältig: Sprachkontakte (z. B. der Einfluss des Englischen auf das Deutsche), politische Einflussnahme (z. B. die Rechtschreibreform), neue Kommunikationsmedien und -bedingungen (z. B. Internet), …

Eine vielbeachtete **Theorie des Sprachwandels** stellt dabei Rudi Kellers „Theorie der unsichtbaren Hand" dar: Sprache sei weder ein Naturphänomen noch ein künstliches Produkt (d. h. durch Konvention entstanden), sondern ein Phänomen der dritten Art, d. h. die Ordnung einer Sprache entstehe als Folge einer Vielzahl individueller Handlungen, die im Wesentlichen dieselbe Absicht verfolgten (vgl. das Bild des Trampelpfads). Zentrale Absicht ist hierbei oft das Streben nach möglichst ökonomischer Sprachverwendung.

Verursacht durch die veränderten Kommunikationsbedingungen in den modernen Kommunikationsmedien (z. B. SMS, Chat usw.) , ist Sprache derzeit einer vergleichsweise schnellen Wandlung unterworfen ist, der sich allerdings auf der Basis der Standardsprache vollzieht.

Häufig sind Prozesse des Sprachwandels der Kritik unterworfen. **Sprachkritik** (d. h. eine metasprachliche Äußerung über die Leistung von Sprache und/oder ihren Gebrauch mit dem Ziel, diese zu verbessern) hat eine lange, bis in die Antike zurückreichende Tradition. Philosophisch fundierte Sprachkritik beschäftigt sich mit der Frage, ob und wie es gelingt, sich mit Sprache überhaupt adäquat auf die Welt beziehen zu können). Die heute (aber auch in früheren Jahrhunderten) sehr verbreitete populärwissenschaftliche Sprachkritik zielt in erster Linie auf Fragen des Sprachgebrauchs und sorgt sich um das „richtige", „korrekte" Deutsch. Dies zeigt sich nicht zuletzt an der Fremdwortkritik, die häufig in Fremdwörtern eine Gefahr für das Deutsche sieht. Sicher kann man oftmals den unnötigen Gebrauch von Anglizismen im Deutschen bemängeln, eine wie auch immer geartete Gefahr für das Deutsche stellen sie nicht dar. Tatsächlich sind das Englische und das Deutsche viel zu verwandt, als dass das Englische das System des Deutschen verändert könnte.

Mediensprache/Sprache der modernen Kommunikationsmedien

Mediensprache meint die Sprache der Öffentlichkeit (in diesem Sinne wird sie auch als „Funktionalstil" – neben anderen Funktionalstilen wie dem künstlerischen oder alltagssprachlichen Stil – bezeichnet), wie sie im Radio, Fernsehen und den Printmedien verwendet wird. Auch wenn der Staat (nicht zuletzt über Lehrpläne oder durch Vorgaben im Sprachgebrauch der Behörden) starken Einfluss auf die Ausbildung und Bewahrung einer Standardsprache hat, sind es doch vor allem die Medien, die diese Standardsprache prägen, indem gewisse Normen überregional aufrechterhalten werden. Dies gilt fast ausnahmslos für die Aussprache, in hohem Maße für alle weiteren Sprachebenen.

Über den Einfluss der neuen Kommunikationsmedien auf die bisherige Standardsprache kann man nur Vermutungen anstellen. Es scheint, als ob durch die **neuen Kommunikationsmedien** die Standardsprache in mehrfacher Hinsicht unter Druck geraten könnte. Zum einen finden sich, bedingt durch neue Kommunikationsformen, zunehmend Merkmale der gesprochnen Sprache auch in geschriebenen Texten. Das führt zu einer Diversifizierung der Sprache und einer Abkehr von den Normen der (geschriebenen Standardsprache). Je mehr sich Internetforen und -chats als neue Öffentlichkeitsform neben bekannte Formen der Öffentlichkeit wie Zeitung, Radio und Fernsehen etablieren, je mehr Sprecher sozusagen in der breiten Öffentlichkeit mitsprechen, desto schwieriger dürfte es die bisherige Standardsprache haben, ihre dominierende Stellung zu halten.

Problemhorizont

Schweigen ist zu wenig

Text

Johannes Boie: Das schwarze Wort (2013)

Für eine Minute und 44 Sekunden ist der Junge im Bild zu sehen. Er sieht nicht gesund aus. Er macht ein paar Bemerkungen über das Fastfood, das er isst, er sagt, es schmecke ihm nicht. Es sei schlecht zubereitet. Der Junge spricht überlegt, er klingt ein wenig, als imitiere er einen professionellen Restaurantkritiker. Es ist ein lustiges, belangloses Video, eines von vielen Millionen im Internet.

„Der frisst wie ein Schwein“, schreibt ein Nutzer unter das Video als Kommentar. [...]

„Unverantwortlich“, schreibt ein zweiter Nutzer unter das Video, „da sollte schon das Jugendamt einschalten.“ Es geht nicht darum, vollständige Sätze zu bilden. Es geht darum, Druck abzulassen. Es geht dann Schlag auf Schlag. Das fette Schwein, wie der frisst, der Idiot, immer weiter, immer schlimmer, immer vulgärer.

Man kann das Video also lustig oder belanglos finden. Oder man kann den Jungen, der darin zu sehen ist, ohne weiteren Grund mit Hass, Abscheu, Wut, Gemeinheit und Niedertracht überschütten. Tausende entscheiden sich im Jahr 2010 für die letzte Option. Das Video von dem Jungen wird damals eine kleine virale Sensation im deutschsprachigen Netz.

Die Frage ist jetzt: Warum? Warum vergessen Menschen sich dermaßen, vor allem im Netz?

„Ein Grund ist, dass es keine Perspektivenübernahme gibt und keine Empathie, weil man nicht an der Reaktion des Gegenüber sehen kann, ob er verletzt wird“, sagt Psychologieprofessor Heribert Scheithauer von der FU Berlin. Niemand sieht den Jungen, wenn er die Beleidigungen liest. Dass er getroffen wird, bleibt sein Problem, und wenn er niemanden findet, mit dem er sprechen kann, bleibt er damit alleine.

Drei Phänomene hat Scheithauer im Hetzen der Masse ausgemacht: persönlichkeitspsychologische, sozialpsychologische und solche, die durch das Medium Internet bedingt sind. Im Fall des Jungen mit seinem Fastfood sind sie alle in den Kommentaren zu dem Video zu erkennen.

Jessica Blume, die beste Freundin des Jungen, sagt, sie habe noch versucht, mit ihm Kontakt zu halten, als der Krebs in seinem Kopf schon wucherte. [...]

„Wegen der Chemo und durch das Cortison ist er so dick geworden“, sagt sie. Der Hass wäre nicht weniger unfair gewesen, wenn der Junge nicht krank gewesen wäre. Wenn er dick gewesen wäre, weil er gerne zu viel gegessen hätte. Wenn er ein gesunder Schüler gewesen wäre, mit strahlender Zukunft. Tausenden geht es täglich so im Netz. Ihre Geschichten werden nie erzählt, sie leiden im Stillen.

„Wenn eine Gruppe im Netz hetzt“, sagt Scheithauer, „dann sieht sie das Ernsthafte hinter ihrem Tun nicht. Einzelne machen mit, weil alle mitmachen.“ Aber alle machen mit, weil sich jeder Einzelne dafür entscheidet. Zur Belohnung wird man Teil einer Gruppe, auch dann, wenn man alleine vor dem Bildschirm sitzt.

Dabei gibt es durchaus Menschen, die sich gegen den Hass entscheiden, sie klicken weiter, zum nächsten Video, oder schalten den Computer aus. Anders als im Leben jenseits des Netzes, reicht Wegsehen im Digitalen aber nicht aus, um den Hass zu stoppen. „Das Netz verleitet schnell zur Ansicht: Alle sind meiner Meinung“, sagt Scheithauer. „Auf der Straße würde man diejenigen sehen, die am Opfer vorbeilaufen, statt draufzuhauen. Online sieht man sie nicht.“ Es mangelt dann an guten Vorbildern. Schweigen ist zu wenig.

Aufgabe zur Selbsteinschätzung

1. Diskutieren Sie, ob der Junge, wenn er das Video selbst ins Netz gestellt hätte, für den „digitalen Hass“ selbst verantwortlich gewesen wäre.
2. Prüfen Sie, ob bzw. welche Möglichkeiten es gibt, sich gegen „digitalen Hass“ zu wehren.
3. Erörtern Sie: Ist Schweigen in solchen Fällen zu wenig?

Tipp zur Weiterarbeit

1. Erstellen Sie eine Mindmap zum Thema Medien/Neue Medien. Ergänzen Sie diese Mindmap nach und nach um weitere Aspekte, die Sie im Verlauf des Unterrichts kennenlernen.

1 „Kontakte von großer Intensität, voller Leben" – Mediales Handeln

1.1 „No, you weren't downloaded." – Jugendliche und das Netz

Impulstext

"No, you weren't downloaded. You were born."

Aufgabe

1. Beschreiben Sie die Karikatur und erläutern Sie ihre Aussage.
2. Sie gehören der Generation der so genannten „digital natives" an. Klären Sie Herkunft und Bedeutung der Begriffe „digital natives" und „digital immigrants".
3. Kopieren Sie die folgende Tabelle und füllen Sie sie aus. Ermitteln Sie dann den Gruppenschnitt Ihres Kurses und tragen die entsprechenden Prozentwerte in die Tabelle ein.

%-Angaben (pro Zeile)	*mehrmals täglich*	*so gut wie täglich*	*regelmäßig in der Woche*	*eher unregel-mäßig*	*nie*
Online-Communities wie z. B. Facebook, studi-VZ nutzen					
E-Mails empfangen und versenden					
Chatten, also Chatrooms besuchen					
Über Skype Sofortnachrichten versenden					
Über Skype telefonieren (ohne Bild)					
Sich mit anderen Internet-Nutzern in Multi-User-Spielen unterhalten					
Instant-Messenger wie z. B. ICQ oder MSN nutzen					
Über Skype mit Video telefonieren					
Twitter nutzen					

4. Die Tabelle lag auch der Befragung von Jugendlichen im Rahmen der JIM-Studie 2013 des Medienpädagogischen Forschungsverbunds Südwest zugrunde. Im Folgenden finden Sie die dort erhobenen Werte. Vergleichen Sie sie mit Ihren Daten und besprechen Sie, wie sich eventuelle Unterschiede erklären lassen.

Tabelle

Aktivitäten im Internet – Schwerpunkt Kommunikation 2013

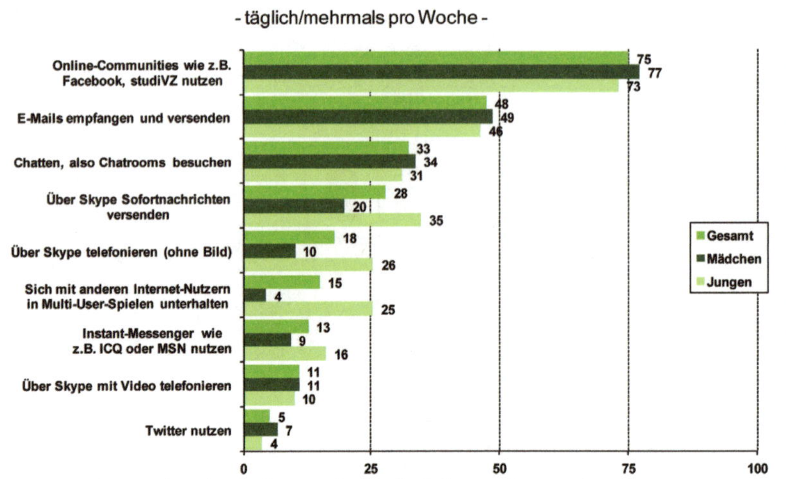

JIM-Studie 2013, Angaben in Prozent; Basis: alle Befragten (n = 1.200)

5. Legen Sie den Fragebogen auch Ihren Eltern vor. Vergleichen Sie die Ergebnisse und diskutieren Sie auf der Grundlage Ihrer Datenerhebung mit Ihren Mitschülern, welche Bedeutung das Internet für Ihren Alltag hat. Unterscheidet sich Ihr Umgang mit dem Internet von dem typischer „digital immigrants"?

Tipp zur Weiterarbeit

1. Verfassen Sie einen Artikel für die Schülerzeitschrift über Ihre Arbeit. Beschreiben Sie zunächst, wie die Daten erhoben wurden, und fassen Sie die wichtigsten Ergebnisse auch im Vergleich zu den Daten der 13. JIM-Studie zusammen.

Basistext

Urs Gasser ist Mitautor des Buches „Generation Internet", das im Jahr 2008 im Hanser Verlag erschienen ist.

Urs Gasser: Surfen macht schlau (2009)

Die erste Generation junger Menschen, die sich ein Leben ohne Internet nicht mehr vorstellen kann, wird nun volljährig: die „Digital Natives". Über das vermeintlich verantwortungslose und naive Verhalten wurde schon einiges geschrieben. Vieles davon ist bloßer Mythos.

Die erste Generation junger Menschen, die sich ein Leben ohne Google, Facebook und YouTube nicht mehr vorstellen können und die beim Stichwort „Brockhaus" allenfalls an eine architektonische Stilrichtung, kaum aber an eine Enzyklopädie denken, wird nun volljährig. Wir bezeichnen sie als „Digital Natives". Sie sind ständig von digitalen Geräten umgeben und Meister des Multi-Tasking. Sie beziehen Nachrichten – „News" – vor allem aus dem Internet und spielen „Games", statt Bücher zu lesen. „Digital Natives" sind jener Bevölkerungsteil, der in eine digital vernetzte Informationswelt hineingeboren wurde und nicht mehr zwischen Cyberspace und „realer" Welt unterscheidet.

Diese global heranwachsende „Generation Internet" unterscheidet sich von den „digitalen Immigranten", jenen Menschen, die sich noch daran erinnern, wie das Lösen anspruchsvoller Schulaufgaben mit einem Gang in die Bibliothek und nicht mit einem Mausklick auf Wikipedia begann. Die Unterschiede betreffen nicht nur die Geschwindigkeit, in der gesimst wird, oder die Zahl der Freunde auf Facebook, dem populären sozialen Netzwerk im Internet. Das Internet hat tiefere Veränderungen bewirkt. Sie betreffen den Umgang junger Menschen mit Informationen und Inhalten, die Art und Weise, wie „Digital Natives" miteinander kommunizieren, und zumindest teilweise auch ihr Verhältnis zu gesellschaftlichen Institutionen.

Internet-Mythen: Hinter jeder virtuellen Ecke ein Pädophiler

Während wir digitale Einwanderer intuitiv erkennen, dass sich etwas verändert hat, wenn wir junge Menschen im Umgang mit digitalen Technologien beobachten, bleibt im Dunkeln, was genau dieses „Etwas" ist. Eltern und Pädagogen, die noch in der Papierwelt groß geworden sind, wissen in der Regel nur wenig darüber, was ihre Schutzbefohlenen online alles treiben. Es erstaunt kaum, dass diese Unkenntnis und Entfremdung der „Digital Immigrants" mit den „Digital Natives" zur Mythenbildung beiträgt.

Ein Blick in die Schlagzeilen von Tageszeitungen und in die Auslagen von Buchhandlungen lässt reihenweise Internet-Mythen erkennen. Diese erscheinen aus publizistischer Sicht durchaus attraktiv, vermögen aber einer Prüfung nicht standzuhalten. Bedauerlich ist die Mythenbildung deshalb, weil sie eine differenzierte inhaltliche Diskussion über Chancen und Risiken der digitalen Medien erschwert. Internet-Mythen können sogar gefährlich sein, wenn sie die Aufmerksamkeit von Eltern, Lehrern und Politikern auf Scheinprobleme lenken, während in anderen Bereichen tatsächlich Handlungsbedarf besteht, der unerkannt bleibt. Wenden wir uns einigen dieser Mythen kritisch zu.

Eine oft kolportierte Aussage ist, dass unsere Kinder im Internet nicht sicher sind, weil hinter jeder virtuellen Ecke und im Schutze der Anonymität Pädophile lauern. Berichte aus den Vereinigten Staaten, wonach 29 000 registrierte Sexualstraftäter auf der beliebten Teeny-Plattform MySpace ein Profil unterhalten, scheinen diese Gefahr zu bestätigen. Die Sicherheit unserer Kinder im Netz ist natürlich ernst zu nehmen. Gesetzeshüter und Politiker auf beiden Seiten des Atlantiks haben zu Recht reagiert und auf die Anbieter von Online-Diensten Druck ausgeübt, um zu erreichen, dass Schutzmaßnahmen eingeführt werden, wie etwa bessere Verfahren zur Authentifizierung der Nutzer. Dennoch: Es gibt keine empirische Untersuchung, die den Nachweis erbringt, dass unsere Kinder online weniger sicher sind als auf dem Weg zur Schule oder auf dem Pausenhof.

Der gläserne Jugendliche und die Privatsphäre

Ein anderer Mythos besagt, dass Kinder und Jugendliche im Internet keinerlei Gefühl für den angemessenen Umgang mit persönlichen Informationen – von Handy-Nummern bis hin zu Partyfotos – haben. Ein Besuch auf beliebten Seiten wie Facebook belegt in der Tat, dass „Digital Natives" vieles über sich selbst offenbar bedenkenlos preisgeben. Sie scheinen dem gläsernen Menschen einen großen Schritt näher zu kommen. Umgekehrt belegen aber Untersuchungen, dass Jugendliche durchaus sensibel für den Schutz ihrer persönlichen Daten sind.

Interviews mit „Digital Natives" zeigen beispielsweise, dass diese ganz konkrete Strategien entwickeln, mit wem sie Informationen über sich teilen und mit wem nicht – und unter welchen Bedingungen. Die Strategien reichen von einem gezielten Eingrenzen des Empfängerkreises mittels sogenannter „Privacy-Settings" bis dahin, dass sie Kontaktanfragen Fremder ablehnen oder – etwa hinsichtlich des Alters – fiktive Angaben einstellen. Entgegen gängigen Vorurteilen werden Jugendliche umso kompetenter und sensibler im Umgang mit der Privatsphäre, je mehr Zeit sie online verbringen.

Namentlich die Anti-Piraterie-Kampagnen der Unterhaltungsindustrie haben viel zur landläufigen Auffassung beigetragen, dass junge Menschen keinerlei Respekt vor dem Urheberrecht mehr haben. Die ungebrochene Beliebtheit von Musik- und Filmtauschbörsen im Internet wird dabei gerne als Beweis angeführt. Unsere Forschungsergebnisse fördern aber ein differenzierteres Bild zutage: In vielen Fällen besteht unter den jungen Nutzern zunächst einmal schlicht Unklarheit darüber, welche Vorgänge im Internet als legal oder als illegal anzusehen sind. Ist es erlaubt, den letzten Hit von Grönemeyer mit Freunden via Netz zu tauschen, oder nicht? Solche Fragen sind selbst für die Juristen unter uns – geschweige denn für Jugendliche – nicht leicht zu beantworten.

Keine gewissenlose Raubkopierer

Aus Befragungen geht zudem deutlich hervor, dass „Digital Natives" durchaus unser Verständnis teilen, wonach die Schöpfer von Werken bestimmte Rechte haben sollen – so etwa den Anspruch darauf, dass der Name des Urhebers genannt wird, wie es das geltende Recht vorschreibt. Kurzum: „Digital Natives" sind nicht einfach gewissenlose Raubkopierer, die es zu kriminalisieren gilt.

Ein anderes weitverbreitetes Urteil betrifft die negativen Auswirkungen von Computerspielen: Die „Digital Natives" vertrödelten damit im besten Falle ihre Zeit, im schlimmsten Fall würden sie sich mit Killerspielen aggressiv aufladen. Solche Pauschalaussagen gehören ebenfalls in den Bereich der Internet-Mythen. Neueste Forschungsarbeiten beweisen, dass Kinder und Jugendliche eine breite Palette von Computerspielen nutzen. Digitale Spiele als Zeitverschwendung zu charakterisieren heißt, die damit verbundenen Lerneffekte auszublenden und den sozialen Charakter vieler dieser Spiele zu verkennen. Während hier keineswegs dem grenzenlosen Spielen auf dem Computer das Wort geredet werden soll, mahnen diese Ergebnisse zu einer differenzierten Betrachtungsweise.

Barack Obamas Wahlkampf = gemeint ist Obamas Wahlkampf von 2007/2008

Gleiches gilt für die Frage, ob Videospiele aggressiv machen. Während kaum bestritten werden kann, dass es einen Zusammenhang zwischen Bildschirmgewalt und Aggression bei Kindern gibt, sind viele Fragen – etwa der Kausalität oder der mitwirkenden Faktoren – unbeantwortet. Aktuelle Forschung zeigt, dass und weshalb nicht jedes Kind, das Killerspiele nutzt, zwangsläufig in der Schule zu aggressivem Verhalten neigt.

„Generation Internet" alles andere als dumm

Die pauschalste Zuspitzung in der fast endlosen Reihe von Mythen rund um die „Digital Natives" ist die Behauptung, die „Generation Internet" sei dumm. So zumindest indiziert es der reißerische Titel eines unlängst in den Vereinigten Staaten erschienenen Buches. Wissenschaftlich lässt sich diese Aussage aus verschiedenen Perspektiven widerlegen. So wurde festgestellt, dass die Intelligenz der Kinder und Jugendlichen gemäß standardisierten Tests von Generation zu Generation steigt – und nicht sinkt. Entscheidender ist aber, dass sorgfältige Analysen der Internetnutzung vielfältige Lernerfahrungen von Kindern und Jugendlichen im Cyberspace nachweisen. Dies betrifft keineswegs nur die Informationsbeschaffung mit Hilfe von Google oder Wikipedia – deren erstaunliche Qualität übrigens in Studien belegt ist.

Aus gesellschaftlicher Sicht dürfte es noch wesentlich wichtiger sein, dass Jugendliche Medienkompetenzen aufbauen, die ihnen neue Möglichkeiten eröffnen, am öffentlichen Diskurs teilzunehmen. Die wichtige Rolle, die jugendliche Internetnutzer in Barack Obamas Wahlkampf gespielt haben, oder die Weblogs von „Digital Natives", die in der großen Krise Kenias zur entscheidenden Informationsquelle wurden, verdeutlichen das Potential junger Menschen, die über die Fähigkeiten verfügen, digitale Technologien für gesellschaftliche oder politische Themen wirksam einzusetzen.

Es kann keinen Zweifel geben, dass die digitalen Medien namentlich für Heranwachsende Risiken mit sich bringen. Die Sicherheit der Kinder im Netz, der Schutz der Privatsphäre, der Respekt vor dem Eigentum anderer, die Frage der Gewalt in Videospielen und die veränderten Bedingungen des Lernens sind Themen, die wir ernst nehmen und mit denen sich Eltern und Lehrer, aber auch Politiker beschäftigen müssen. Entscheidend ist aber, dass die Diskussion sich an Fakten ausrichtet und nicht durch Vorurteile oder Halbwahrheiten getrieben wird. Gleichzeitig gilt es, trotz berechtigter Sorge auch die vielfältigen Chancen der neuen Technologien in den Blick zu nehmen. Beides erfordert, dass Internet-Mythen nicht unwidersprochen bleiben. Dann erst wird der Weg frei für die nötige sachliche Auseinandersetzung.

Aufgabe

1. Erläutern Sie die Begriffe.
A „Mythos" (Z. 7) B „Anti-Piraterie-Kampagnen" (Z. 116) C „Am öffentlichen Diskurs teilnehmen" (Z. 193 f.)

2. Klären Sie die Begriffe.
A „Multi-Tasking" (Z. 16) B „Cyberspace" (Z. 22) C „virtuell" (Z. 71)

3. Notieren Sie stichwortartig in der Tabelle, mit welchen Argumenten Gasser die folgenden Mythen widerlegt.

Mythos	*Wahrheit*
Bedrohung durch Pädophile	
Kinder und Jugendliche haben kein Gefühl für den angemessenen Umgang mit persönlichen Daten	
„Digital Natives" sind gewissenlose Raubkopierer	
Negative Auswirkungen von Computerspielen	
„Generation Internet" ist dumm	

Zusatztexte
· Clemens Latzel: *Verwahrlost im Virtuellen*
2us3dd

4. Stellen Sie dar, wie Gasser das Entstehen und die Verbreitung der Internet-Mythen erklärt. !

5. Erklären Sie, welche neuen Möglichkeiten der politisch-gesellschaftlichen Mitwirkung Gasser durch das Internet für Jugendliche sieht. Welche Aufgaben kommen in diesem Zusammenhang auf die Gesellschaft zu? !

6. Charakterisieren Sie Gassers Einstellung gegenüber dem Internet. Vergleichen Sie sie mit der Position gegenüber dem Internet, wie sie in dem Text von Latzel (vgl. Online-Code) erkennbar wird. !

7. Überlegen Sie, ob Sie die Auffassungen Gassers teilen. Diskutieren Sie und halten Sie Pro- und Contra-Argumente fest. !

8. Verfassen Sie auf der Grundlage Ihrer Vorarbeiten einen Text über existierende Internet-Mythen und wie sie sich widerlegen lassen. !

Tipp zur Weiterarbeit

1. Informieren Sie sich mit Hilfe der Rezension „'Born Digital' – Nicht ohne mein Offline-Selbst" (vgl. Online-Code) über das Buch „Generation Internet".

Zusatztexte
· *„Born Digital" – Nicht ohne mein Offline-Selbst*
r8c8af

1.2 „Das Ich im Netz" – Mediale Kommunikation

Impulstext

Mehrheit nennt vollen Namen

Wie Privatpersonen in sozialen Netzwerken auftreten

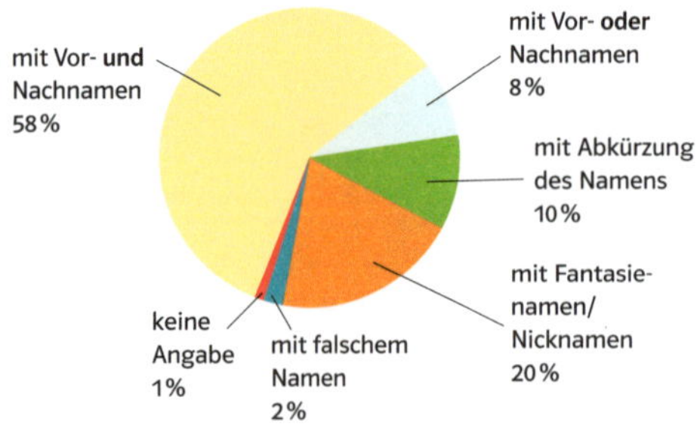

Deutschland; 1000 Befragte ab 14 Jahren. Quelle: BITCOM/Forsa 2012

Aufgabe

1. Erläutern Sie das Diagramm und klären Sie, ob die Angaben repräsentativ für Ihren Kurs sind. Sie können dazu eine kleine (anonyme) Erhebung durchführen.
2. Beschreiben Sie die Vor- und Nachteile der verschiedenen im Diagramm angegebenen Möglichkeiten, in sozialen Netzwerken aufzutreten.

Basistext

C. Theile/B. Warmbrunn: Generation öffentlich (2013)

Wer mit sozialen Netzwerken aufgewachsen ist, hat keine Scheu, Privates zu zeigen – wer mitliest, ist eigentlich egal

München – An einem schönen Julifreitag hat @KatiKuersch bei ihrer extrem netten und wunderschönen Nachbarin ein Paket abgeholt, sich nackt und frustriert auf den Balkon gelegt und Kekse gegessen. Also teilte sie der Welt mit: „Die Nachbarin, die mein Paket angenommen hat, ist extrem nett und wunderschön. Liege jetzt nackt und frustriert aufm Balkon und esse Kekse." Vielleicht hat nicht die ganze Welt davon erfahren, aber auf jeden Fall 5575 Menschen, die auf @KatiKuersch auf Twitter folgen. Und jeder Mensch, den das interessiert, kann es nachlesen, auf ewig.

Seit ein paar Wochen beschäftigt die Deutschen nichts so sehr wie die Tatsache, dass Staaten mitlesen und mithören, wenn wir über Facebook, Skype und WhatsApp kommunizieren. Der ehemalige US-Geheimdienstmitarbeiter Edward Snowden hat enthüllt, dass Datenschutz im Netz kaum möglich ist. Dass Informationen vor Gericht oder bei der Einreise in andere Länder verhängnisvoll werden können. Dass private E-Mails, Chatprotokolle, Fotos mitgeschnitten werden – egal, welche Privatsphäre-Einstellungen man angeklickt hat.

Das also beschäftigt die Deutschen, zumindest ist das der Eindruck, der in den Medien entsteht. Die Wahrheit ist, dass es eine Generation gibt, der die Sache mit dem Datenschutz ziemlich egal ist. Wer in den Neunzigerjahren oder später aufgewachsen ist, kommuniziert viel über Facebook und WhatsApp. Dass Geheimdienste mitlesen, wurde registriert. Mehr nicht.

@KatiKuersch ist 22 Jahre alt, sie studiert Geschichte und Politikwissenschaft in München. Ihr richtiger Name lässt sich mit ein paar Klicks finden. Sie sagt: „In Wirklichkeit bin ich ein total schüchterner Mensch mit wenig Selbstwertgefühl." Und: „Nicht halb so sexbesessen, wie man bei Twitter denken könnte." Dort berichtet sie täglich in etwa 20 Kurznachrichten aus ihrem Leben, häufig geht es um Sex. Nutzern wie @KatiKuersch werfen Innen- und Justizminister Naivität vor. Sie sollten nicht alles, was sie bewegt, ins Netz stellen. Unterrichtseinheiten zur Internetkompetenz sollen das Problem beheben.

Ein Missverständnis: Junge Menschen wissen, was wo gespeichert wird. Sie haben sich bewusst entschieden, ihre Daten hochzuladen. An Netzkompetenz mangelt es ihnen nicht. Sie haben nur ein anderes Verständnis von Privatsphäre. [...]

Vorsichtig mit seinen Daten zu sein, diese Haltung war in Deutschland lange Zeit selbstverständlich. Wer erwachsen war, als das Internet aufkam, für den waren Daten heilig:

Sie waren die Fakten, die das Ich zusammensetzten. Und sie waren die Masse, mit denen totalitäre Staaten hantierten, eine reale Bedrohung in Jahren, in denen das Land geteilt war, in denen die Stasi Bürger ausspionierte. Der Volkszählung 1987 in der Bundesrepublik gingen jahrelange Proteste voraus. Dass der Staat zu fragen wagte, wie viele Personen in einem Haushalt leben – ungeheuerlich.

Mit dem Internet haben sich die Prioritäten verschoben. Google, Apple und Facebook haben von Anfang an klargemacht, dass das Geschäft „Bequemlichkeit gegen Daten" lautet – und junge Menschen waren dazu bereit. Dass ein totalitärer Staat die Kontrolle übernehmen könnte, spielt in ihren Überlegungen keine Rolle mehr. Dennoch haben viele kurz nachgedacht, mit falschen Namen und anderen Browsern experimentiert. Doch der Pakt mit den Datenkraken wurde unterschrieben. Das Kleingedruckte konnte nicht mehr schocken. Werbung, die auf einen zugeschnitten wurde? Es gibt Schlimmeres. Dann kamen die Smartphones mit Apps, die ihre User orten wollten. Ein kurzes Zucken, dann war auch das Häkchen gesetzt.

Wer noch jünger ist, hat diese Veränderungen nicht wahrgenommen. Das Internet war schon da, und es war gut so, wie es war. Das Gefühl für das, was privat ist und was öffentlich, hat sich verschoben. [...]

Der Trend geht nicht zur Verschlüsselung, er geht zu mehr Offenheit. Immer mehr Nutzer haben beschlossen, dass sie Datenschutz nicht länger wichtig finden. Menschen wie @KatiKuersch, die sich selbst als „gläsernen Menschen" bezeichnet. Bedenken, dass sich aus ihrem Twitter-Account Probleme bei der Jobsuche ergeben könnten, hat sie nicht. „Das zeigt doch nur, dass ich gut mit Social Media umgehen kann", sagt sie – auch wenn sie manchmal nach dem Aufwachen Tweets löscht.

Dass Fehler und Peinlichkeiten sichtbar werden, ist für sie kein Nachteil. „Ich bekomme regelmäßig E-Mails von Menschen, die mich um Rat bitten", sagt sie, ihr Account zeige, dass es vielen so geht wie ihr. Außerdem entscheide sie selbst, was sie online stelle und was nicht. Doch wenn sie mehr Aufmerksamkeit bekommt, ist sie auch bereit, mehr von sich zu zeigen.

Je stärker das Internet im Alltag vorkommt, desto mehr Unperfektes und Langweiliges steht dort. Eine Netzvergangenheit hat fast jeder, täglich kommen neue Informationen dazu. Relevante Daten und Datenmüll stehen nebeneinander, wer will, erkennt den Unterschied. Amerikas Prominente nutzen dieses Prinzip schon lange: Party-Schnappschüsse twittern sie selbst – so ist auch der Kommentar in ihrer Hand.

Vielleicht geht es gerade darum: Die freizügigen Nutzer des Netzes wissen, dass sie nicht perfekt sein können, dass es ihnen jetzt, wo Internet und Alltag zusammengehören, nie gelingen wird, alles zu kontrollieren. Und dass sie daher die Vorstellung absurd finden, dass jemand anderes alles kontrolliert. Sie kontrolliert.

Natürlich gibt es auch junge Leute, die den Schutz ihrer Daten wichtig finden. Einige Tausend haben am vergangenen Wochenende protestiert. [...]

Viele andere betrachten das Ich im Netz als Kunstfigur. Als Avatar, den sie geschaffen haben – für die Öffentlichkeit oder zumindest im Wissen, dass er öffentlich werden kann. Und anders als frühere Generationen, die das ich als Gegenpol zur staatlichen Macht stützen wollten, halten nur noch wenige Menschen ihre Netzidentität für schützenswert. Zum Beispiel, weil sie wissen, dass vieles, was über sie im Netz steht, nicht ganz wahr ist. Auch @KatiKuersch erklärt sich so, warum ihr die Öffentlichkeit egal ist: „Kati Kürsch ist eine Figur, die anders ist als ich. Die grundsätzlichen Fakten stimmen. Aber nicht alles, was Kürsch twittert, habe ich erlebt."

Ob sie wirklich nackt auf dem Balkon lag, weiß auch der Datenkrake nicht.

Stasi = Staatssicherheitsdienst der DDR, war der Inland- und Auslandsgeheimdienst der DDR

Aufgabe

1. Fassen Sie den Inhalt des Textes „Generation öffentlich" zusammen und stellen Sie dar, welche Intention die Autoren mit ihrem Text verfolgen.

2. Erörtern Sie, inwieweit zwischen einer „Netzidentität" und einer „wirklichen" Identität unterschieden werden kann. !

3. Schreiben Sie einen fiktiven Leserbrief an die Autoren des Beitrags „Generation öffentlich", in dem Sie auf Ihren Umgang mit persönlichen Daten eingehen. !

Impulstext

Aufgabe

1. Halten Sie in einem kurzen Statement fest, ob Sie der Aussage zustimmen oder nicht .

Methode
· Blitzlicht

Basistext

Christoph Koch: Alle Freunde auf einen Klick (2010)

Eine gängige These: Das Internet macht Kontakte oberflächlich. Blödsinn! Wahre Freundschaften bleiben bestehen – und neue kommen im Netz hinzu.

Da haben die Leute dann 300 Freunde – wer soll das denn glauben?, empören sich die Kritiker von Online-Netzwerken wie Facebook, Mein VZ oder MySpace. Das Internet zerstöre die wahre Freundschaft, behaupten Pessimisten wie der amerikanische Kulturkritiker William Deresiewicz. „Wir haben so viele Freunde im Internet, dass wir ein neues Wort für die echten brauchen", heißt es in der Werbekampagne einer Tageszeitung. Doch in Wirklichkeit sind das Internet und seine inzwischen 500 Millionen Menschen große Nation von Freunden namens Facebook nicht das Ende der Freundschaft – sondern eine Bereicherung. Mag sein, dass manch virtueller Austausch („Tolles Foto!"/„Danke, hat Tina auf Sardinien gemacht.") trivial erscheint – aber ist diese angebliche Oberflächlichkeit wirklich so schlimm?

Tatsächlich liegt gerade in der Möglichkeit, mal unverbindlich und schnell, mal intensiv und direkt zu kommunizieren, ein großer Gewinn. Da ist die berufstätige Mutter, der noch weniger Zeit bleibt, seit sie die Fortbildung angefangen hat. Abends, wenn die Kleinen schlafen, schafft sie es zwar nicht mehr, mit ihren Freundinnen tanzen oder ins Kino zu gehen – aber ein paar Zeilen, Fotos und Neuigkeiten online auszutauschen, das geht leichter. Oder die alten Freunde, die vor Jahren eine WG teilten, nun in verschiedenen Städten wohnen und sich nur noch alle paar Jahre treffen. Wenn das geschieht, müssen sie sich nicht mehr mühsam auf den neuesten Stand bringen, sondern sind über das Leben des anderen durch Facebook-Updates so auf dem Laufenden, als würden sie sich viel öfter treffen. Und kommen so schneller zu den tatsächlich relevanten, persönlichen Themen.

Der Streit „Internetfreundschaft" versus „echte Freundschaft" ist ohnehin albern. Wer glaubt, dass seine Mitmenschen ihren besten Freund nicht von einem Online-Profil unterscheiden können, ist mindestens so naiv, wie er es diesen Mitmenschen unterstellt. Jedem ist klar, dass die Tatsache, ob man jemanden um Hilfe bitten würde oder im Krankenhaus besucht, nicht im Geringsten davon abhängt, ob man auf Facebook befreundet ist oder nicht.

Die ganze angebliche Verwirrung um den Freundesbegriff, die durch die sozialen Netzwerke entstanden ist, ist nur eine scheinbare. Denn die Nuancen der unterschiedlichsten Freundschaftsmodelle waren stets feiner, als die Sprache sie vermitteln konnte. „Freund" konnte schon immer vieles bedeuten: vom Kindergartenfreund, den man seit Ewigkeiten kennt, aber mit dem man nicht mehr allzu viel zu tun hat, über den besten Freund, den man vielleicht noch gar nicht so lange kennt, aber dafür sehr gut, bis zu dem Kollegen, der eben mehr ist als nur das, weil man auch privat gerne Zeit miteinander verbringt. Von dem Wandel, den das Konzept Freundschaft im Lauf der Geschichte durchgemacht hat, gar nicht zu reden.

Diejenige tiefe Freundschaft, die man „im echten Leben" meist nur für eine Handvoll Menschen empfindet, entsteht aus miteinander verbrachter Zeit, gewachsener Loyalität und Ehrlichkeit. Aus Liebe, regelmäßigem Austausch, geteilter Freude und gemeinsamem Frust. Doch diese Form der Freundschaft ist nur eine von vielen – eine, die völlig unabhängig von Facebook existiert und vom Internet weder gefördert noch bedroht wird.

Denn schon immer gab es neben den engen Freunden auch eine große Gruppe von Freunden, die man schätzt, mit denen man aber nicht zu jeder Zeit ein stundenlanges Gespräch führen möchte. „Früher haben manche Leute extra zu einem Zeitpunkt angerufen, zu dem sie wussten, der andere würde nicht zu Hause sein", sagt Charles Steinfield, Kommunikationswissenschaftler an der Michigan State University. „Sie wollten bewusst den Anrufbeantworter erreichen, um eine Information übermitteln zu können, ohne persönlich interagieren zu müssen." Steinfield ist einer von drei Autoren der Studie „The Benefits of Facebook ‚Friends'", die sich mit den Auswirkungen von sozialen Netzwerken auf Freundschaft und Wohlbefinden beschäftigt hat.

Als der französische Soziologe Pierre Bourdieu in den achtziger Jahren vom „sozialen Kapital" sprach, hatte er vermutlich nicht die Statusmeldungen bei Facebook im Sinn, die die Nutzer darüber auf dem Laufenden halten, wie sehr ihre Freunde von ihrer Arbeit oder dem Wetter genervt sind. Dennoch sind Freundschaften ein wichtiger Teil des sozialen Kapitals. Der amerikanische Soziologe Robert D. Putnam hat versucht, dieses soziale Kapital in zwei verschiedene Arten aufzuteilen: in das *Bonding Capital* (also etwa „verbindendes Kapital") und das *Bridging Capital* (sozusagen „überbrückendes Kapital").

Während das *Bridging Capital* etwas darüber aussagt, mit wie vielen unterschiedlichen Menschen jemand verbunden ist, aus welchen unterschiedlichen Sphären und Schichten diese stammen, wie groß also gewissermaßen seine „Reichweite" ist, sagt das *Bonding Capital* mehr darüber aus, wie eng diese Bindungen sind, wie groß das gegenseitige Vertrauen und die Wertschätzung. Anders formuliert: *Bridging Capital* fragt danach, wie viele Menschen man kennt, denen man Geld leihen würde, *Bonding Capital* hingegen stellt die Frage, wie viel man dem Einzelnen leihen würde.

Eine der zentralen Aussagen der Studie, die Steinfield und seine Kollegen veröffentlicht haben: Online-Gemeinschaften wie Facebook spielen eine große Rolle, wenn es darum geht, das „Bridging Capital" zu vergrößern, sie machen unsere Freundeskreise also größer und vielfältiger. Wenn es jedoch darum geht, bestimmte Kontakte zu intensivieren, ist es weniger wichtig. Eine Gefahr für analoge Freundschaften sehen auch sie nicht: „Online-Kontakte entfernen die Menschen nicht zwangsläufig von ihrer realen Umwelt, können ihnen aber helfen, Beziehungen und Kontakt zu Freunden aufrechtzuerhalten, selbst wenn durch geänderte Lebensumstände der (physische) Abstand wächst."

Doch genau daraus, dass es das Internet so einfach macht, in Kontakt zu bleiben, folgt automatisch, dass die Zahl der Freunde immer größer wird: Denn durch jeden Umzug, jeden Jobwechsel, jede Party kommen neue Gesichter hinzu – und die alten bleiben erhalten. Robin Dunbar, ein britischer Anthropologe, hat genau darüber ein Buch geschrieben: Es heißt „How Many Friends Does One Person Need?" – Wie viele Freunde braucht der Mensch?

Anthropologie = Wissenschaft vom Menschen

Dunbar hat das geschafft, wofür manche Wissenschaftler ihre Großmutter verkaufen würden: Eine Zahl wurde nach ihm benannt. Die „Dunbar Number" lautet 150. Laut seinen Forschungen ist das genau die Anzahl an Menschen, mit denen wir befreundet sein können. Wenn man den Freundschaftsforscher anruft und ihn fragt, wie es sich anfühlt, eine Zahl zu haben, die auf den eigenen Namen getauft wurde, muss er erst einmal lachen: „Das fühlt sich toll an, keine Frage. Aber ich habe keine Ahnung, wer den Begriff ‚Dunbar Number' geprägt hat. Zum ersten Mal tauchte er wohl 2007 bei einem Blogger auf, der vermutlich meine Aufsätze gelesen hatte. Es war die Zeit, als Facebook gerade bekannter wurde und sich plötzlich alle fragten, ob sie zu viele Online-Freunde hätten."

Die Ursprünge der „Dunbar Number" liegen gut 20 Jahre zurück. Der Anthropologe beschäftigte sich damals mit der Größe von Gruppen, in der verschiedene Affenarten zusammenleben. Dabei stellten er und sein Team fest, dass sich die Größe einer Gruppe proportional ansteigend zur Größe des sogenannten Neocortex des jeweiligen Affenhirns verhielt.

„Der Neocortex ist grob gesagt der Teil des Gehirns, der für das analytische Denken zuständig ist", sagt Dunbar, „und er ist bei Menschen größer als bei Affen. Ich rechnete also hoch, was die ideale Gruppengröße für den Menschen ist – und kam auf die 150." In der Folge suchte Dunbar in der Menschheitsgeschichte nach der Zahl und war selbst überrascht, wie oft er sie fand: Bei über 20 Stammesgesellschaften, von denen Statistiken existieren, liegt die durchschnittliche Größe eines Stammes bei 153. Vom alten Rom bis zur modernen US Army umfassen Kompanien – die kleinste unabhängige Einheit – rund 150 Mann. Nomadenvölker ziehen meist in Gruppen von ungefähr 150 durch die Wüste. Sogar die Kirchengemeinden der Amish spalten sich in zwei neue Gruppen auf, wenn sie eine Größe von ungefähr 150 erreichen.

Amish = Religionsgemeinschaft in den USA mit sehr traditioneller Lebensform

Doch woran liegt das? „Es ist zum einen unser Gehirn", erklärt Dunbar. „Bei 150 stoßen wir an eine Kapazitätsgrenze und können uns nicht mehr genau merken, wer die Leute sind, woher wir sie kennen, geschweige denn, was sie so alles tun, mögen und so weiter. Denn der zweite wichtige Faktor ist Zeit: Damit eine Freundschaft längere Zeit überdauert, müssen wir immer wieder Zeit miteinander verbringen, uns austauschen, erfahren, was bei dem anderen so los ist."

Aber wie wichtig ist es, ob solche Treffen online oder in echt stattfinden? Der Freundschaftsforscher sagt, das sei bei den Geschlechtern verschieden. „Frauen sind kommunikativere Wesen, sie sind gut darin, eine Freundschaft über längere Zeit am Leben zu erhalten, auch wenn sie nur miteinander telefonieren oder chatten oder Mails schreiben", sagt Dunbar. „Aber Männer müssen sich ab und zu treffen, sich betrinken und ihre Köpfe gegen Bäume schlagen, wenn ihre Freundschaft sich nicht in Luft auflösen soll."

Doch auch wenn Dunbar vermutlich recht hat, so besteht die Alternative oft nicht zwischen „Treffe ich meine Freunde real oder virtuell?", sondern zwischen „Treffe ich meine Freunde virtuell oder gar nicht?". Denn je individualisierter eine Gesellschaft wird, je unterschiedlicher die Tagesabläufe und je mobiler die Jobprofile, desto schwieriger wird der Stammtisch, das regelmäßige Tennismatch oder das gute Gespräch über einem Glas Wein. Ist also ein Abend auf Mein VZ oder Facebook besser als ein Abendessen, das man für eine Handvoll Freunde gekocht hat und gemeinsam mit ihnen in angeregter Unterhaltung genießt? Sicher nicht. Hat man jeden Abend Zeit für ein solches Luxusprogramm? Eben. Und statt allein vor dem Fernseher zu sitzen, sind ein paar Nachrichten, die man online mit Freunden austauscht, sicher nicht die schlechteste Alternative.

Das Vorurteil, Menschen mit einem großen virtuellen Freundeskreis seien Sozialphobiker mit schlechter Haut, schlechter Frisur und schlechten Tischmanieren, die im „echten Leben" einfach keine Chance hätten, stimmt doppelt nicht: zum einen, weil mehrere Studien zeigen, dass Menschen, die online aufgeschlossen sind und viele Kontakte haben, auch in der Realität über einen größeren Freundeskreis verfügen. Zum Zweiten, weil selbst die im Internet geschlossenen Freundschaften sehr oft irgendwann in die Realität übertragen werden. Wer sich online über gemeinsame Interessen kennenlernt – und gemeinsame Interessen sind ein besserer Grundstein für Freundschaft, als durch Zufall im selben Dorf geboren oder im selben Büro angeheuert worden zu sein –, will sich meist auch irgendwann von Angesicht zu Angesicht gegenübertreten. Fast immer stellt man dann fest, dass die andere Person in echt genauso lustig, klug oder interessant ist wie im Netz.

Die Angst, wer zu viele Freunde habe, könne es mit den einzelnen nicht ernst meinen, ist in dieser Form eine urdeutsche. Den in Sachen Freundschaft entspannteren Amerikanern wird deshalb auch bei jeder Gelegenheit Oberflächlichkeit vorgeworfen und ebenso moralinsauer gewarnt: „Die laden dich dann zu sich nach Hause ein, meinen es aber im Grunde gar nicht ernst!"

Man möchte mit einer Szene aus der Cartoonserie „Die Simpsons" antworten, in der Barts Klassenkamerad Martin Prince angesichts eines vor Kindern überquellenden Swimmingpools ruft: „Mehr Freunde, mehr Verbündete, mehr von allem! Hängt die, die von weniger reden!" Recht hat er. Eine halbe Milliarde Facebooknutzer sind seine Zeugen.

Aufgabe

1. Im Text werden verschiedene Formen und Aspekte von „Freundschaft" angesprochen. Stellen Sie diese Formen und Aspekte übersichtlich dar (z. B. als Schaubild, Mindmap, ...).

! 2. Benennen Sie die Position des Autors bei dem „Streit ‚Internetfreundschaft' versus ‚echte Freundschaft'" (Z. 44 f.). Stellen Sie dar, wie er seine Position argumentativ entfaltet.

3. Schreiben Sie einen Kommentar darüber, ob die Beliebtheit sozialer Netzwerke eine Folge der zunehmend „individualisierten" Gesellschaft (Z. 222 f.) ist oder ob umgekehrt Facebook & Co. diese Entwicklung beschleunigt.

Basistext

Das Magazin „Wirtschaft & Wissenschaft“ führte 2011 ein Interview mit dem Zukunftsforscher Peter Kruse.

Peter Kruse: Wie die Neuen Medien die gesellschaftliche Wirklichkeit verändern (2011)

Demonstranten in Ägypten mobilisierten sich über Twitter und Facebook. Wikileaks erschüttert mit immer neuen Enthüllungen die internationale Politik. Gesellschaftliche Herausforderungen werden in ihren Auswirkungen immer komplexer und zugleich globaler. Was verändert sich da eigentlich?

Wir erleben eine grundlegende Änderung der weltweiten Kommunikationssysteme. In den 1990er-Jahren hatten wir vor allem die Vernetzungsdichte in der Welt erhöht, uns daran berauscht, Zugang zu immer mehr Informationen und Kontakt zu immer mehr Menschen zu erhalten. Dem folgte eine sprunghafte Zunahme der Bereitschaft, sich selbst mit vielfältigen Beiträgen im Netz einzubringen. Der „Zugangs-Boom“ mündete im „Beteiligungs-Boom“. Jetzt hat mit den sozialen Netzwerken des Web 2.0 die Spontanaktivität im Internet dramatisch zugenommen. Millionen wollen eigene Spuren im Netz hinterlassen und selbst etwas verändern. Im Internet bildet sich ein Interaktionsraum, in dem aus dem Stand heraus neue Koalitionen aktivierbar werden. Gruppierungen und Szenen werden immer dichter miteinander verkoppelt. In Deutschland haben Schnelligkeit und Intensität, mit der sich die Stuttgart-21-Gegner organisiert haben, gezeigt, welche Wirkungen so möglich werden.

Es entstehen Rückkoppelungseffekte, die ganze Gesellschaften verändern.

Ja, wir haben systemische Voraussetzungen für sich selbst verstärkende Dynamiken geschaffen: hohe Vernetzungsdichte, viele spontan aktive Netzwerkknoten und jede Menge positive Rückkoppelungseffekte. So können sich auch „Hypes“ optimal entwickeln. Die Retweet-Funktion bei Twitter und der „I like it“-Button von Facebook machen es leicht, Informationen immer wieder ins System zurück zu speisen. Dem sozialen Gehirn „Internet“ steht jetzt ein funktionierendes Kurzzeitgedächtnis zur Verfügung, eine wichtige Voraussetzung für organisiertes Verhalten im Netz. Die Lust an der aktiven Gestaltung von Meinung, der Drang zur praktischen Umsetzung von politischen Zielen nimmt zu. Jenseits von Partei und Lobbyismus bilden sich Interessensgemeinschaften, die beeindruckend in der Lage sind, demokratisch relevante Mehrheiten zu akquirieren. Die ausgelösten Effekte sind in ihrer Dimension für bestehende Machtstrukturen irritierend und schwer vorhersehbar. Wir erleben eine Repolitisierung der Bürger. […]

Sie sagen, die Steuerbarkeit von gesellschaftlichen Prozessen gehe zurück. Wie könnten Politiker, Unternehmer oder Hochschulmanager darauf reagieren?

Der Echtzeitdatenstrom des Internet ist eine Erkenntnisquelle, deren eigentlicher Wert gerade erst entdeckt wird. Insbesondere Google ist sich bewusst, dass das Verständnis gesellschaftlicher Ordnungsbildungsprozesse über die Analyse der Datenströme im Internet für Entscheidungsträger immer wichtiger wird. Die explodierende Komplexität macht es unmöglich, über relevante Themen wie Gesundheit, Arbeit, Bildung „von oben herab“ zu entscheiden – oder wie Heiner Geißler es als Schlichter bei Stuttgart 21 formulierte: „Die Zeit der Basta-Politik ist vorbei.“ […] Das heißt, Parteien, Unternehmen oder Bildungsinstitutionen werden ihren gewohnten Einfluss nur noch dort ausüben können, wo es ihnen gelingt, die Menschen zu aktivieren. Nur wer selbst Teil der Dynamik wird, hat eine Chance, die Themen zu treffen, die resonanzfähig sind. Wer nicht „mitschwingt“, wird abgehängt. So gesehen wechselt die Macht vom Anbieter auf den Nachfrager. Das ist radikal.

akquirieren = (an)werben

Stuttgart 21 = umstrittenes Großprojekt, bei dem der Stuttgarter Bahnhof unter die Erde verlegt werden soll

Aufgabe

1. Fassen Sie die These Peter Kruses zusammen. Erläutern Sie, welche Ursachen er für seine These anführt und welche Auswirkungen er langfristig voraussieht.
2. Erörtern Sie, ob Sie Kruses Aussagen zustimmen oder nicht. Belegen Sie Ihre Meinung mit Beispielen.
3. Schreiben Sie einen kurzen Leserbrief zum Thema.

Aufbautext

In einem längeren Beitrag für die Wochenzeitung „Die Zeit" hat sich der Journalist Harald Martenstein mit den Vor- und Nachteilen der im Internet besonders gefeierten „Schwarmintelligenz" auseinandergesetzt.

Harald Martenstein: Im Sog der Masse (2011)

Weil ich seit längerer Zeit in den Medien arbeite, glaube ich, sie einigermaßen zu durchschauen. Es gibt keine geheimen Verschwörungen, so wenig, wie es gezielte Kampagnen gegen einzelne Politiker gibt. Es stimmt, dass es einem manchmal so vorkommt – fast alle schreiben das Gleiche. Alle sind gegen Westerwelle und gegen Kernkraft, alle waren für Klinsmann. Das hängt damit zusammen, dass die meisten Menschen ungern alleine dastehen. Sie möchten Erfolg haben und geliebt werden. Das gilt auch für Journalisten. Im Mainstream ist man sicher. Die meisten Medien spiegeln folglich den Mainstream wider und verstärken ihn dadurch noch, aber sie erschaffen ihn nicht.

Guido Westerwelle = Außenminister der Bundesrepublik von 2009–2013

Jürgen Klinsmann = deutscher Fußballbundestrainer 2004–2006

Die Masse

Auf der Suche nach einer Antwort – was wird zum Mainstream? – landet man bei Gustave Le Bon, der 1895 den Klassiker „Psychologie der Massen" geschrieben hat. Le Bon war Arzt und Anthropologe, das Massenverhalten konnte er im Krieg von 1870/71 studieren, im belagerten Paris, und während der Tage der Pariser Kommune.

Pariser Kommune = revolutionärer Pariser Stadtrat vom 18. März 1871 bis 28. Mai 1871, der für kurze Zeit versuchte, Paris nach sozialistischen Vorstellungen zu verwalten. Wurde mit Gewalt zerschlagen

Le Bon behauptet, dass Menschenmassen sich in ein neues Wesen verwandeln, ein Gemeinschaftsgeschöpf, das anders handelt und anders funktioniert als der Einzelne. Die Masse sei schlichter, begeisterungsfähiger, brutaler, irrationaler, leichtgläubiger, sprunghafter, als Individuen es sind. Intelligenz sei als Massenphänomen unmöglich.

Die Masse ist dumm – diese Weisheit klingt ziemlich undifferenziert, nach einer Stammtischweisheit, aber sie beschreibt tatsächlich recht genau die Grundlage der Massenpsychologie. Falls Le Bon Recht hat, ist ein Soziologenkongress in seinem gemeinsamen Arbeitspapier weniger intelligent, als jeder einzelne Soziologe es wäre, wenn er alleine nachdenkt. Eine Redaktionskonferenz, die gemeinsam über ein Thema berät, wäre demnach im Normalfall weniger originell als der einzelne Redakteur, den man in Ruhe überlegen lässt. Da kann ich mitreden, das habe ich oft erlebt. Und lange vor den großen Verbrechen der Nazis und des Stalinismus vertrat Le Bon die Theorie, dass „gutmütige Bürger, die normalerweise ehrsame Beamte geworden wären", in der Masse zu den grausamsten Verbrechen fähig sind. Die Masse ist nicht nur dumm. Sie kann auch gefährlich sein.

1895 wurde das Kino gerade geboren, ans Fernsehen dachte keiner. Trotzdem hat Le Bon über die Entstehung von Massenmeinungen den erstaunlichen Satz geschrieben: „Die Massen können nur in Bildern denken."

Bilder transportieren Emotionen, nur Emotionen bewegen Massen. Logik ist zu kompliziert für sie. Die zweite Grundregel zur Überzeugung der Massen – Le Bon spricht lieber von „Hypnose" als von „Überzeugung" – heiße Wiederholung.

Man muss einfache Botschaften und starke Bilder oft genug wiederholen. Dieses Rezept wird immer wirken. Das Bild eines Anschlages. Das Bild eines havarierten Atomkraftwerkes. Das Bild eines Angeklagten in Handschellen.

Sind wir so? Werden wir zu Automaten, sobald wir Teil einer Masse sind, sobald jemand unsere Instinkte auf die richtige Weise bedient? [...]

Die Masse ist aber das Grundprinzip der Demokratie, zugleich das Grundprinzip unseres Wirtschaftssystems. Die Mehrheit bestimmt, wer regiert. Die Mehrheit bestimmt, was produziert wird. Es gibt natürlich ein paar Vermittlungsinstanzen, wir haben eine repräsentative Demokratie, der Markt ist an Gesetze gebunden. In letzter Zeit wird allerdings der Ruf nach einer mehr oder weniger direkten Volksherrschaft immer lauter. Das Volk soll öfter als bisher über wichtige Fragen abstimmen, vielleicht sogar im Internet, das ist technisch ganz einfach und kann wunderbar schnell gehen. Es klingt ja auch erst mal sympathisch. Das Volk sind schließlich wir alle. Wir könnten uns dann ganz unseren Stimmungen hingeben.

Ich hätte Angst davor.

Dies ist die größte Beunruhigung von allen, dass nämlich unser offizieller Herrscher, der Souverän in einem demokratischen System, das Volk, wir selber, ein launischer, dummer und gefährlicher Herrscher sein könnte.

Als die Mitglieder des Parlamentarischen Rates 1948 das Grundgesetz schrieben, hatten sie noch Angst vor dem Volk und seinen Launen. Das hing natürlich mit Adolf Hitler zusammen. Die Paragrafen des Grundgesetzes können vom Bundestag jederzeit geändert oder ergänzt werden, mit einer Zweidrittelmehrheit. Einige Paragrafen aber sind davon ausgenommen, durch die sogenannte Ewigkeitsklausel im Artikel 79 des Grundgesetzes. Dazu gehören die Menschenrechte, die Achtung der Menschenwürde, die Gewaltenteilung, die föderale Struktur Deutschlands. Diese Dinge darf das Volk nicht ändern, auch nicht mit einer Mehrheit von 99 Prozent. Nach herrschender Rechtsmeinung darf deshalb auch die Todesstrafe in Deutschland nie wieder eingeführt werden, von keinem Mainstream der Welt.

Der Schwarm

1986 hat der Wissenschaftler Craig Reynolds mithilfe von Computersimulationen herausgefunden, dass die Individuen, aus deren Summe ein Schwarm entsteht, sich an drei Regeln halten. Das, was wir „Schwarmintelligenz" nennen, beruht tatsächlich auf nur drei Verhaltensregeln.
Erstens: Bewege dich als Mitglied des Schwarms immer in Richtung des Schwarm-Mittelpunkts. Auf diese Weise wird verhindert, dass der Schwarm auseinanderfließt.
Zweitens: Bewege dich weg, sobald dir jemand zu nahe kommt, vermeide Zusammenstöße.
Drittens: Bewege dich in dieselbe Richtung wie deine Nachbarn.

Kaum ein Begriff hat in den Jahren, die seit meiner Kindheit verstrichen sind, eine solche Karriere gemacht wie *„Schwarmintelligenz"*. Das Internet funktioniert wie ein Schwarm, heißt es. Die Revolutionen in den arabischen Staaten wurden und werden über die schwarmförmige Organisation Facebook organisiert, ohne Anführer, ohne eine Partei. Alle bewegen sich plötzlich in dieselbe Richtung wie ihre Nachbarn.

Weniger bekannt ist das Wort *„Schwarmfeigheit"*. Ich habe es zum ersten Mal in der Talkshow von Anne Will gehört. Der Journalist und Politikberater Michael Spreng sprach von der „Schwarmfeigheit im Internet". Jeder Journalist kennt sie. Unsere Texte stehen im Netz, sie werden kommentiert, wir bekommen E-Mails. Dagegen ist nichts zu sagen. Doch weil es möglich ist, sich anonym zu äußern, unter einem erfundenen Nutzernamen, sind die Äußerungen deutlich aggressiver geworden. Die Leserbriefe, mit Absender und – meistens – dem echten Namen, waren im Durchschnitt sachlicher und seltener beleidigend. Die wenigsten Internetautoren, behaupte ich, hätten den Mut, so zu schreiben, wenn sie mit ihrem Namen dafür einstehen müssten.

Ein sehr frühes und bis heute gern zitiertes Experiment zur Schwarmintelligenz wurde vor mehr als hundert Jahren auf der Viehzuchtmesse der britischen Stadt Plymouth veranstaltet. Ochsen wurden gewogen, unter Ausschluss der Öffentlichkeit, danach durfte das Publikum ihr Gewicht schätzen. Diese etwa 800 Personen waren zum Teil Familien mit Kindern, zum Teil Metzger und Viehzüchter, Experten und Laien bunt gemischt. Die Schätzungen waren teilweise grotesk falsch. Wenn man aber den Durchschnitt aller Schätzungen ausrechnete, dann lag dieser Durchschnitt immer sehr nahe bei dem richtigen Ergebnis.

Das Internet funktioniert nach dem gleichen Prinzip. Jeder darf mitmachen, Experten und Laien, ähnlich wie beim Viehmarkt in Plymouth. Das Internetlexikon Wikipedia ist inzwischen die wichtigste Wissensquelle der meisten Leute, es wird vom Schwarm verfasst. Die Politiker Guttenberg und Koch-Mehrin haben ihre Ämter verloren, weil der Schwarm sich ihre Doktorarbeiten vorgeknöpft hatte. Bei den Wirtschaftskrisen spielt der Schwarm ebenfalls eine entscheidende Rolle: Wenn er sich aus einer Währung oder aus einer bestimmten Aktie zurückzieht, brechen alle Dämme.

Zusatztexte
· Alexandra Borchardt: *So ein Schwarm*
fa75pt

Aufgabe

1. Erklären Sie, wie nach Meinung des Autors der „Mainstream" entsteht.
2. Arbeiten Sie heraus, warum der Autor vor einer „mehr oder weniger direkten Volksherrschaft" Angst empfände und weshalb in Deutschland einer solchen Volksherrschaft Grenzen gesetzt sind.
3. Zeigen Sie auf, wie nach den Angaben im Text „Schwarmintelligenz" entsteht. Vergleichen Sie Schwarmintelligenz und Schwarmfeigheit und erläutern Sie die Unterschiede.
4. Lesen Sie den Zeitungsartikel „So ein Schwarm", den Sie unter dem Online-Code finden. Vergleichen Sie mit der Position Martensteins und Kruse. Schreiben Sie einen Kommentar zu den politischen Hoffnungen auf das Netz.

2 „Die Revolution unserer Kommunikationsgewohnheiten“ – Medienwandel

Impulstext

Medienentwicklung 1950 bis 2008

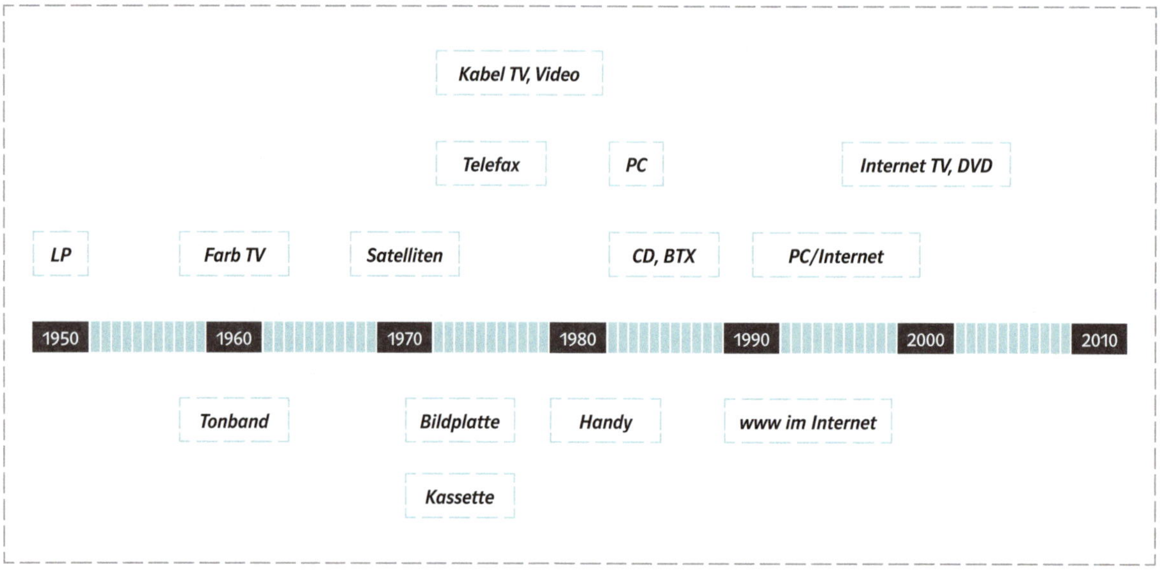

Aufgabe

1. Erläutern Sie die Grafik. Informieren Sie sich über die Medien, die Sie nicht kennen. Welche Medien existieren noch, welche sind verschwunden?

Tabelle

Zur Geschichte der Medien (2000)

bis 1800	*bis 1900*	*1900–1950*	*ab 1950*
1445 Buchdruck (Johannes Gutenberg) 1610 Wochenzeitung 1660 Tageszeitung 1794 Optischer Telegraph (Frankreich)	1837 Elektrischer Telegraph (Samuel Morse) 1839 Fotographie (Daguerreotypie) 1876 Telefon (Alexander Bell) 1888 Grammophon 1888 Fotoapparat (Firma Eastman-Kodak) 1886 Setzmaschine (Buch- und Zeitungsdruck) 1895 Stummfilm (Erste öffentliche Filmvorführung durch Lumière) 1897 Drahtlose Telegraphie (Guglielmo Marconi)	1906 Rundfunktechnik 1923 Erste Rundfunk-Sender (Lausanne, Bern, Berlin) 1924 Tonfilm 1925 Fernsehtechnik (ab 1935 Sendungen in Berlin) 1945 Computer (ENIAC) 1947 Transistorradio	1952 Öffentliches Fernsehen in Deutschland (BRD; DDR: 1955) 1953 Öffentliches Fernsehen in der Schweiz 1967 Farbfernsehen 1969 Videorecorder 1969 ARPANET (Vorläufer des Internet) 1972 Video-Games 1977 PC: Apple II 1979 Walkman 1982 Compact Disc 1983 TCP/IP-Protokoll (Internet) 1985 Handy (C-Netz) 1989 World Wide Web 1996 DVD (Digital Versatile Disc) 2007 Smartphone (Apples iPhone)

Aufgabe

1. Übertragen Sie die Geschichte der Medien in einen Zeitstrahl. Halten Sie die Beschleunigung der Entwicklung grafisch fest.

2. Teilen Sie die Medien in solche, die der intrapersonalen Kommunikation (ein Sender/ein Empfänger) dienen, und in solche, die der Massenkommunikation (ein Sender/viele Empfänger) dienen. Ordnen Sie die Medien nach dem Grad ihrer Kommunikationstauglichkeit: Je kommunikativer ein Medium Ihrer Ansicht nach ist, desto weiter oben in Ihrer Liste sollte es stehen. Diskutieren Sie Ihre Liste mit Ihren Mitschülern.

Basistext

Bertolt Brecht: Der Rundfunk als Kommunikationsapparat (1932)

Anfang der 1930er-Jahre setzte sich Bertolt Brecht, damals schon ein bekannter Lyriker und Dramatiker, mit den Möglichkeiten des noch jungen Mediums Rundfunk auseinander.

Text in alter Rechtschreibung

Und um nun […] das Positive am Rundfunk aufzustöbern, ein Vorschlag zur Umfunktionierung des Rundfunks: Der Rundfunk ist aus einem Distributionsapparat in einen Kommunikationsapparat zu verwandeln. Der Rundfunk wäre der denkbar großartigste Kommunikationsapparat des öffentlichen Lebens, ein ungeheures Kanalsystem, das heißt, er wäre, wenn er es verstünde, nicht nur auszusenden, sondern auch zu empfangen, also den Zuhörer nicht nur hören, sondern auch sprechen zu machen und ihn nicht zu isolieren, sondern ihn in Beziehung zu setzen. Der Rundfunk müßte demnach aus dem Lieferantentum herausgehen und den Hörer als Lieferanten organisieren. Deshalb sind alle Bestrebungen des Rundfunks, öffentlichen Angelegenheiten auch wirklich den Charakter des Öffentlichen zu verleihen, absolut positiv. […] Ich kenne sowenig wie Sie etwa die Verpflichtungen des Reichskanzlers, es ist die Sache des Rundfunks, sie mir klarzumachen, aber zu diesen Verpflichtungen des obersten Beamten gehört es, regelmäßig durch den Rundfunk die Nation von seiner Tätigkeit und der Berechtigung seiner Tätigkeit zu unterrichten. Die Aufgabe des Rundfunks allerdings erschöpft sich nicht damit, diese Berichte weiterzugeben. Er hat überdies hinaus die Einforderung von Berichten zu organisieren, das heißt die Berichte der Regierenden in Antworten auf die Fragen der Regierten zu verwandeln. Der Rundfunk muß den Austausch ermöglichen.

Kurt Günther (1893–1955): Der Radionist oder Der Radiospießer, 1927, Öl auf Leinwand

Aufgabe

1. Erklären Sie den Unterschied zwischen einem „Distributionsapparat" und einem „Kommunikationsapparat". Stellen Sie die Unterschiede grafisch dar.

2. Stellen Sie dar, welche Erwartungen Brecht mit dem neuen Medium Radio verknüpft.

3. Erläutern Sie die Aussage des Bildes. Setzen Sie die Bildaussage in Beziehung zu der Forderung von Bertolt Brecht.

Kreative Aufgabe

1. Machen auch Sie einen Vorschlag zur „Umfunktionierung" eines Mediums Ihrer Wahl.

2. Zeichnen oder beschreiben Sie einen „-isten" aus dem Medienbereich Ihrer Wahl (z. B. Internetist, Fernsehenist, Handyist, …).

Basistext

Hans-Dieter Kübler: Medien- und Massenkommunikation: Begriffe und Modelle (2003)

Der Medienwissenschaftler Hans-Dieter Kübler gibt einen Überblick über die Entwicklung der Medien vom Gutenberg-Zeitalter bis heute.

Aus medientechnischer Sicht besteht weitgehend Einigkeit, dass mit Gutenbergs Drucktechnik und den daraus folgenden Veränderungen für Schrift, Kommunikation und Kultur die erste Kommunikationsrevolution erfolgt ist, über deren strukturellen Auswirkungen seither unentwegt räsoniert wird, nicht zuletzt aus heutiger Sicht, mit Blick auf die anstehenden Transformationen: nicht nur hinsichtlich der Entstehung des modernen Literaturmarktes, der Entwicklung der Printmedien und der Verbreitung der Lesefähigkeit, sondern auch und vor allem hinsichtlich der Herausbildung der Wissenschaften, von Tradition und der Kultur – etwa der Renaissance der Antike –, der Formierung des Bürgertums und seiner politischen Forderungen nach Öffentlichkeit und Demokratie sowie der Entwicklung individuellen Bildung bis hin zu Fähigkeiten der sequenziellen Wahrnehmung und des logischen Denkens.

Ob man die Phase ab Mitte des 19. Jahrhunderts bis Mitte des 20. Jahrhunderts, in der sich die modernen Massenmedien – also Massenzeitung, Kinofilm, Hörfunk und Fernsehen – formieren und – zusammen mit dem Modell der Massengesellschaft – das Phänomen der Massenkommunikation, also der technischen, einseitigen, diffusen Verbreitung professioneller Medienprodukte an ein „disperses" Massenpublikum, konstituieren, als zweite Kommunikationsrevolution, aufwerten oder eben nur als technische Weiterentwicklung, mithin als Elektrifizierung, Kombination sowie optoelektrische Integration von Texten, Tönen und Bildern registrieren will, wird unterschiedlich beurteilt. Jedenfalls prägt die Massenkommunikation die moderne Gesellschaft, Kultur und Kunst nachhaltig, erzeugt Standarisierung, transnationale Uniformität wie neue Ausdrucksformen, lässt die parlamentarische zur Mediendemokratie mutieren, katapultiert die Medienindustrie mit an die Spitze ökonomischer Wertschöpfung, bringt eine Vielzahl von Medienberufen hervor und expandiert Werbung zum omnipräsenten Ferment für Konsum, aber auch für viele anderen Lebensbereiche, vom Sport bis hin zur Kunst.

Mit der Entwicklung der Mikroelektronik, Telekommunikation und weltweiten Vernetzung ist die dritte Kommunikationsrevolution voll im Gang. Technisch löst sie die analoge Übertragung durch die digitale ab, die unbegrenzte Speicherung und Übertragung, egalitäre Konversion in alle Formate und beliebige Multimedialität, Interaktivität und permanenten Rollentausch, Echtzeit und Virtualität ermöglicht. Kommunikationssoziologisch hebt sich die überkommene Dualität von interpersonaler und Massenkommunikation auf, das Massenpublikum segmentiert nicht nur in spezielle Zielgruppen, am PC und Internet individualisiert es sich in einzelne User, die ebenso via E-Mail, Homepages, Chatrooms und Newsgroups kommunizieren, wie sie weiterhin professionelle Produkte rezipieren; als MUDs (Multi User Dungeons) beteiligen sie sich an (Rollen)Spielen und virtuellen Welten. [...]

Immer rasanter vollziehen sich auch Innovationen und Verbreitungen: Brauchte es noch 38 Jahre, bis 50 Mio. Menschen einen Radio-Apparat hatten, 13 Jahre, bis sie über ein Fernsehgerät verfügten, so dauerte es nur noch drei Jahre, bis es 50 Mio. Internet-Nutzer gab. Dennoch existieren die meisten Medien aller drei Phasen nebeneinander und werden genutzt. Mit jedem neuen technischen Schub haben sich funktionale Differenzierungen insbesondere in der Nutzung und entsprechend in den Formen und Inhalten ergeben, aber keines der substanziellen Medien ist gänzlich verschwunden. Deshalb sieht die Kommunikationswissenschaft für den Medienwandel die von dem Historiker Wolfgang Riepl als sogenanntes „Grundgesetz der Entwicklung des Nachrichtenwesens" der Antike früh formulierte Erkenntnis bestätigt, wonach ein neues Medium ein altes nicht gänzlich verdrängt, sondern sich jeweils neue komplementäre Funktionen und Nutzungsweisen ergeben. [...]

Angesichts dieser medientechnischen Vielfalt, des Tempos und der Offenheit ihrer Entwicklung versteht man Kommunikation immer weniger als personalen Austausch, unmittelbar zwischen Personen und ohne technische Hilfsmittel, sondern vornehmlich medial, und betont oder beklagt die anhaltende Mediatisierung (Mittelbarkeit) oder Medialisierung aller Lebensbereiche. In den öffentlichen Diskussionen und Darstellungen überbieten sich folglich ständig modische Schlagwörter, die meist wenig analytische Substanz haben und nicht selten wieder verschwinden. [...]

Hinzu kommen digitale, weltweite und dezentrale Übertragungswege mittels Kabel, Satelliten oder auch Funkstrecken, die sich in Etiketten wie Vernetzung, Online, E-Mail, Internet, Multimedia niederschlagen und Transformationen bewirken oder/und befürchteten lassen. Sie beeindrucken oder irritieren durch Schlagwörter wie Globalisierung der Kommunikation, Datenautobahn („information highways"), Interaktivität, vernetztes Denken, virtuelle Welten, Cyberspace, „global village", die gleichwohl ständig mit wechselnden Bedeutungen gefüllt werden und in den öffentlichen Konjunkturen auf- und absteigen. Letztlich wollen sie – ob spektakulär oder gelassen – anzeigen, dass sich in den Kommunikations- und Verkehrsformen zugleich Grundlegendes wie Radikales ändert und sich dadurch die Gesellschaft neu formiert. Wie man diese Veränderungen bewertet, hängt letztlich von der Position und der Einschätzung ab, die man zur Technik und zum sozialen Wandel einnimmt.

Sucht man terminologischen Halt, erweist sich wohl der Begriff des Mediums immer noch als der grundlegendste, mindestens markanteste: Mit ihm wurde bislang die personale, direkte Kommunikation von der Massenkommunikation kategorial getrennt. Gleichzeitig wurde die Phase seit dem Aufkommen der Massenmedien von der Epoche des Buchdrucks davor geschieden und als die der Massenkommunikation bezeichnet, die primär von den einseitigen Verteilmedien bestimmt wurde und wird. [...] Allerdings wird diese duale Abgrenzung längst nicht von allen geteilt [...]. Gerade jene jüngsten Entwicklungen animieren dazu, universelle, überzeitliche, jedenfalls technikferne Medienbegriffe zu kreieren und durchzusetzen bzw. Kultur- oder gar Weltgeschichte vorzugsweise als Mediengeschichte begreifen zu wollen.

Mit dem Computer, der Digitalisierung und Vernetzung geht die begriffliche Dualität der beiden Kommunikationsformen zumindest insofern zu Ende, als die neuen Medientechnologien personale und mediale Kommunikation auf neue und vielfältige Weise miteinander verknüpfen, letztlich verschmelzen. Diese Tendenz verfolgten zuerst das Telefon und seine Erweiterungen durch Bildschirmtext als zweiseitig, interaktiv nutzbare Vermittlungsmedien. Die sich nun verbreitenden Online-Medien, vor allem Internet, vervielfältigen und vervollkommnen sie.

Ob Internet ein Massenmedium ist oder zu einem wird, ist letztlich wiederum Definitionssache. Von seiner explodierenden Nutzung, mittlerweile auch von mancher publizistischen Wirkung her (etwa nach der Verbreitung des Reports von Kenneth W. Starr 1998 anlässlich der Lewinsky-Affäre von US-Präsident Bill Clinton) lässt es sich als Massenmedium ansehen und wird auch so bereits bezeichnet. Aber es hält mehr Optionen als die klassischen Verteilmedien parat, da es auch andere, nicht publizistische Leistungen und Dienste integriert und damit kommunikative Vermittlungen ermöglicht. Seine Nutzungsbreite reicht von der Herstellung privater Kontakte mittels E-Mail, der Einrichtung spezieller Kommunikationskreise, sogenannter Intranets, meist für gewerbliche Zwecke, der Inanspruchnahme durch mehr oder weniger geschlossene Foren und Newsgroups, bis hin zur Realisierung nichtpublizistischer Dienste wie Online-Banking, Online-Shopping, Online-Ordering etc., in die jedoch zunehmend Werbung als öffentliches Element eingelagert ist. Diese Dienste begründen zivilrechtliche, nicht medienrechtliche Beziehungen unter den Teilnehmern, und viele überkommene Rechtsfragen wie der Schutz der Verbraucher und die Urheberschaft für geistige Produkte sind noch nicht befriedigend geklärt, zumal nicht mit der erforderlichen internationalen Geltung. Deshalb suchen Gesetzgeber und Juristen nach passenden Regeln und Vereinbarungen [...], für die Europäische Union strebt die EU-Kommission eher wirtschaftspolitische, sprich: deregulierende Fassungen an, die alle Medien eher als Wirtschafts- denn als Kulturgüter sehen.

Aufgabe

1. Erklären Sie die Bedeutung der folgenden Wörter bzw. Ausdrücke im Text. Benutzen Sie gegebenenfalls ein Wörterbuch.
A „‚disperses' Massenpublikum" (Z. 12) B „transnationale Uniformität" (Z. 16) C „omnipräsentes Ferment" (Z. 18) D „egalitäre Konversion" (Z. 22) E „kategorial" (Z. 54)

2. Formulieren Sie für jeden Abschnitt eine knappe Überschrift.

3. Benennen und charakterisieren Sie die drei „Kommunikationsrevolutionen", von denen im Text die Rede ist. Erklären Sie, was an diesen Einschnitten jeweils revolutionär war.

4. Erläutern Sie, wie sich – laut Kübler – der Kommunikationsbegriff im Wandel der Medien verändert hat.

5. Zeigen Sie an Beispielen, wie sich durch die dritte Kommunikationsrevolution Medien und Kommunikation grundlegend verändert haben. Ziehen Sie bei Ihren Überlegungen den Text von Brecht (vgl. S. 55) heran. Überlegen Sie, ob sich die Erwartungen und Hoffnungen Brechts erfüllt haben.

6. Erläutern Sie das „Grundgesetz der Entwicklung des Nachrichtenwesens" (Z. 34 ff.) anhand der historischen Entwicklung.

7. Diskutieren Sie, ob dieses „Grundgesetz der Medien" auch im Internet-Zeitalter noch gilt.

8. Erörtern Sie, ob das Internet heute Ihrem Verständnis nach ein Massenmedium ist. Berücksichtigen Sie hierbei die verschiedenen Funktionen des Internets (im Gegensatz zu den einseitigen Verteilmedien früheren Zeiten).

Kreative Aufgabe

1. Wie werden die Menschen im Jahre 2099 miteinander kommunizieren? – Schreiben Sie aus der Sicht eines Medienhistorikers im Jahre 2100 einen Rückblick auf die Entwicklung der Kommunikationsmedien im 21. Jahrhundert. Beginnen Sie Ihren Text mit den realen Entwicklungen der Jahre ab 2000 bis heute und stellen Sie dann die von Ihnen vermuteten weiteren Entwicklungen als gegebene Fakten dar.

Impulstext

Hans Magnus Enzensberger: Altes Medium (1995)

Was Sie vor Augen haben,
meine Damen und Herren,
dieses Gewimmel,
das sind Buchstaben.
Entschuldigen Sie.
Entschuldigen Sie.
Schwer zu entziffern,
ich weiß, ich weiß.
Eine Zumutung.
Sie hätten es lieber audiovisuell,
digital und in Farbe.

Aber wem es wirklich ernst ist
mit *virtual reality*,
sagen wir mal:
Füllest wieder Busch und Tal[1],
oder: Einsamer nie
als im August[2], oder auch:
Die Nacht schwingt ihre Fahn[3],
der kommt mit wenig aus.

Sechsundzwanzig
dieser schwarz-weißen Tänzer,
ganz ohne Graphik-Display
und CD-ROM,
als Hardware ein Bleistiftstummel –
das ist alles.

Entschuldigen Sie.
Entschuldigen Sie bitte.
Ich wollte Ihnen nicht zu nahe treten.
Aber Sie wissen ja, wie das ist:
Manche verlernen es nie.

[2] Anfangsvers von Gottfried Benns Gedicht „Einsamer nie –" (1940)

[3] Zweiter Teil des Anfangsverses von Andreas Gryphius' Gedicht „Abend" (1650)

[1] Anfangsvers von Johann Wolfgang von Goethes Gedicht „An den Mond" (1777)

Aufgabe

1. Stellen Sie dar, welche Kritik Enzensberger mit seinem Gedicht an den digitalen Medien übt.

Basistext

Wolfgang Frühwald ist emeritierter Professor für Neuere Deutsche Literaturgeschichte.

Wolfgang Frühwald: Medienwandel – Über die Zukunft des Buches im Zeitalter des Internet (2011)

1. Vorbemerkung

Immer wenn ich mit dem Auto auf einer Neubaustrecke in der Nähe unseres Hauses nach Süden fahre, setzt mein Navigationsgerät seine Mitteilungen aus. Auf dem Display erscheint der Hinweis „Nicht digitalisiert" und eine Computerstimme sagt: „Neuberechnung der Route". Spätestens dann denke ich an das mögliche Schicksal meiner Bücher. Ich stelle mir vor, dass in naher Zukunft, etwa schon im Jahr 2015, eine Studentin an ihrem Computer sitzt und versucht mit Hilfe von „Google Books" oder einer anderen Suchmaschine eine Hausarbeit oder eine Magisterarbeit über Informationsmanagement zu schreiben. Sie hat alle Materialien aufbereitet und weiß, dass ich irgendwann im ersten Jahrzehnt dieses Jahrhunderts ein Buch mit dem Titel „Wie viel Wissen brauchen wir?" veröffentlicht habe. Der Titel gefällt ihr und sie versucht, das Buch bei „Google Books" zu finden. Schließlich enthält diese digitale Bibliothek viele Millionen von Volltexten aus allen Ländern der Erde, lose gruppiert nach Sachkategorien wie „Interessant", „Klassiker", „Zeitschriften", „Computer", „Haustiere" etc. Die (gedachte) Studentin gibt den Titel „Wie viel Wissen brauchen wir?" ein und die Suchmaschine antwortet (zumindest sinngemäß): „Nicht digitalisiert". Doch sie empfiehlt zugleich eine Reihe ähnlicher, digitalisierter Titel, anders ausgedrückt, sie empfiehlt, die Route der Gedanken neu zu berechnen, mein Buch ist, weil nicht digitalisiert, vom Wissenskreislauf ausgeschlossen.

Solche Überlegungen gehören zu den eher harmlosen Visionen in einem von Endzeitängsten dicht besetzten Feld, unter denen sich auch Überlegungen zu einer Verselbständigung intelligenter Rechnerverbünde und zur Entwicklung von Gehirn-Maschine-Schnittstellen finden. Vom Ende des Buches wird gesprochen, von der Abenddämmerung der „Galaxis Gutenbergs", vom Untergang des Papierzeitalters, von der Abwendung der Leser vom gedruckten Wort, von Verlusten, die deshalb unersetzlich wären, weil mit dem Buchdruck auch das konzentrierte Lesen bedroht ist und jeder Medienwechsel (auch der neueste) gewaltige soziale Folgen hatte und hat. [...]

2. Digitalisierung des Alltags

An der Entstehung der Informationsindustrie und der Revolution unserer Kommunikationsgewohnheiten nehmen wir alle im digitalen Zeitalter teil. Die Verluste werden uns dabei kaum bewusst. Robert Darnton, Kulturhistoriker und Bibliothekar an der Harvard-University in den USA, meint den Verlust von Gegenständen, Institutionen und Fähigkeiten beobachten zu können, die uns vor kurzem noch unentbehrlich schienen: „Schreibmaschinen [sind ersetzt durch Personal Computer], Postkarten [durch SMS], handgeschriebene Briefe [durch E-Mails], die Handschrift selber [geht verloren], die viele junge Leute nicht mehr beherrschen, in manchen Städten [sind] Tageszeitungen [ersetzt durch Web-Nachrichten], der lokale Buchladen, ersetzt durch Ketten, die selber durch Internetverkäufer wie Amazon bedroht werden." So halten die gigantischen Projekte, die Google Inc. ins Leben gerufen hat, auch einen historischen Moment fest, nämlich den Übergang des Buchzeitalters in die Ära der Digitalisierung des Alltags. Des Alltags insofern, als „Google Books" nicht *besondere* Bücher (wertvolle, seltene, viel gebrauchte) digitalisiert, sondern *alle*, als von „Google View" nicht *besondere* Wohnviertel und Straßenzüge (die der Reichen, die der Armen) aufgenommen und ins Netz gestellt werden, sondern wiederum *alle*. „Google View" und „Google Books" und andere globale Netzwerke brechen in europäische Eigentumswelten ein, obwohl doch gerade in den USA „privacy" ein fast sankrosankter Begriff war und immer mehr meinte als „Privatheit". Die Privatheit und die Intimsphäre, erklären nun die Betreiber sozialer Netzwerke, sei Schnee von gestern, wer sich nicht, sogar in seinen Gedanken, aller Welt offenbart, hat etwas zu verbergen. [...] Die Text- und die Bilddigitalisierungen sind die besten Beispiele für die Veränderung unserer Sozialgewohnheiten, die den Eigentumsbegriff längst durch den Anspruch auf „open access" (inzwischen auch im Reich der Gedanken) ersetzt hat. [...]

3. Texte oder Bücher, User oder Leser?

Zusammen eröffnen uns die unterschiedlichen elektronischen Bibliotheken, Archive und Museen eine neue Erfahrungswelt, die Welt der nahezu unbegrenzten digitalen Information. „Wie immer die Zukunft aussehen wird, sagte Robert Darnton, „sie wird eine digitale sein, und die gegenwärtige Zeit ist eine des Übergangs, in der gedruckte und digitale Weisen der Kommunikation koexisiteren." Die Transformation der Schriftkultur in das elektronische Medium ist in vollem Gang. Dabei handelt es sich um neue Möglichkeiten der Recherche, um leichte Verfügbarkeit, um Informationsbreite, um Schonung des Bibliotheksbestands und um die Vernetzung von Bildern, Texten und Gegenständen, die sonst getrennt voneinander aufbewahrt und ausgestellt werden, aber es geht nicht, wie oft behauptet wird, um eine „neue Lesekultur". Wer versucht, in einer ihm zugesandten pdf-Datei die Korrektur eines wissenschaftlichen Aufsatzes oder gar eines Buches zu lesen, wird die Erfahrung machen, dass der Bildschirmtext und die beim Lesen einzunehmende Körperhaltung die Konzentrationsdauer entschieden senken, dass die Quote übersehener Fehler steigt, wenn die Korrektur nur auf dem Schirm, nicht auch im Ausdruck gelesen wird. Digitale Lehrbücher, wenn man sie nicht ausdruckt, seien deshalb nutzlos, sagte Klaus G. Saur, weil Bildschirminformationen nur fünf Minuten lang so intensiv gelesen werden könnten, dass man sie sich dauerhaft merken kann. Erinnerung sei wesenhaft visuell und an die optische Gliederung eines Buches gebunden. Noch sind dies erst Erfahrungswerte, doch wenn sie bestätigt werden, geraten wir in das Dilemma zwischen Verfügbarkeit und Lernbarkeit.

Klaus G. Saur = Verleger von (meist) geisteswissenschaftlichen Fachbüchern

In den großen Internetprojekten also werden heute *Texte*, nicht *Bücher* digitalisiert. Diese Texte kann man mehr oder weniger flüchtig lesen, sie bieten rasche und neue Informationen, mit ihnen kann man arbeiten, sie können exzerpiert werden, ihre Vernetzung eröffnet neue intertextuelle Bezüge, im besten Fall sogar eine kulturtechnische Totalsicht, aber sie erschließen kein Buch in seiner Tiefenschicht, das heißt keine wissenschaftliche Monographie, keinen Roman, keine Erzählung, nicht einmal ein einzelnes Gedicht. Das Buch ist immer mehr als ein Text, auch mehr als *sein* Text. Für das Buch ist die Figur des einsamen, kreativen Denkers (als Autor und als Leser) unentbehrlich, für die Arbeit am Computer ist es vermutlich die des mit anderen Autoren „vernetzte" Gestalt des Teamarbeiters. Doch Netzbücher, also Bücher, die von Anfang an für das Internet (und nur dafür) geschrieben sind und dabei ihren Mann oder ihre Frau ernähren, stecken noch in den Kinderschuhen.

Trotz der Massendigitalisierung von Büchern, der Entwicklung von *E-Books*, von *iPods*, *iPhones*, *iPads*, *Smartphones* und von anderen in der Werbung als „magisch" und „revolutionär“ angepriesenen Geräten, bleibt die Produktion gedruckter Bücher bisher hoch. [...] Es sind vor allem die Leser von Belletristik, die in Muße das Buch lesen wollen, das ihnen ein Freund, eine Freundin, ein Mitglied der zahllosen privaten Literatur- und Lesekreise empfohlen hat, die zumal in Deutschland eine verbreitete Form geselligen Lebens sind. Die meditative Privatlektüre ist der Gegenpol zu der Begegnung mit Texten im Internet. Bücher haben Leser, digitalisierte Texte aber User, und schon das Vokabular verweist auf einen medienbedingten, gravierenden Unterschied. Das gedruckte Buch wird kostbarer, nicht so sehr, weil es teurer wird, sondern weil es eine Insel der Ruhe und der Konzentration bildet inmitten der explodierenden Beschleunigung aller unserer Erfahrungen. [...]

5. Elektronische oder gedruckte Bücher?

Vorläufig allerdings ist im Kernbereich der Textproduktion das gedruckte Buch noch wenig angefochten. Schließlich ist es eine der genialsten Erfindungen, die jemals gemacht wurde. Sinnenfreundlich (für Augen, Hände, Körperhaltung) und haltbar (bei entsprechendem Papier und gutem Druck über Jahrhunderte hin), transportabel, mit Anmerkungen zu versehen und einzumerken und fast überall auf der Welt für relativ billiges Geld zu erwerben. [...] Vielleicht werden *E-Books* in absehbarer Zeit ein bequemes Informationsinstrument auf Reisen sein, brauchbar für die Arbeit in Eisenbahn und Flugzeug, wenn statt schwerer Bücher für viele hundert Volltexte nur ein einzelner Kleincomputer mitgenommen werden muss. [...] Es wird ungemein spannend sein zu beobachten, welche Sorte von Büchern und Texten vornehmlich als *E-Books* Verwendung finden werden und für welche sich weiterhin der Papierdruck behauptet.

6. Haltbarkeit

In allen Auseinandersetzungen um gedruckte oder elektronisch verfügbare Texte spielt die Frage der Haltbarkeit und der Entwicklungsrasanz der Speichermedien eine herausgehobene Rolle. Die Frage, ob der Buchkultur und damit dem Leitmedium der europäischen Kultur durch die Veränderung von Lesevorgängen und Lesegewohnheiten eine Revolution droht, ob das flüchtige Lesen, auch das berüchtigte „Häppchen“-Lesen, dauerhaft an die Stelle der konzentrierten Lektüre treten wird, ist inmitten des Wandlungsprozesses nur schwer zu entscheiden. Mir scheint, die Blog- und Facebook-Produktion entwickelt sich zu einer ernsthaften Konkurrenz des Lesens. „Eines allerdings“, sagt der Grazer Soziologe Karl Acham, sei nach wie vor gewiss: „die Vergänglichkeit und Unzulänglichkeit der digitalen Technik und deren begrenzte Haltbarkeit.“ Das Buch ist auf Dauer angelegt, wir können „mühelos ein 300 Jahre altes Buch lesen, aber nicht mehr das 30 Jahre alte elektronische Manuskript auf einer 8-Zoll-Diskette. Nach wie vor gibt es kein sicheres Verfahren der digitalen Langzeitspeicherung“. [...]

Da ein wachsender Markt für elektronische Bücher im Entstehen ist und Märkte gedächtnislos sind, mischt sich in die Diskussion über das digitale Produzieren und Lesen inzwischen auch ein ideologischer Ton deshalb, weil die emotionale Bindung an Bücher so stark ist, dass ihre zerknitterten Seiten, ihre verblassten Randnotizen, ihr befleckter Umschlag, ihre Eselsohren von längst vergangenen Zuständen des eigenen Lebens oder des Lebens längst dahingegangener Leser berichten. „Wenn wir im Keller Bücher finden, die wir einst als Kind gelesen haben“, sagte Umberto Eco nach einer Meldung der FAZ vom 11. Dezember 2010, „bewegt uns das. Wenn wir aber eines Tages die Diskette finden, die wir als Kind verwendet haben, kann unser Computer sie nicht mehr lesen, und die Diskette ist dieselbe wie die einer beliebig anderen Person. Dass wir den persönlichen Kontakt verlieren, ist nicht nur für Bibliophile ein Desaster. Eine kleine Minderheit elektronischer Taliban wird nur mit iPads und E-Books umgehen, alle anderen werden Bücher weiterhin brauchen, davon bin ich überzeugt.“ Das ist die Hoffnung eines großen Schriftstellers, aber es ist fraglich, ob sie die Zukunft des Buches beschreibt. Es könnte nämlich sein, dass der entstehende Markt für elektronisches Lesen nichts anderes ist als Symptom für die Entstehung einer erinnerungslosen Gesellschaft, der die eigene Herkunft ebenso gleichgültig ist, wie die Welt, die sie hinterlässt. [...]

Umberto Eco = italienischer Professor und Schriftsteller, bekannt für seinen historischen Roman „Der Name der Rose“

Aufgabe

1. Fassen Sie die Hauptaussagen der mit Überschriften versehenen Abschnitte jeweils in wenigen Sätzen zusammen.
2. Stellen Sie dar, welche Vermutungen über die zukünftige Entwicklung der Medien im Text geäußert werden und wie diese Vermutungen (Prognosen) im Einzelnen begründet sind.
3. Erläutern Sie schriftlich den Unterschied zwischen Texten und Büchern.

Basistext

Gerhaurd Lauer ist Literaturwissenschaftler und Professor für deutsche Philologie in Göttingen.

Gerhard Lauer: Am Ende das Buch – Lesen im digitalen Zeitalter (2012)

I. Zur Kritik der Medien

Neue Medien ziehen Kritik auf sich [...] Hören wir einer solchen Medienkritik genauer zu:

„Wir wollen einmal die neue Medienwelt an einem sonntäglichen Vormittag belauschen. – Sehen Sie dort den Jungen auf dem Sofa? Wie andächtig! Den Kopf auf die Hand gestützt. Vor ihm ein Buch. Die Augen verschlingen die Schrift. ‚Vielleicht ein Schulbuch oder ein gutes Buch aus dem väterlichen Bücherregal?!' – Ein iPad. Er spielt eine Stunde, er spielt noch eine. Endlich erhebt er sich, will sich anziehen und raus zu seinen Freunden gehen. Doch die Szene ist gar zu interessant. Er setzt sich wieder und spielt weiter. – Die Sonne scheint draußen. Er sieht begierig der Auflösung des Knotens entgegen und spielt weiter. – Die Sonne ist untergegangen."

Sie haben es bemerkt. Das ist gar keine aktuelle Kritik am Verhalten unserer Tage, sondern eine Medienkritik, die 200 Jahre alt ist und dem Buch galt. [...] Heute wären viele froh, wir hätten nur über das exzessive Lesen von Räuberromanen Grund zur Klage. Stattdessen sei die Situation viel schlimmer, so etwa der deutsche Philosophische Fakultätentag, weil im Zeitalter des Computers die Fähigkeit selbst unter Studenten verloren gegangen sei, sich länger auf einen komplexeren Gegenstand zu konzentrieren und ihn formulieren zu können. Verfall der Lesekompetenz, ja weltweites Lesenverlernen konstatieren Kritiker wie Nicholas Carr in seinem vielbeachteten Artikel von 2008. Wir verlieren, so Carr, die Fähigkeit zum vertieften Lesen, dem „Deep Reading", wie er sie nennt, und das betreffe nicht nur die Literatur, sondern auch die Auseinandersetzung mit anderen Künsten und den Wissenschaften. [...] Stirbt also das Buch und mit ihm die Fähigkeit zu lesen? [...]

II. Geschichte der Medienkritik

Medienkritik ist alt und meist verweist man mindestens auf Plato, um zu betonen, dass Klagen über den Verfall der Jugend und Kritik der medialen Erneuerung eine lange Tradition haben. Das ist richtig, verstellt aber den Blick auf die Besonderheiten der Moderne und des Buchs. Um das zu verstehen, schlage ich eine idealtypisierende Unterscheidung in drei Stadien der Medienkritik vor. In dieser Idealtypik steht die Antike für die Kritik an der Einführung des neuen Mediums der Schrift. Plato erzählt in seinem Dialog *Phaidros* den Theuth-Mythos, die Geschichte von der Einführung der Schrift im Alten Ägypten. Statt die Erfindung der Schrift zu feiern, beklagt Sokrates den mit der Schrift unvermeidlich einsetzenden Verfall:

„Denn diese Erfindung", lässt Plato Sokrates sagen, „wird der Lernenden Seelen vielmehr Vergessenheit einflößen aus Vernachlässigung des Gedächtnisses, weil sie im Vertrauen auf die Schrift sich nur von außen vermittels fremder Zeichen, nicht aber innerlich sich selbst und unmittelbar erinnern werden. Nicht also für das Gedächtnis, sondern nur für die Erinnerung hast du ein Mittel erfunden, und von der Weisheit bringst du deinen Lehrlingen nur den Schein bei, nicht die Sache selbst. Denn indem sie nun vieles gehört haben ohne Unterricht, werden sie sich auch vielwissend zu sein dünken, da sie doch unwissend größtenteils sind, und schwer zu behandeln, nachdem sie dünkelweise geworden statt weise."

Dieses antike Argument, nur den Schein, nicht aber die Sache selbst zu verstehen, läuft durch die Jahrhunderte bis heute, wenn wir darüber klagen, dass Google unser Gedächtnis ersetze und Schüler zwar alles nachschlagen, aber nichts verstanden haben. Auch wenn kaum noch jemand gegen die Einführung der Schrift polemisieren und der antiken Höherschätzung der Geheimlehren für die ganz, ganz Wenigen das Wort reden würde, so findet sich das Argument auch heute. Das neue Medium Computer lenke uns von der wesentlichen Durchdringung der Gegenstände ab. Die Schüler seien zwar vielwissend, hätten aber deshalb noch lange kein Wissen, – das ist die moderne Variante der antiken Hochschätzung esoterischer Arkana gegenüber den bloßen Meinungen der Vielen. So gängig ein solches, gewiss altes Argument ist, so wenig ist diese antike Medienkritik schon mit der unseren heute gleichzusetzen.

In einer zweiten idealtypischen Konzeptualisierung lässt sich die mittelalterliche und besonders frühneuzeitliche Kritik der Bücher von dieser antiken Kritik der Schrift unterscheiden. Hier ist nicht die Schrift strittig, denn das würde dem christlichen Offenbarungsanspruch widerstreiten, sondern die Frage, wer die Bücher lesen darf. Solange nur sehr wenige schreiben konnten, die Materialien für die Codices teuer und selten waren, beschränkten sich etwa die mittelalterlichen Universitäten darauf, die Studenten beim Verlassen der Universitätsstädte zu kontrollieren, damit sie keine nur an diesem Ort vorhandene Bücher mitnahmen und damit Konkurrenzstandorte stärker konnten. Mit der Reformation und dem Buchdruck wird freilich etwa ab dem 16. Jahrhundert das Lesen höher bewertet und leichter zugänglich. Weil Lesen getrennt vom Schreiben unterrichtet wurde, übersprangen das Lesen, manchmal auch das Schreiben und das einfache Rechnen die Mauern der Lateinschulen und Universitäten. Nun beginnen auch die Schlachtersknechte und Karrenführer, die Handwerkersfrauen und ihre Töchter mal in Winkelschulen, mal in landesherrlichen Anstalten wenigstens etwas Lesen zu lernen, mit freilich großen regionalen Unterschieden. [...]

Codices = handgeschriebene Bücher, wie sie vor der Erfindung des Buchdrucks üblich waren

„Lesen können hatte sich noch nie also so nützlich erwisen wie jetzt", schreibt der Grammatiker Valtentin Ickelsamer in seiner Schrift *Die rechte weis auffs kürtzist lesen zu lernen* 1527, „da jeder deshalb lesen lerne, damit er GOTTES Wort und Auslegung selber lesen und umso besser darüber urtheilen könne".

Aber das ist zumal im Zeitalter der Konfessionalisierung so eine Sache, wenn jeder selber liest und selber urteilt, was Gottes Botschaft sei. Und so setzt die frühneuzeitliche Medienkritik daran an, dieses Selbstlesen zu regulieren, und zwar durch die Instanz des Hausvaters. Er, der über die formal höchste Bildung verfügt, entscheidet darüber, wer wie viel lesen lernen darf und wer welche Bücher in die Hand bekommt. Noch für Christian Wolff, den großen Aufklärer und Schüler Leibniz', war es selbstverständlich, dass der Hausvater die Lesewut und die daraus folgende Gefahr, auf falsche Gedanken zu kommen, zu regulieren habe und also entscheide, was seine Ehefrau, die Kinder und das Gesinde jeweils lesen dürfen. Auch hier kehrt das Argument wieder, dass die unkontrollierte Lektüre moralisch verheerend wirke, weil insbesondere Frauen und die Jugend ohne männliche Anleitung nicht verstünden, was sie da lesen. [...]

Aber noch etwas muss dazukommen, damit unsere spezifisch moderne Lesekritik formuliert werden kann, die über die Kritik am mangelnden Verstehen und den moralisch problematischen Folgen des unkontrollierten Lesens hinausgeht. Das ist die Bedeutung des Buchs als Freund. Erst im 18. Jahrhundert und dann in der Masse im 19. Jahrhundert, als der Buchdruck durch Rotationsdruckmaschinen und billiges Papier erschwinglich für Jedefrau und Jedermann wird, ist das Buch mehr als nur ein Instrument der Erbauung, der gelegentlichen Ablenkung oder ein Wissensspeicher. Es wird zum Freund, demjenigen, der ausspricht, was man vage denkt und noch undeutlicher fühlt, das einen versteht und dieses „je ne sais quoi", dieses „ich weiß nicht, was soll es bedeuten" auszudrücken vermag, was sonst niemand um mich herum kann. Und wenn die ganze Welt mich nicht versteht, mein Buch tut es. Mit ihm rede ich, über es schreibe ich meine Briefe und vergieße meine Tränen darüber. [...]

Vor dem Hintergrund dieser kurzen Geschichte des Lesens und der Medienkritik wird deutlicher, worum es in der Debatte um die Zukunft von Buch und Lesen überhaupt geht. Da sind die traditionellen Argumente, die das mangelnde Verstehen des Gelesenen beklagen und auf eine Regulierung durch zumeist männliche Bildungsautoritäten setzen. Und da sind die spezifisch modernen Argumente. Nach ihnen können die Leserinnen und Leser nicht mehr unterscheiden, ob sie in der erfundenen Welt oder der wirklichen leben, ja sie verlieren sich so sehr in der erfundenen Welt, dass sie darüber alles andere vernachlässigen, die Freunde genauso wie die körperliche Bewegung und also unweigerlich dumm und dick werden. Das Argument haben also Medienkritiker wie aktuell Manfred Spitzer nicht erfunden. [...]

III. Was ändert sich gerade

Damit sind wir in der Gegenwart angekommmen. Was ändert sich gerade unter den Bedingugnen der digitalen Gesellschaft, was ist anders geworden? Verschwindet das Buch, wird nicht mehr gelesen und werden wir in der Folge also dümmer. Dicker und asozialer, zumindest unsere Jungens? Meine Antwort auf diese Frage ist ein Nein. [...]

Es gilt, dass die mit der Industrialisierung einhergehenden Durchdringung der Gesellschaft mit immer neuen Medien und Medienformaten nicht in eine gesamtgesellschaftliche Verdummung geführt hat. Wir müssen eher mehr lesen, komplexere Abläufe verstehen und mehr Sprachen sprechen, gerade im digitalen Zeitalter. Und das macht eher ein bisschen gescheiter als dümmer. Noch genauer: die digitale Welt macht die ein bisschen gescheiter, die sowieso gut im Lesen und nicht nur im Lesen sind. Denn ein ganz erheblicher Teil der Leserinnen und Leser hat gar kein Problem mit den neuen Medien. Weder das Aufkommen der Heftromane, des Rundfunks oder des Fernsehen und selbst der digitalen Medien überfordert alle. Noch nie gab es so viele Bücher, so viele Genres, so viele Medien und so viele Menschen, die damit gut zurechtkommen und in derselben Zeit mehrere Medien nutzen als frühere Generationen. [...] Sie lesen, sie hören Rundfunk, wählen ihr Fernsehprogramm aus, haben viele DVDs und sind auch unterwegs online, lesen ihre Mails auf dem Handy, und eine überregionale Tageszeitung haben sie auch noch abonniert. Ob sie die auf dem iPad lesen oder gedruckt, ist mehr eine Frage der Gelegenheit denn der Einstellung. [...]

Ein erster Befund lautet also: Nicht das Lesen stirbt aus, es wird anders, diverser und das mit großer Geschwindigkeit.

IV. Medien und kein Ende

Damit komme ich zum Schluss, zum Ausblick auf die Zukunft des Buchs und seiner Leser im digitalen Zeitalter. Da die Zukunft notorisch ungewiss ist, kann es nur um Vermutungen gehen. [...] Es spricht einiges dafür, dass wir nicht mehr in einer Kultur leben, die als Buchkultur angemessen beschrieben wäre. Eine Lesekultur dagegen haben wir mehr denn je. Das fängt beim Vorlesen an, denn hier sind schon ganz unterschiedliche Bücher in den Händen der Eltern und Kinder, gedruckte und E-Books, Tablets und Kinderbuch-Apps. Ein erster Befund lautet einmal mehr, dass der Gegensatz zwischen gedrucktem und digitalem Lesen für die großen und kleinen Leser gar nicht wichtig ist. Nur die Medienkritik hält an ihm beharrlich fest. Wenn aber nicht mehr das Buch unsere Kultur integriert, sondern sehr unterschiedliche Bücher, die oft gar nicht mehr wie Bücher aussehen, dann steht zu erwarten, dass zum Lesen im digitalen Zeitalter gehört, in verschiedenen Formaten lesen zu können. Diese Fähigkeit wird in den nächsten Jahren vermutlich noch mehr gebraucht werden als jetzt schon. Und dass dies kein einfacheres Lesen ist, steht zu erwarten.

[...] Schon unsere Kinder wechseln mit einer nie zuvor gekannten Behändigkeit zwischen den Büchern, den digitalen Medien und den Sprachen dieser Welt. Sie verknüpfen Buch, Film und Lego-Spielzeug und verkleiden sich als Harry Potter und Hermine Granger, als wäre es die größte Selbstverständlichkeit der Welt. Die da lesen, spielen auch und schauen auch, aber sie schreiben auch, drehen Filme und programmieren mit Programmen wie „Scratch" Computerspiele selbst. „Prosumer" nennt man diese Verbindung von Konsument und Produzenten in der digitalen Welt. Sie erlaubt es, mit einer bisher nicht gekannten Geschwindigkeit, neue Genres und neue Gattungen aus der Kreuzung bekannter herzustellen. Parodierende Youtube-Filme auf alle möglichen Medienereignisse sind heute schon millionenfach zu finden. Die Digitalisierung des Lesens multipliziert dieses Surfen zwischen den Medien und Formaten, einfach weil alles am Ende digitale Daten sind, die fast ohne Grenze ineinander überführbar sind. Cervantes, der sich kaum vorstellen konnte, dass sein Roman ohne sein Zutun weiter gedichtet werden würde, hätte sich nicht träumen lassen, wie behänd heute schon Kinder weiterschreiben. [...]

Miguel de Cervantes (1547–1616) = spanischer Schriftsteller, bekannt für seinen Roman „Don Quijote"

Ob aus dieser Dynamik, ja vielleicht sogar Explosion der Lesewelten ein qualitativ anderes Lesen einmal wird, wissen wir nicht. Abzusehen ist freilich schon heute, wie sehr sich die Grenzen zu anderen Formaten verlieren, sei es zu den visuellen, sei es auch bald schon zu den virtuellen. Der Hunger nach Geschichten von Rosamunde Pilcher bis Franz Kafka wird nicht weniger werden, [...]

Vielleicht geht also gerade das Zeitalter des Buches zu Ende, das des Lesens geht aber weiter. Denn was ziemlich gleich bleibt, das sind wir, die Leser.

Aufgabe

1. Arbeiten Sie den Argumentationsgang des Textes heraus.
2. Fassen Sie die Grundthese Lauers in einem Satz zusammen.
3. Vergleichen Sie Lauers Prognosen mit denen Wolfgang Frühwalds. Ordnen Sie die Position der beiden auf einer Skala zwischen sehr pessimistisch (1) und sehr optimistisch (6) ein.
4. Improvisieren Sie ein kurzes Gespräch zwischen Wolfgang Frühwald und Gerhard Lauer, in denen sich die beiden über die Zukunft des Buches und des Lesens Gedanken machen.

Tipp zur Weiterarbeit

1. Machen Sie die Probe auf Wolfgang Frühwalds Thesen. Lesen Sie die Gedichte, die im Gedicht von H. M. Enzensberger (vgl. S. 59) erwähnt werden, einmal im Buch nach, einmal im Internet. Stellen Sie einen Unterschied fest?
2. Lesen Sie das Gedicht von Robert Gernhardt, das Sie unter dem Online-Code abrufen können. Bewerten Sie die Stichhaltigkeit der Argumente vor dem Hintergrund von Gerhard Lauers Text.
3. Schreiben Sie einen kurzen Essay über die Zukunft des Buches auf der Basis der Texte von H. M. Enzensberger, Wolfgang Frühwald, Gerhard Lauer und Robert Gernhardt.

Zusatztexte
- Robert Gernhardt: *Das Buch*

hx48ur

3 „Braucht kein Mensch“ – Medienkritik

Impulstext

Aufgabe

1. Beschreiben Sie die Karikatur von Christian Born und formulieren Sie ihre Aussage schriftlich.
2. Geben Sie der Karikatur einen Titel, der ihre Aussageabsicht trifft.
3. Diskutieren Sie, ob bzw. inwiefern sich die Karikatur mit gängiger Kritik am Medienverhalten insbesondere von Kindern und Jugendlichen deckt.

Basistext

Der Hirnforscher Manfred Spitzer breitet immer wieder in zahllosen Veröffentlichungen, Interviews oder Talkshows seine Ansichten zum Medienkonsum Jugendlicher aus. Seine Meinungen sind unter Fachleuten umstritten. Häufig wird ihm einseitige, tendenziöse Auswahl von Fakten und Untersuchungen vorgeworfen.

Hirnforscher Manfred Spitzer: „Kinder lernen besser ohne Computer“ (2007)

Prügeleien auf dem Pausenhof, verzweifelte Lehrer, apathische Schüler. Manfred Spitzer wundert das nicht: Moderne Elektronik lasse die Jugend verblöden.

Herr Spitzer, von Ihnen stammt die Aussage, dass wir Westeuropäer in 30 Jahren die T-Shirts für China nähen werden. Was treibt einen Hirnforscher zu solcher Panikmache?
Das ist keine Panikmache, sondern die absehbare Folge unbestreitbarer Fakten.
Der wirtschaftliche Erfolg eines Landes hängt letztlich vom Bildungsniveau ab, und das Bildungsniveau steht in direktem Zusammenhang mit dem Fernsehkonsum. Der massiv gestiegene Fernsehkonsum unserer Kinder bedroht – nach allem, was wir wissen – unsere wirtschaftliche Zukunft.

Was soll die Glotze mit der Bildung zu tun haben?
Es gibt Untersuchungen, die den Zusammenhang belegen. Eine der besten kam aus Neuseeland: Dort hat man mehr als 1000 Menschen vom Babyalter an 30 Jahre lang begleitet und auch ihren TV-Konsum dokumentiert. In der

Gruppe, die im Alter von fünf Jahren weniger als eine Stunde täglich ferngesehen hat, haben heute mehr als 40 Prozent einen Hochschulabschluss; knapp zehn Prozent sind Schulabbrecher. In der Gruppe mit über drei Stunden Fernsehen täglich sind nur knapp zehn Prozent Hochschulabgänger, aber 25 Prozent Schulabbrecher.

Das sagt doch nur, dass die Dummen häufiger fernsehen und dadurch auch nicht klüger werden.
Man kann individuelle Faktoren wie den IQ oder die finanzielle Situation von Familien herausrechnen, und trotzdem bleibt der Zusammenhang zwischen TV-Konsum und Bildungsabschluss bestehen. Wenn man jetzt weiß, dass der TV-Konsum deutscher Kinder heute bei etwa drei Stunden am Tag liegt, dann sind diese Kinder vergleichbar mit jener „Verlierer“-Gruppe in Neuseeland. Sie können also leicht ausrechnen, wo wir in 30 Jahren mit unserem Bildungsniveau und unserer wirtschaftlichen Leistungsfähigkeit stehen.

Warum ist Fernsehen so schädlich?
Weil es die Gehirnentwicklung behindert. Als Metapher benütze ich dafür gerne die Spuren im Schnee: Im Gehirn laufen ständig Impulse über die Synapsen der Nervenzellen; das passiert schon im Mutterleib, wenn das Ungeborene seine Umwelt ertastet oder Geräusche hört. Wenn solche Impulse immer wieder ähnlich ablaufen, entstehen quasi Spuren, zunächst in den einfachen Arealen, dann in den komplexeren, und je öfter diese Spuren benutzt werden, umso mehr verfestigen sie sich, wie bei einem Trampelpfad im Tiefschnee. Diese Spurenbildung nennen wir Lernen.

Wäre da nicht gerade das Fernsehen mit seiner Überfülle an Geräuschen und Geschehen ein wunderbares Stimulans zur Spurenbildung?
So denken viele, aber das ist nicht der Fall. Denn aus dem Gerät quillt nur ein schlecht koordinierter Bild- und Ton-Brei. Der Ton kommt aus versteckten Lautsprechern und stimmt oft nicht mit dem Bild überein. Ein erwachsenes Gehirn kann diese Lücken von selbst füllen, weil schon genügend Spuren gelegt sind. Aber stellen Sie sich ein Babygehirn vor, das gerade erst dabei ist, den Tastsinn, den Hörsinn, den Geruchsinn zu kalibrieren, um überhaupt erst mal zu begreifen, was ein Objekt ist. Im Gehirn entstehen dadurch nur unscharfe Spuren.

Fernsehen macht nicht nur dumm, sagen Sie, sondern auch gewalttätig.
Genau, und zwar wiederum dosisabhängig: Je höher der Fernsehkonsum in jungen Jahren, umso höher die Gewaltbereitschaft, umso höher die Wahrscheinlichkeit, im Knast zu landen.

Da konstruieren Sie aber sehr zweifelhafte Kausalitäten.
Überhaupt nicht, die Datenlage aus unzähligen Studien ist überwältigend. Nur ein Beispiel: In den neunziger Jahren untersuchte man in den USA 700 Familien aus dem ländlichen Milieu – also die heile, religiös geprägte Welt der weißen Mittelschicht. Man hat den TV-Konsum der Kinder ermittelt und das mit der realen Gewalt anhand von Polizeiakten in Beziehung gesetzt. Und siehe da: Wer mehr fernsieht, taucht auch öfter in den Akten auf; das gilt auch für Mädchen und für die ursprünglich ganz Friedlichen, selbst die treibt das Fernsehen zu Gewaltausbrüchen.

Warum steigert das Fernsehen die Gewaltbereitschaft?
Wenn ein Amerikaner 18 ist, hat er im Schnitt 32 000 Morde im Fernsehen gesehen, bei Kabelanschluss sogar mehr. Diese Sinneseindrücke werden im Gehirn nicht einfach abgelegt, sondern ständig weiter verarbeitet. Dazu muss man wissen, dass von zehn Millionen Verbindungsfasern von Nervenzellen im Gehirn nur eine einzige hinein- oder hinausführt, also sozusagen auf Außenkontakte angelegt ist. Die anderen 9 999 999 Verbindungen sind gehirninterne Verbindungen, über die äußere Eindrücke weiterverarbeitet werden. Und wenn Sie 32 000 TV-Morde intus haben, beschäftigt sich Ihr Gehirn zwangsläufig damit, ob Sie es wollen oder nicht. […]

Also alle Fernsehgeräte auf den Müll?
Nein, aber auf jeden Fall außerhalb der Reichweite von Kindern und Jugendlichen, so dass sie nicht wahllos und unkontrolliert viel schauen. […]

Gilt Ihre Ablehnung auch für Computer?
Ja, auch die tun der geistigen Entwicklung der Jüngeren nicht gut. Ich rate davon ab. […]

Sie würden alle Computer von der Schule verbannen?
Ich würde erst gar keine anschaffen und das Geld lieber für zusätzliche Lehrer ausgeben. Die Geräte veralten doch so schnell, dass man im Grunde in Müll investiert. In Baden-Württemberg haben wir letztlich mehr als 200 Lehrer-Stellen nur für die Administration der Computer, das ist ein Skandal. Die sollten besser mit den Kindern arbeiten.

Schule ohne Computer – damit ruinieren Sie die berufliche Zukunft vieler Kinder. Wenn die erst mit 18 anfangen, ist es längst zu spät.
Das ist nun wirklich Quatsch. Das Auto braucht man auch für viele Berufe, und trotzdem lernt man Autofahren nicht in der Schule. Aber Bill Gates hat es geschafft, dass seine Produkte Word, Powerpoint und Excel heute quasi zu Schulfächern erhoben wurden. Mein Sohn hat unlängst eine Note Abzug für ein Referat bekommen, nur weil er normale Folien zur Präsentation benützte und nicht Powerpoint. Wenn das nicht so skandalös wäre, müsste man Bill Gates dafür gratulieren.

Wenn Sie Schulminister wären, würden wir in 30 Jahren wirklich nur noch T-Shirts für China nähen.
Es ist genau umgekehrt: Wenn wir unsere Kinder schon mit zwölf so verdummen lassen, dann sind sie mit 19 gerade mal noch imstande, den nächsten Bildschirm aus China zu kaufen, weil sie kein Weltwissen mehr haben. [...]

Warum schaffen es trotzdem so wenige Lehrer, diesen Spaß am Lernen in den Kindern zu wecken?
Die übliche Lehrerschelte in den Medien halte ich für ungerechtfertigt, es gibt sehr viele sehr gute Lehrer. Aber sie haben es auch nicht leicht. Früher mussten Kinder bei der Heuernte und beim Kartoffellesen helfen, da war Schule für sie eine spannende Alternative. Heute gilt alles andere als viel spannender und die Schule nur noch als langweilig. Für viele Schüler ist Schule heute eine unangenehme Unterbrechung ihrer Freizeit, und die besteht nun mal häufig aus Fernsehen und Computerspielen.

Allerschlechteste Lernvoraussetzungen also.
Ja. Freiburger Kollegen haben dazu vor einigen Jahren eine interessante Studie gemacht. An mehr als 200 Schülern maßen sie während 23 Stunden Herzfrequenz, Blutdruck und Hautwiderstand, also Größen, die über die emotionale Erregtheit Auskunft geben. Ergebnis: Während die Schüler immer wieder behaupten, sie hätten großen „Schulstress", sind sie rein physiologisch kurz vor dem Tiefschlaf, ihre emotionale Beteiligung ist vollkommen am Boden. Am Nachmittag dagegen vor dem Bildschirm gehen die Emotionen rauf und runter, aber die Kinder sagen, sie würden sich dabei entspannen. Was können Lehrer noch tun, wenn sie vor dösenden, übermüdeten Kindern stehen, die erst wieder beim Computerspiel am Nachmittag richtig aufwachen?

Sie können doch Lehrer nicht pauschal von ihrer Verantwortung freisprechen.
Will ich auch nicht, die mit Abstand wichtigste Variable für den Lernerfolg ist der Lehrer. Aber die schwache Aufnahmebereitschaft und -fähigkeit der Schüler ist ein wichtiges Faktum. [...]

Aufgabe

1. Stellen Sie den Zusammenhang zwischen TV-Konsum und Bildungsabschluss in Ihren eigenen Worten dar.
2. Erläutern Sie, weshalb Fernsehen bzw. der Bildschirm – laut Spitzer – schädlich ist. Stellen Sie mögliche Gegenargumente zusammen.
3. ! Halten Sie alle Aussagen Spitzers zur Schule schriftlich in Stichworten fest. Wie bewerten Sie die Meinungen vor dem Hintergrund Ihrer Erfahrungen?
4. ! Untersuchen und bewerten Sie die Sprache des Interviewten wie des Interviewers.
5. ! Nehmen Sie in Form eines Leserbriefs oder einer Glosse zu den Aussagen Spitzers über die Schule Stellung.

Aufbautext

Gerhard Lauer: Computerspielen macht nicht notwendig dumm (2012)

[…] Das gilt gleichermaßen, wenn von den Verlierern der digitalen Welt zu sprechen ist, jenen ca. 15 bis 20 Prozent, denen nicht vorgelesen wird, die nicht lernen mit Medien umzugehen, sondern vernachlässigt vom vierten Stock aus auf laute Straßen schauen und dann in Computerspielen oder abgründigen Diskussionszirkeln mehr Ansprache finden als sonst irgendwo. Wer nicht gelernt hat, sich auf das Fahrrad zu schwingen, um einen Freund zu besuchen, nicht im Fußballverein, in der Theater-AG oder in einer Musikgruppe mitspielt, und also nicht viel mehr kann als abzuhängen, findet in Computerspielen und im Internet jene Verstärkung, die asoziale Verhaltenseigenschaften fördert. Computerspiele können also sehr wohl für diese meist männlichen Jugendlichen, denen keiner vorliest, fatale Auswirkungen haben. Sie treiben eine Brutalität unter die Oberfläche, die dann nur einen kleinen Anlass braucht, um zuzuschlagen. Sich ständig extremen Gewalt- und Sexdarstellungen auszusetzen hat hier fatale Folgen. Das gilt auch für die Nutzung sozialer Netzwerke. Facebook scheint ganz ähnlich katalytisch verstärkend zu wirken. Für diejenigen, die nach Anerkennung suchen, die sie sonst nicht bekommen, impulsiv sind, weil sie niemanden haben, der egal was sie machen, zu ihnen hält, für die sind Computerspiele und ist auch Facebook eine dauernde Ablenkung nach unten, die eine Abwärtsspirale nur beschleunigt. Pseudo-Freundschaften werden in Zahlen von über 200 bis 400 „Freunden" demonstriert, denen keine soziale Wirklichkeit entspricht. Das Abfilmen von Schlägereien und das dann in Netzwerken wie Facebook zu verbreiten, dient nur der Demütigung anderer. Suchtartiges Verhalten kommt da auf.

katalytisch = wie durch eine Katalyse (Stoffumsetzung) bewirkt

Für die sozial Aktiven dagegen intensiviert Facebook auch deren reale Kontakte. Insofern reflektieren Facebook-Profile die aktuellen Persönlichkeitsmerkmale, die guten wie die schlechten. Wir wissen aus einer Reihe von Studien, dass Medien nicht neue Persönlichkeitsmerkmale erfinden. Aber vorhandene Persönlichkeitsmerkmale können sehr wohl verlagert oder verstärkt werden. Darin sind Medien gefährlich oder auch nützlich. Lässt man Leute Filme sehen oder Bücher wie *Harry Potter* lesen, in denen Magie vorkommt, und testet sie danach, für wie plausibel sie es halten, dass vielleicht doch ein bisschen Magie auch im wirklichen Leben möglich wäre, dann steigt die Vermutung, das könnte doch ein bisschen möglich sein im Vergleich zu Gruppen, die nicht *Harry Potter* gesehen oder gelesen haben. Lässt man Leute dagegen Geschichten von Hooligans lesen, die nur auf die nächste Schlägerei warten und keine schwierigere Aufgabe zu lösen haben als das Öffnen einer Bierflasche, dann schneiden diese Leser im Vergleich mit Kontrollgruppen in Intelligenztest signifikant schlechter ab. Man kann sich auch dumm lesen, ob mit Büchern, Computerspielen oder Facebook. Aber das sind temporäre Verlagerungen von Persönlichkeitsmerkmalen und sie wirken dauerhaft nur dann, wenn sie mit anderen sozialen Entwertungen regelmäßig zusammengehen. Computerspiele sind also gefährlich für diejenigen, die schon gefährdet sind, die keiner in den Arm nimmt. […]

Die einen gewinnen durch die neuen Medien, die anderen verlieren deutlich. Die schiere Exposition drastischer Gewalt- und Sexdarstellung wirkt auf diese Gruppe verheerend, während sonst die Gewalt in Gesellschaften wie der deutschen eher abnimmt. Und das, obgleich nicht nur in Computerspielen, sondern selbst in der Hochliteratur die Darstellungen von Gewalt und Sexualität deutlich zugenommen hat. Wie der Sozialpsychologe Christopher J. Ferguson anmerkt, berücksichtigen die Studien, die direkt vom Computerspielen auf einen Anstieg gewalttätigen Verhaltens schließen, jene Faktoren von Vernachlässigung und Gewalt in Familien nicht, die zu berücksichtigen wären. Sonst könnte man auch nicht erklären, warum einerseits fast jeder Junge heute Computer spielt, aber die Gewalt deshalb nicht nach oben geschnellt ist.

Exposition = Ausstellung, Zurschaustellung

Anders gesagt: Computer ersetzen keine Eltern, keine Freunde und keine Lehrer. Im Gegenteil, denn die da so „twittern", „gamen" oder „liken", haben von sich aus wenig Ahnung davon, wie mit Computer und Internet umzugehen ist. Wenn ihnen das niemand beibringt, wenn niemand sagt, dass jetzt genug Zeit vor dem Rechner verbracht worden ist, dann kann man auch vor dem Computer dumm werden, das ist keine Frage. Aber das ist nicht auf den Computer beschränkt, noch hängt es am Übergewicht des Visuellen, das man dem Computer nachsagt. Auch Bilderbücher ersetzen ja nicht das konzeptuelle Begreifen der Welt. Und doch würde niemand Bilderbücher verurteilen, sondern sagen, dass visuelle, körperliche und intellektuelle Erfahrung mit der Welt gleichermaßen eingeübt werden müssen. Das gilt immer noch, zumal in einer Welt, die eher komplexer als einfacher wird, in der viel schneller visuelle und intellektuelle Anforderungen ineinander übergehen. Das nennen wir Erziehung und die fängt immer noch mit dem abendlichen Vorlesen für unsere Kinder an.

[…]

Aufgabe

1. Erläutern Sie die Position Gerhard Lauers hinsichtlich der Auswirkungen von Computerspielen und Internet.
2. Vergleichen Sie seinen Argumentationsgang mit den Argumenten von Manfred Spitzer. Berücksichtigen Sie dabei die unterschiedlichen medialen Formen. (Der Text Lauers basiert auf einem Vortrag von 2012.)
3. Verfassen Sie einen Kommentar, in der Sie Stellung beziehen zu den Einflüssen der Neuen Medien auf den Alltag. !

Basistext

Kathrin Passig: Standardsituationen der Technologiekritik (2009)

landesherrliches Edikt = Erlass des Landesfürsten

Mikroprozessor = standardisierter Baustein eines Computers

Interregnum = Zwischenherrschaft

Der Anthropologe Brent Berlin und der Linguist Paul Kay beschrieben 1969 in einer Studie über die Farbbezeichnungen unterschiedlicher Kulturen die immer gleiche Abfolge der beobachteten Entwicklungsstufen. Kulturen mit nur zwei Farbbegriffen unterscheiden zwischen „hellen“ und „dunklen“ Tönen. Kennt eine Kultur drei Farben, ist die dritte Farbe Rot. Wenn sich die Sprache weiter ausdifferenziert, kommt zuerst Grün und/oder Gelb und danach Blau hinzu. Alle Sprachen mit sechs Farbbezeichnungen unterscheiden Schwarz, Weiß, Rot, Grün, Blau und Gelb. Die nächste Stufe ist Braun, dann erscheinen in beliebiger Reihenfolge Orange, Rosa, Violett und/oder Grau, ganz zum Schluss taucht Hellblau auf.

Die Reaktion auf technische Neuerungen folgt in Medien und Privatleben ähnlich vorgezeichneten Bahnen. Das erste, noch ganz reflexhafte Zusammenzucken ist das „What the hell is it good for?“ (Argument eins), mit dem der IBM-Ingenieur Robert Lloyd 1968 den Mikroprozessor willkommen hieß. Schon Praktiken und Techniken, die nur eine Variante des Bekannten darstellen – wie die elektrische Schreibmaschine als Nachfolgerin der mechanischen –, stoßen in der Kulturkritikbranche auf Widerwillen. Noch schwerer haben es Neuerungen, die wie das Telefon oder das Internet ein weitgehend neues Feld eröffnen. Wenn es zum Zeitpunkt der Entstehung des Lebens schon Kulturkritiker gegeben hätte, hätten sie missmutig in ihre Magazine geschrieben: „Leben – what is it good for? Es ging doch bisher auch so.“

Weil das Neue eingespielte Prozesse durcheinanderbringt, wird es oft nicht nur als nutzlos, sondern als geradezu lästig empfunden. Der Student Friedrich August Köhler schrieb 1790 nach einer Fußreise von Tübingen nach Ulm: „Zwar wurden vermöge eines landesherrlichen Edicts überal Wegezeiger errichtet, aber ihre Existenz war kurz, weil sie der ausgelassene Pöbel an den meisten Orten zerstörte, welches besonders in den Gegenden der Fall ist, wo die Landleute zerstreut auf Höfen wohnen und wenn sie in Geschäften nach der nächsten Stadt oder dem nächsten Dorf kommen, meistens betrunken nach Hause kehren und weil ihnen der Weg bekanndt ist, Wegezeiger für eine unnöthige Sache halten.“

Ähnlich unbegeistert scheinen die Pariser die 1667 unter Louis XIV. eingeführte Straßenbeleuchtung begrüßt zu haben. Dietmar Kammerer vermutet in der *Süddeutschen Zeitung*, es habe sich bei der häufigen Zerstörung dieser Laternen um einen Protest der Bürger gegen den Verlust ihrer Privatsphäre gehandelt, weil ihnen klar war, „das ist eine Maßnahme des Königs, um die Straßen unter seine Kontrolle zu bringen“. Eine einfachere Erklärung wäre, dass der Bürger auf unbeaufsichtigt in der Gegend herumstehende Neuerungen generell aggressiv reagiert. Zuletzt war es die Deutsche Bahn, die erklärte, der anfängliche Vandalismus an ihren auffälligen Leihfahrrädern habe mittlerweile nachgelassen, die Einwohner hätten sich „an den Anblick der Räder gewöhnt“.

Wenn sich herausstellt, dass das neue Ding nicht so überflüssig ist wie zunächst angenommen, folgt das kurze Interregnum von Argument zwei: „Wer will denn so was?“ „That’s an amazing invention“, lobte US-Präsident Rutherford B. Hayes 1876 das Telefon, „but who would ever want to use one of them?“ Und von Filmstudiochef Harry M. Warner ist die um 1927 gestellte Frage überliefert: „Who the hell wants to hear actors talk?“

Aufgabe

1. Lesen Sie den Beginn von Kathrin Passigs Artikel „Standardsituationen der Technologiekritik“ und stellen Sie dar, welches Ziel sie mit ihrem Beitrag verfolgt.

! 2. Beschreiben Sie den Aufbau der Darstellung von Passig:
- Wie führt sie die Standard-Argumente ein?
- Wie belegt bzw. widerlegt sie die Gültigkeit dieser Argumente?

! 3. Untersuchen Sie die sprachliche Gestaltung des Textes.

4. Ergänzen Sie die folgende Übersicht zu den von Passig erkannten Standard-Argumenten, indem Sie die Beispiele an die richtige Stelle der Tabelle einordnen. Überprüfen Sie anschließend Ihre Lösung anhand des hier nicht abgedruckten Auszugs aus Passigs Artikel, den Sie unter dem Online-Code finden.

Zusatztexte
- Kathrin Passig: *Standardsituationen der Technologiekritik*

9us43b

A Das Herumsitzen in Cafés mit aufgeklapptem Computer wird von Gastronomen nicht gern gesehen.

B „Computer für Kinder – das macht Apfelmus aus Gehirnen."

C „Die Prosa eines mit dem PC arbeitenden Poeten zeichnet sich für Kenner wiederum dadurch aus, dass sie unmerklich die Furcht vor dem Absturz prägt."

D „Das Internet ist eine Mode, die vielleicht wieder vorbeigeht."

E „Das Internet wird die Politik nicht verändern."

Argument	*Darstellung Passigs*	*Beispiel*
3	Im Angesicht der Faktenlage – irgendwer will das Telefon dann ja doch benutzen – einigt man sich schließlich auf Argument drei: „Die Einzigen, die das Neue wollen, sind zweifelhafte oder privilegierte Minderheiten."	„Frauen interessieren sich weniger für Computer und scheuen die unpersönliche Öde des Netzes. […] Dem Internet fehlt daher eine maßgebende Käuferschicht."
4	Einige Zeit später ist nicht mehr zu leugnen, dass das neue Ding sich einer gewissen Akzeptanz nicht nur unter Verbrechern und Randgruppen erfreut.	
5	Statt der Existenz des Neuen kann man danach noch eine Weile (Argument fünf) dessen Auswirkungen leugnen.	
6	Etwas später ist nicht mehr zu leugnen, dass das Neue sich weiter Verbreitung erfreut, keine Anstalten macht, wieder zu verschwinden, und sogar kommerziell einigermaßen erfolgreich ist. Es ist also im Prinzip ganz gut, aber, so Vorwurf Nummer sechs, nicht gut genug.	„Wer das Internet regelmäßig nutzt, hat also trotz der preiswerten Verbindungen eine spürbar erhöhte Telefonrechnung. Die Kosten für den einzelnen User werden weiter steigen."
7	„Schwächere als ich können damit nicht umgehen!", lautet Argument sieben.	
8	Im Zusammenhang mit der Erziehung anderer zur richtigen Nutzung des Neuen stehen die jetzt auftauchenden Etikettefragen (Argument acht).	
9	Hat die neue Technik mit Denken, Schreiben oder Lesen zu tun, dann verändert sie, Argument neun, ganz sicher unsere Denk-, Schreib- und Lesetechniken zum Schlechteren.	

"Can't I just email you a link to my blog, miss?"

Aufgabe

1. Erläutern Sie die Karikatur. Beziehen Sie Ihre bisherigen Erkenntnisse über „digital immigrants" und „digital natives" mit ein.

Basistext

Kathrin Passig: Missmut über das Neue (2009)

Das eigentlich Bemerkenswerte am öffentlich geäußerten Missmut über das Neue aber ist, wie stark er vom Lebensalter und wie wenig vom Gegenstand der Kritik abhängt. Dieselben Menschen, die in den Neunzigern das Internet begrüßten, lehnen zehn Jahre später dessen Weiterentwicklungen mit eben jenen damals belächelten Argumenten ab. Es ist leicht, Technologien zu schätzen und zu nutzen, die einem mit 25 oder 30 Status- und Wissensvorsprünge verschaffen. Wenn es einige Jahre später die eigenen Pfründen sind, die gegen den Fortschritt verteidigt werden müssen, wird es schwieriger.

Zur Bewältigung dieses Problems gibt es zwei Ansätze: In der schlichteren Variante kann man zumindest versuchen, den Gebrauch der Standardkritikpunkte zu vermeiden, insbesondere dann, wenn man sich öffentlich zu Wort meldet. Die hier versammelten Einwände gegen neue Technologien sind nicht automatisch unberechtigt – es ist lediglich nicht sehr wahrscheinlich, dass man damit valide Kritikpunkte identifiziert. Wenn jeder dieser Schritte einen realen Niedergang beschriebe, wäre die Welt eine von M. C. Escher gezeichnete Treppe.

Die mühsamere Therapie heißt Verlernen. Denn niedere Statuszugewinnabsichten sind nicht der Hauptgrund für die Neophilieunterschiede zwischen den Generationen. Der erwachsene Mensch kennt einfach zu viele Lösungen für nicht mehr existierende Probleme. Dazu kommt ein Hang zum Übergeneralisieren auf der Basis eigener Erfahrungen. In einem 1996 geführten Spiegel-Interview mit dem damals fünfunddreißigjährigen Friedrich Küppersbusch entfaltet sich unter der Überschrift „Wer nichts wird, wird virtuell“ das ganze Spektrum des „Been there, done that“-Problems: Das Internet, so Küppersbusch, sei „nicht viel mehr als die Neuerfindung des Telefons, jetzt mit Bild und Datenleitung“ und „das Gequatsche im Internet nichts anderes als der CB-Funk der siebziger Jahre“. Interaktivität kenne man „im Fernsehen doch schon seit den siebziger Jahren unter dem Motto ‚Sie können uns anrufen!‘ Das Internet kommt in dem Punkt zwei Jahrzehnte zu spät.“ Die Konsumhaltung sei viel zu ausgeprägt und das Internet „ein tolles Spielzeug, das aber wie alle entwickelten Massenmedien nur zur Vereinzelung beiträgt“.

Als Küppersbusch am Ende des Interviews gefragt wird, ob hier der „technikfeindliche deutsche Intellektuelle“ spreche, gibt er in seltener Offenheit die autobiographischen Wurzeln seines Unbehagens zu: „Nein, ich habe nur keinen Bock, in Enttäuschungen reinzulaufen, die ich mit 15 hatte. Als ich gedacht habe, wenn ich eine Schülerzeitung gründe, dann könnten 1 500 Schüler mitmachen. Mit einer Jugendtalkshow habe ich das später noch einmal versucht. Die Leute hatten alle Möglichkeiten und haben nichts draus gemacht. Den Frust hol’ ich mir nicht jede Woche.“

Wer darauf besteht, zeitlebens an der in jungen Jahren gebildeten Vorstellung von der Welt festzuhalten, entwickelt das geistige Äquivalent zu einer Drüberkämmer-Frisur: Was für einen selbst noch fast genau wie früher aussieht, sind für die Umstehenden drei über die Glatze gelegte Haare. So lange wir uns nicht wie im Film *Men in Black* blitzdingsen lassen können, müssen wir uns immer wieder der mühsamen Aufgabe des Verlernens stellen. Mit etwas Glück hat der Staat ein Einsehen und bietet in Zukunft Erwachsenenbildungsmaßnahmen an, in denen man hinderlich gewordenes Wissen – sagen wir: über Bibliotheken, Schreibmaschinen, Verlage oder das Fernsehen – ablegen kann.

CB-Funk = öffentlicher, kostenfrei nutzbarer Sprech- und Datenfunk

valid = aussagekräftig

M. C. Escher (1898–1972) = niederländischer Künstler, bekannt für seine Darstellungen labyrinthisch verschachtelter Räume und optischer Täuschungen

Neophilie = Nähe, Affinität zu technischen Neuerungen

Friedrich Küppersbusch = früherer Fernsehmoderator, heute Journalist und Autor

Aufgabe

1. Stellen Sie dar, wie Passig die Wiederkehr der immer gleich strukturierten Argumente erklärt. Welche Therapie schlägt sie vor?
2. Diskutieren Sie die Überzeugungskraft von Passigs „Kritik der Technologiekritik“.
3. Lesen Sie den Text von Thomas Assheuer, den Sie unter dem Online-Code aufrufen können. Vergleichen und erörtern Sie seine und Passigs Positionen.

Zusatztexte
- Thomas Assheuer: *Wer blickt da durch?*

nj53f9

Tipp zur Weiterarbeit

1. Fassen Sie den Zeit-Artikel „Mit Hightech auf Kundenfang" zusammen, den Sie unter dem Online-Code aufrufen können, und arbeiten Sie das Anliegen der Autorin heraus. Erörtern Sie anhand der dort skizzierten technologischen Möglichkeiten Vor- und Nachteile der Digitalisierung der Welt.

Zusatztexte
- Gunhild Lütge: *Mit Hightech auf Kundenfang*

49s4gu

Kreative Aufgabe

1. Jochen Wegner ist bekennender Neophiler. Lesen Sie seinen Text „Zukunftskram" und verfassen Sie einen ähnlichen Text (zustimmend oder ablehnend) über Ihren digitalen Alltag.

2. Nichts veraltet so schnell wie technologisches Wissen, wie Judith Liebe in ihrer Glosse feststellen muss. Lesen Sie den Text, halten Sie anschließend für Ihre Mitschüler fünf Merksätze zur Glosse fest und verfassen Sie dann selbst eine Glosse zu einem Thema Ihrer Wahl.

Zusatztexte
- Jochen Wegner: *Zukunftskram*
- Judith Liebe: *Dreißignochwas*

uc58bi

Kompetenzen

Was Sie wissen müssen:

- Begriffe „Generation Internet", „digital natives", „digital immigrants"
- Inhalte der Internetnutzung durch Jugendliche
- Mythen über (jugendliche) Internetnutzer
- Kommunikationsmedien (Twitter, Blogs, …)
- Begriffe „real", „virtuell" und „Cyberspace"
- Begriffe „Schwarmintelligenz" und „Schwarmfeigheit"
- Mediengeschichte (drei Kommunikationsrevolutionen, Wandel des Kommunikationsbegriffes) und deren Kennzeichen (z. B.: Digitalisierung)
- Aspekte der Medienkritik

Was Sie können müssen:

- Karikaturen und Bilder beschreiben
- Bild- und Textaussagen vergleichen
- Diskontinuierliche Texte erfassen und auswerten
- Daten durch eine Umfrage erheben, auswerten und darstellen
- Die Bedeutung von Fachtermini mit Hilfe entsprechender Wörterbücher klären
- Sachtexten Informationen entnehmen
- Argumentationsgang von Sachtexten beschreiben
- Position eines Autors zusammenfassen und charakterisieren
- Sprachliche Gestaltung von Sachtexten untersuchen und die Wirkung beschreiben
- Schlussfolgerungen aus einem Text ziehen
- Textaussagen und -intentionen ermitteln und kritisch bewerten (erörtern)
- Aussagen unterschiedlicher Texte vergleichen und aufeinander beziehen
- Fachsprachlich angemessen schreiben
- Journalistische Textsorten verfassen (z. B.: Leserbrief, Glosse, Kommentar, Essay)

Gut zu wissen:
Merkwissen zum Nachschlagen

Begriffsbestimmung

Der **Begriff „Medien"** (als Plural von Medium, lat. *medium* „Mitte, Mittelpunkt") wird seit etwa 1980 für die Gesamtheit aller Kommunikationsmittel verwendet. Seit den 1990er-Jahren unterscheidet man zwischen alten Medien und den so genannten Neuen Medien. Zu den alten Medien gehören die Print- oder Druckmedien (wie Zeitungen, Zeitschriften, Bücher), die audio-visuellen Medien (Film, Fernsehen, Video) sowie die audio-technischen Medien (Hörfunk, CDs samt Hörbücher, Schallplatten, Kassetten). Zu den Neuen Medien zählen Computer, das Internet sowie Mobiltelefone mit Computerfunktionalität und -konnektivität (wobei der Begriff ursprünglich auch Medien wie Radio und Fernsehen, dann Telefax, Satelliten- und Kabelfernsehen, Video- und Bildschirmtext umfasste), die zugleich multimedial sind bzw. sein können, d.h. aus mehreren digitalen Medien (wie Texten, Fotos, Audios, Bilder, Grafiken, Filmen oder Animationen) zusammengesetzt sind.

Geschichte der Medien

Bereits aus der Begriffsbestimmung wird deutlich, dass sich die **Geschichte der Medien** am besten medientechnisch fassen lässt. Allgemein wird die Erfindung des Buchdrucks mit beweglichen Lettern durch Johannes Gutenberg Mitte des 15. Jahrhunderts als **erste Kommunikationsrevolution** bezeichnet. Die Bedeutung dieser Erfindung für die Verbreitung der Lesefähigkeit, der Entwicklung von Wissenschaft und Kultur und letztlich auch der Entwicklung des Bürgertums und der Öffentlichkeit (und damit auch der Demokratie) kann nicht hoch genug eingeschätzt werden.

Eine **zweite Kommunikationsrevolution** setzte Mitte des 19. Jahrhunderts mit Entwicklung der Massenmedien – insbesondere von Film und Rundfunk – ein. Aus medientechnischer Sicht ist hier die Elektrifizierung der Medien entscheidend. Zugleich veränderten sich die Medienfunktionen, was sich in Stichworten wie Mediendemokratie, Propaganda oder Werbung zeigt; zugleich etablierte sich eine Medienindustrie mit zahlreichen Medienberufen.

Auch für die **dritte Kommunikationsrevolution** war eine technische Neuerung entscheidend, nämlich die zunehmende Ablösung der analogen Übertragung durch die digitale vor allem seit den 1990er-Jahren: Durch die verbesserten Speichermöglichkeiten einerseits, andererseits durch die unbeschränkter Konversion aller Formate wurde sowohl Multimedialität als auch Interaktivität möglich.

Wandel der Mediennutzung

Mit dem funktionalen Wandel der Medien ist ein **Wandel der Mediennutzung** verbunden. Kennzeichnend für die zweite Kommunikationsrevolution war der Wandel von Medien zu Massenmedien bzw. die Erfindung von Massenmedien, d.h. die neuen Medien wie Rundfunk und Fernsehen erreichten ein Massenpublikum und bestimmten weitgehend die sogenannte „öffentliche Meinung". Genau diese Massenwirkung kommt den Neuen Medien nicht mehr zu. Vielmehr segmentieren sich die medialen Zielgruppen bis hin zur Individualisierung: Erreichten noch im ausgehenden 20. Jahrhundert bestimmte Fernsehsendungen ein Millionenpublikum („ganz Deutschland" hatte dann z.B. eine Fernseh-Show gesehen und sprach dann vielleicht am nächsten Tag in der Schule oder am Arbeitsplatz darüber), kann man heute zwischen hunderten Programmen auswählen oder am PC und Internet spielen oder sich mit anderen „Usern" in Chatrooms und Newsgroups austauschen.

Wurde in der Geschichte jedes neue Medium von kulturpessimistischen Prognosen begleitet, gilt dies noch mehr für die dritte Kommunikationsrevolution, was vor allem an dem rasanten Tempo der Entwicklung liegen dürfte: Im Jahre 1989 wurden am CERN die Grundlagen des world wide web gelegt, 1993 konnte der erste grafikfähige Webbrowser kostenlos aus dem Netz heruntergeladen werden, womit der eigentliche **Siegeszug des Internets** begann. In den westlichen Industriestaaten waren noch 1997 erst rund elf Prozent Internetnutzer, zehn Jahre später waren es bereits 62 Prozent. Heute verfügen etwa 75 Prozent der deutschen Haushalte über einen PC mit Internetanschluss (dabei besteht eine sogenannte „digitale Kluft", was meint, dass vor allem alte und/oder sozial schwache Menschen das Internet deutlich weniger nutzen), 80 Prozent der deutschen Jugendlichen (10–13 Jahre) nutzen regelmäßig das Internet.

Eine Folge dieser rasanten Entwicklung ist dabei, dass zwar fast jeder das Internet nutzt, doch keineswegs alle in derselben Weise damit umgehen können (oder vielleicht auch wollen). Meist souveräne Internet-Nutzer sind nach einer Bezeichnung von Marc Prensky aus dem Jahr 2001 die **Digital Natives**, also Personen, die mit digitalen Medien bzw. Techniken (Computer, Internet, Mobiltelefonen, MP3-Playern) aufgewachsen sind und diese wie selbstverständlich und meist sicher nutzen; den Digital Natives stehen die **Digital Immigrants** gegenüber, also Personen, die den Umgang mit digitalen Medien erst im Erwachsenenalter kennen gelernt haben.

Meist sind es nun Angehörige der Generation der Digital Immigrants, die auf Gefahren und Fehlentwicklungen der jugendlichen Internet- und Computernutzer aufmerksam machen. Im Zentrum stehen dabei meist Behauptungen wie die, dass bestimmte Computerspiele die Gewaltbereitschaft förderten oder Jugendliche überhaupt Gefahr liefen, die virtuelle Welt des Netzes mit der „Realität" zu verwechseln. Tatsächlich sind die statistischen Daten für solche Behauptungen schwach. Allzu oft sind außerdem die Begrifflichkeiten nicht verstanden oder durchdacht. Insbesondere werden oftmals die Begriffe „virtuell" und „real" falsch gebraucht, so nämlich, als ob es sich dabei um Gegensätze handelte. Unter **„Virtualität"** versteht man die Eigenschaft einer Sache, nicht in der Form zu existieren, in der sie zu existieren scheint, jedoch ihrem Wesen oder ihrer Wirkung nach einer in dieser Form existierenden Sache zu gleichen. Mit anderen Worten: Virtuelle Dinge (im weitesten Sinne des Wortes) sind nicht-physischer Natur, aber sehr wohl real: Freundschaften etwa, die im Internet geschlossen werden, kommen ohne jeden körperlichen Kontakt aus, sind deswegen aber nicht minder echt.

Dass wenig belegte oder schlecht durchdachte Behauptungen sich so hartnäckig halten können, liegt nicht zuletzt an der **Wirkungsweise** der Massenmedien, die **thematische Schemata** bedienen, die sie zuvor erst erstellt haben (in der Kommunikationswissenschaft spricht man von *framing*, umgangssprachlich von „Kästchendenken"). Der Klimawandel beispielsweise wurde – auch durch die Medien – in den Rahmen der globalen Bedrohung gestellt, was vor allem bewirkt, dass alle Beiträge, die diesem Rahmen nicht entsprechen, kaum mehr wahrgenommen werden (wenn ein Fernsehzuschauer „Klimawandel" hört, will er etwas von schmelzenden Polkappen, Artensterben, zunehmenden Naturkatastrophen hören, was die Medien dann immer und immer wieder bedienen). Das Beispiel Klimawandel zeigt, dass solche Schemata oder Rahmen nicht unbedingt falsch sein müssen; sie verstellen aber den Blick auf andere Sichtweisen. Vergleichbares geschieht im Rahmen des Thema „Jugend und Internet", das in den Rahmen Bedrohung und Gefahr gepackt worden ist. Jeder Kommentator bis hin zur kleinsten Provinzzeitung kann sich des Zuspruchs seiner Leserschaft so sicher sein, wenn er die Vorzüge der Realität preist und vor den Gefahren des Virtuellen warnt.

Der Befund deckt sich mit der so genannten **Verstärkerthese**, der zufolge Medien die Einstellungen der Mediennutzer nicht verändern, sondern nur die bereits vorhandenen Einstellungen verstärken. Hierbei ist allerdings zu bedenken, dass bei audio-visuellen Medien nicht nur die Inhalte, sondern auch deren Präsentation zum Tragen kommt, also die Wirkung auch emotional sein kann.

Die emotionale **Wirkung** ist dabei besonders **bei Kindern** sehr hoch, so können entsprechende Filme im positiven Falle zu starker Identifikation mit den Helden führen, im negativen Fall aber auch starke Ängste auslösen. Zu häufiger Fernseh- und/oder Computerkonsum ist gerade bei Kindern noch aus anderen Gründen problematisch: Vor allem fehlt die vor dem Bildschirm verbrachte Zeit zum eigentlichen Lernen (etwa durch Spiel und Bewegung), schulische Lerninhalte werden oft sogar durch Medienkonsum verdrängt.

Damit ist zugleich ein Beispiel für (eine ernstzunehmende) Medienkritik genannt. Andere Aspekte sind etwa die Fragen nach dem Schutz der Privatsphäre und den persönlichen Daten im Internet oder – und davon nicht unabhängig – das ökonomische Gebaren von Medien-Konzernen bzw. Software-Herstellern.

Viele Auswirkungen der Neuen Medien auf Gesellschaft und Politik sind noch gar nicht erfasst bzw. erst in Ansätzen erkennbar.

„Gute Bücher öffnen uns die Welt“ – Lesen und Literatur

Problemhorizont

Mit Büchern aufwachsen

Text

Josef Rödl: Die Apachen hinter den Scheunen (2012)

Josef Rödl, Münchner Regisseur und Autor, sammelte erste Leseerfahrungen in den 1950er-Jahren in einer kleinen Dorfschule.

Lesen bildet, sagte der Lehrer. Wir durften viel lesen in der Schule, denn ein Lehrer in Zwergschulen musste gleichzeitig vier Jahrgänge unterrichten, er übte abwechselnd mal laut mit den Kleinen, mal laut mit den Großen, der Rest lernte leise oder las leise. […]

Turnstunden wurden zu Lesestunden umgewidmet, weil Turnstunden für Dorfkinder gänzlich überflüssig waren, sie marschierten eh lange Schulwege, rannten den ganzen Tag durchs Dorf und über Felder und Wälder, bis sie ab dem zehnten Lebensjahr zur körperlichen Arbeit am Hof herangezogen wurden. Auch deshalb waren die Lesestunden in der Schule überaus beliebt, man konnte sich der Arbeit zuhause entziehen. Ein Gefühl von Freiheit und ein Sog, der die Kinder nachmittags in die Schule lockte, zum leise Lesen, allein Lesen und gemeinsamen Lesen, jeder gebannt in sein Buch versunken. Wie sinnlich. Wie schön, wenn der Lehrer das quietschende Schloss des alten dunklen Schrankes mit den vielen Büchern aufsperrte und alle Schüler sich in Reihe drängten, um zuerst an das neueste und vielleicht spannendste Buch zu gelangen. Denn die Bilder dieser Bücher waren uns ganz nah, die Prärie der Apachen lag direkt hinter unseren Scheunen, die Komantschen kamen über die Wälder vom Nachbardorf und weil *Huckleberry Finn* über offenem Feuer Suppe kochte, entzündeten auch wir ein Feuer auf der Dorfwiese und kochten ganze Sommertage lang Suppen. Bilder aus den Büchern flossen direkt in unseren Alltag. Soldaten, Indianer und Suppenrezepte.

Nur die Bilder der Zukunft, zum Beispiel auch *Das Neue Universum*, einer Jugendbuchreihe, versagten den Transfer: Eine Zeichnung, wo Hubschrauber auf Hausdächern landeten, Autos von Geisterhand gelenkt wurden und tief im Boden ein Zug fuhr – sogar unter einem Fluss hindurch. Das schien mir so unglaubwürdig, wie die Geschichte von einem Geheimgang unter unserem Friedhof zur Burg hinauf. Ein Zug unter unserem Dorfbach, darin man als Kind ertrinken konnte! Und dann erst tief darunter? Auch wenn die Älteren behaupteten, dies gäbe es längst in Amerika, mein Zweifel blieb unerschütterlich. Bald aber wuchs ich weiterhin mit dem Buch, es wurde mir vertraut, wie ein mitwachsender Freund. Als ich Jahre später in London mit der U-Bahn unter der Themse fuhr, da schmolz die große Stadt zum Bild von einem kleinen Dorf und die Themse zum Dorfbach, unter der natürlich kein Kind ertrinken musste. London schien mir in diesem Moment sogleich vertraut, ich kannte es ja bereits aus dem *Neuen Universum*.

Aufgabe zur Selbsteinschätzung

1. Lesen Sie den Text. Formulieren Sie in einem Blitzlicht, ob Sie ähnliche Leseerlebnisse in Ihrer Kindheit hatten.
2. Beschreiben Sie die unterschiedlichen Wirkungen der Bücher auf den Verfasser. Erläutern Sie die Gründe für die unterschiedlichen Erfahrungen.
3. Erstellen Sie eine kurze Lesebiografie für sich. Wann sind Sie zuerst mit Büchern in Berührung gekommen? Erinnern Sie sich an Ihr erstes Buch, das Sie selbstständig gelesen haben? Welche Bücher haben Sie in der Grundschulzeit beeindruckt, welche in späteren Jahren? Wie würden Sie Ihre Lesevorlieben beschreiben?

Tipp zur Weiterarbeit

1. Erstellen Sie eine Mindmap zum Thema Lesen/Literatur. Ergänzen Sie diese Mindmap nach und nach um weitere Aspekte, die Sie im Laufe des Unterrichts kennenlernen.
2. Legen Sie eine Sammlung von Texten zum Thema an. Ergänzen Sie Ihre Mindmap um die darin behandelten Themen, Fragen und Aspekte.

Impulstext

Benozzo Gozzoli (um 1420–1497): „Nimm und lies":
Der hl. Augustinus liest in den Briefen des Apostels Paulus, 1463/1464, Fresko

Unbekannt: Prediger in seinem Studierzimmer, 17. Jahrhundert

Eve Arnold (1912–2012): Marilyn Monroe liest „Ulysses", 1952, Fotografie

Franz Eybl (1806–1880): Lesendes Mädchen, 1850, Öl auf Leinwand, Österreichische Galerie im Belvedere, Wien

Aufgabe

1. Welche verschiedenen Funktionen von Lesen sind auf den Bildern dargestellt? Beschreiben und erklären Sie.
2. Informieren Sie sich genauer über die auf dem Bild von Gozzoli dargestellte Situation.

1 „War es sein Liebstes" – Jugendliche und das Medium Buch

Impulstext

„Heidi" 1952

„Heidi" 2013

Aufgabe

1. Das Jugendbuch „Heidi" ist mit 50 Millionen verkaufter Exemplare das bislang zweiterfolgreichste Buch deutscher Sprache (nach dem „Kommunistischen Manifest" übrigens) und der kommerziell erfolgreichste Erzähltext deutscher Sprache.
   - Halten Sie in der Tabelle fest, in welchem Medium Sie Ihren ersten Kontakt mit dem Heidi-Stoff hatten. Vergleichen Sie Ihr Ergebnis mit Ihren Mitschülern und ermitteln Sie die prozentualen Anteile.

Buch	*Hörbuch, Kassette*	*Spielfilm*	*Fernsehserie*	*Zeichentrickfilm/ -serie*	*Comic*	*andere**

* z. B.: aus mündlichen Erzählungen, als Musical, in einem Schweiz-Reiseführer, … oder auch gar nicht

   - Führen Sie dieselbe Erhebung bei Ihren Eltern und Großeltern durch.
   - Bewerten und diskutieren Sie anschließend die Ergebnisse im Vergleich.

2. Lesen Sie den Textauszug aus „Heidi" auf S. 77. Fassen Sie zusammen, warum Heidi schließlich doch lesen lernt.

3. Diskutieren Sie: Könnten heute noch Kinder eine solche Liebe (vgl. „war es sein Liebstes", Z. 101) zu einem Buch entwickeln?

Basistext

Johanna Spyri: Heidi (1880)

Das Schweizer Waisenkind Heidi soll der kranken Klara Gesellschaft leisten und lebt nun bei der Familie Sesemann in Frankfurt. Heidi fällt es schwer, sich in der neuen Umgebung zurechtzufinden. Eine große Hilfe ist ihr die lebenskluge Großmutter der Familie.

Aber noch verging einige Zeit, bevor Heidi zu schluchzen aufhören konnte. Die Großmama ließ ihm auch eine gute Weile zur Erholung, nur sagte sie von Zeit zu Zeit ermunternd: „So, nun ist's gut, nun sind wir wieder froh zusammen."

Als sie endlich das Kind beruhigt sah, sagte sie: „Nun musst du mir was erzählen, Kind! Wie geht es denn beim Herrn Kandidaten in den Unterrichtsstunden, lernst du auch gut und kannst du was?"

„O nein", antwortete Heidi seufzend; „aber ich wusste schon, dass man es nicht lernen kann."

„Was kann man denn nicht lernen, Heidi, was meinst du?"

„Lesen kann man nicht lernen, es ist zu schwer."

„Das wäre! Und woher weißt du denn diese Neuigkeit?"

„Der Peter hat es mir gesagt und er weiß es schon, der muss immer wieder probieren, aber er kann es nie lernen, es ist zu schwer."

„So, das ist mir ein eigener Peter, der! Aber sieh, Heidi, man muss nicht alles nur so hinnehmen, was einem ein Peter sagt, man muss selbst probieren. Gewiss hast du nicht recht mit all deinen Gedanken dem Herrn Kandidaten zugehört und seine Buchstaben angesehen."

„Es nützt nichts", versicherte Heidi mit dem Ton der vollen Ergebung in das Unabänderliche.

„Heidi", sagte nun die Großmama, „jetzt will ich dir etwas sagen: Du hast noch nie lesen gelernt, weil du deinem Peter geglaubt hast; nun aber sollst du mir glauben, und ich sage dir fest und sicher, dass du in kurzer Zeit lesen lernen kannst, wie eine große Menge von Kindern, die geartet sind wie du und nicht wie der Peter. Und nun musst du wissen, was nachher kommt, wenn du dann lesen kannst – du hast den Hirten gesehen auf der schönen, grünen Weide –; sobald du nun lesen kannst, bekommst du das Buch, da kannst du seine ganze Geschichte vernehmen, ganz so, als ob sie dir jemand erzählte, alles, was er macht mit seinen Schafen und Ziegen und was ihm für merkwürdige Dinge begegnen. Das möchtest du schon wissen, Heidi, nicht?"

Heidi hatte mit gespannter Aufmerksamkeit zugehört, und mit leuchtenden Augen sagte es jetzt, tief Atem holend: „Oh, wenn ich nur schon lesen könnte!"

„Jetzt wird's kommen, und gar nicht lange wird's währen, das kann ich schon sehen, Heidi, und nun müssen wir mal nach der Klara sehen; komm, die schönen Bücher nehmen wir mit." Damit nahm die Großmama Heidi bei der Hand und ging mit ihm nach dem Studierzimmer.

Einige Zeit später wird der Kandidat, der Hauslehrer in der Familie Sesemann, bei der Großmutter vorstellig.

„Sollte das Kind Heidi etwa lesen gelernt haben, Herr Kandidat?", setzte hier Frau Sesemann ein.

In sprachlosem Erstaunen schaute der überraschte Herr die Dame an.

„Es ist ja wirklich völlig wunderbar", sagte er endlich, „nicht nur, dass das junge Mädchen nach all meinen gründlichen Erklärungen, und ungewöhnlichen Bemühungen das Abc nicht erlernt hat, sondern auch und besonders, dass es jetzt in kürzester Zeit, nachdem ich mich entschlossen hatte, das Unerreichbare aus den Augen zu lassen und ohne alle weiter greifenden Erläuterungen nur noch sozusagen die nackten Buchstaben vor die Augen des jungen Mädchens zu bringen, sozusagen über Nacht das Lesen erfasst hat, und dann sogleich mit einer Korrektheit die Worte liest, wie mir bei Anfängern noch selten vorgekommen ist. Fast ebenso wunderbar ist mir die Wahrnehmung, dass die gnädige Frau gerade diese fern liegende Tatsache als Möglichkeit vermutete."

„Es geschehen viele wunderbare Dinge im Menschenleben", bestätigte Frau Sesemann und lächelte vergnüglich, „es können auch einmal zwei Dinge glücklich zusammentreffen, wie ein neuer Lerneifer und eine neue Lehrmethode, und beide können nichts schaden, Herr Kandidat. Jetzt wollen wir uns freuen, dass das Kind so weit ist, und auf guten Fortgang hoffen."

Damit begleitete sie den Herrn Kandidaten zur Tür hinaus und ging rasch nach dem Studierzimmer, um sich selbst der erfreulichen Nachricht zu versichern. Richtig saß hier Heidi neben Klara und las dieser eine Geschichte vor, sichtlich selbst mit dem größten Erstaunen und mit einem wachsenden Eifer in die neue Welt eindringend, die ihm aufgegangen war, nun ihm mit einem Mal aus den schwarzen Buchstaben Menschen und Dinge entgegentraten und Leben gewannen und zu herzbewegenden Geschichten wurden. Noch am selben Abend, als man sich zu Tische setzte, fand Heidi auf seinem Teller das große Buch liegen mit den schönen Bildern, und als es fragend nach der Großmama blickte, sagte diese freundlich nickend: „Ja, ja, nun gehört es dir."

„Für immer? Auch wenn ich heimgehe?", fragte Heidi ganz rot vor Freude.

„Gewiss, für immer!", versicherte die Großmama, „morgen fangen wir an zu lesen."

„Aber du gehst nicht heim, noch viele Jahre nicht, Heidi", warf Klara hier ein; „wenn nun die Großmama wieder fortgeht, dann musst du erst recht bei mir bleiben."

Noch vor dem Schlafengehen musste Heidi in seinem Zimmer sein schönes Buch ansehen, und von dem Tage an war es sein Liebstes, über seinem Buch zu sitzen und immer wieder die Geschichten zu lesen, zu denen die schönen bunten Bilder gehörten.

Kandidat = Klara und Heidi werden privat unterrichtet von einem angehenden Theologen

Peter = der Geißenpeter ist Heidis Jugendfreund

Basistext

Laura Wieland: Jugend ohne Buch (2008)

Die Deutschen lesen immer weniger – und es zeichnet sich ein neuer Trend ab: Lese-Zapping, das Überfliegen von Texten.

Jeder vierte Bundesbürger nimmt nie ein Buch zur Hand. Zu diesem Ergebnis kommt die Studie „Lesen in Deutschland 2008", die am Donnerstag veröffentlicht wurde. Es ist die umfangreichste Untersuchung des Leseverhaltens hierzulande seit acht Jahren. Dafür befragte die Stiftung Lesen, gefördert vom Bundesbildungsministerium (BMBF), mehr als 2 500 Jugendliche und Erwachsene.

Spätestens seit der Pisa-Studie im Jahr 2000 steht die „Lesekultur" im Fokus des öffentlichen Interesses – häufig auch im Zusammenhang mit der Migrationsdebatte. Die Stiftung Lesen verkündet nun ein überraschendes Ergebnis: Mit rund 36 Prozent greifen die Bürger mit Migrationshintergrund ebenso häufig zu Büchern wie der Bevölkerungsdurchschnitt.

„Deutsch sprechende Migranten bilden eine neue Lese-Mittelschicht – mit großem bildungspolitischen Potenzial", sagt Andreas Storm, Staatssekretär im BMBF. Das zeige, dass die Vermittlung von Sprachkompetenz der Schlüssel für erfolgreiche Leseförderung sei. Erwartungsgemäß gilt: Je höher der Bildungsgrad, desto höher die Lesehäufigkeit.

Die Lesevorlieben von Frauen und Männern sind sehr unterschiedlich. Frauen schmökern fast ebenso gerne in Romanen und Erzählungen (42 Prozent) wie in Sachbüchern. Bei der Fachliteratur liegen die Männer nahezu gleichauf, Belletristik ist jedoch nur 19 Prozent von ihnen wichtig.

Rund 80 Prozent der Befragten gaben an, Zeitung zu lesen. Jedoch sind es Bücher, die alle Altersgruppen ansprechen: Romane und Krimis halten Jugendliche für ebenso wichtig wie die Generation der 50-Jährigen. Umso erschreckender, dass fast die Hälfte der 14- bis 19-Jährigen erklärt, sie hätten als Kind nie ein Buch geschenkt bekommen.

Die Zahl der Viel-Leser, die mehr als 50 Bücher pro Jahr verschlingen, bleibt gegenüber dem Jahr 2000 mit drei Prozent auf niedrigem Niveau konstant. Gleichzeitig lässt die Leselust des klassischen Gelegenheitslesers, der ein bis vier Bücher im Monat zur Hand nimmt, nach. Zudem zeichnet sich ein neuer Trend ab: Lese-Zapping, das Überfliegen von Texten. Auch nach elektronischen Büchern, die auf der Frankfurter Buchmesse Furore machten, wurde gefragt. Besonders Männer, junge Erwachsene und höher Gebildete können sich durchaus vorstellen, Werke künftig auch als E-Book zu lesen.

Gefährdet der Computer die klassische Lesekultur? „Lesen am Bildschirm ist im Alltag angekommen", sagt Stefan Aufenanger von der Stiftung Lesen. Dennoch wolle die Mehrheit nicht auf gedruckte Bücher verzichten. Printmedien würden weiterhin als besonders glaubwürdig empfunden. Gedrucktes scheint auch mehr Orientierung zu bieten: 20 Prozent der Befragten sagten, dass sie sich beim Lesen am Bildschirm leicht verzetteln, weil sie beispielsweise Links folgen. Identifiziert wurde allerdings auch eine Gruppe, die weder Gedrucktes noch Digitales liest. Immerhin acht Prozent der Deutschen bezeichnen sich als „Medienabstinente".

Aufgabe

1. Kreuzen Sie an, welche Aussagen im Text von Laura Wieland vorkommen.

	Aussagen im Text von Laura Wieland	*ja*
A	Für die Studie befragte die Stiftung Lesen mehr als 2 500 Jugendliche.	
B	Mit rund 36 Prozent greifen die Bürger mit Migrationshintergrund häufiger zu Büchern wie der Bevölkerungsdurchschnitt.	
C	Die Lesevorlieben von Frauen und Männern sind sehr unterschiedlich, vor allem lesen Frauen deutlich mehr Belletristik als Männer.	
D	Rund 80 Prozent der Befragten gaben an, das Lesen von Romanen und Krimis für wichtig zu halten.	
E	Die Leselust des klassischen Gelegenheitslesers, der ein bis vier Bücher im Monat zur Hand nimmt, ließ im Vergleich zur Studie im Jahr 2008 nach.	
F	Acht Prozent der Deutschen lesen weder Gedrucktes noch Digitales.	

2. Benennen Sie, welche Trends bzw. Neuheiten der im Text erwähnten „klassischen Lesekultur“ entgegenstehen, und erklären Sie, wie Sie dazu stehen. !

3. Vergleichen Sie die Überschrift des Berichts mit dem Textinhalt und bewerten Sie die Titelwahl. !

4. Verfassen Sie einen Kommentar zum Bericht von Laura Wieland (Umfang ca. 200 Wörter). !
Hinweis: Ein Kommentar ist ein Zeitungstext, in dem man zu einer meist aktuellen Nachricht Stellung bezieht. Dabei werden nicht nur die Hintergründe und ggf. die übergeordneten Zusammenhänge beleuchtet, sondern auch unterschiedliche Auffassungen – argumentativ gestützt – abgewogen, wobei man zu einem eigenen (subjektiven) Standpunkt gelangt. Ziel eines Kommentars ist es, die Leser dazu anzuregen, sich eine eigene Meinung zu einem Thema zu bilden.

Tabelle

Bücher lesen 2013

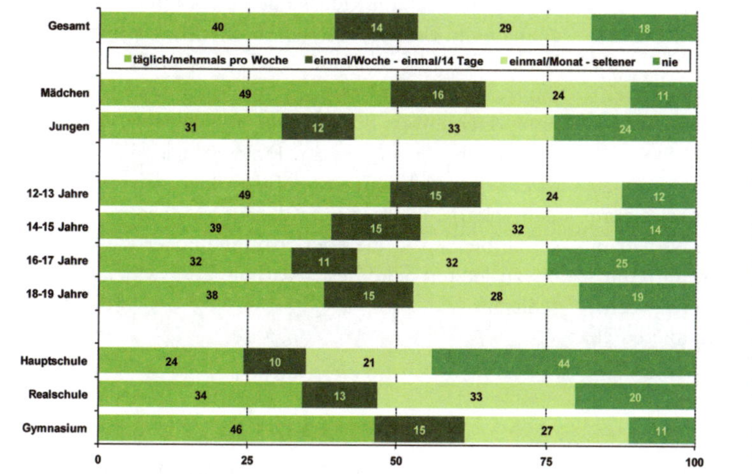

mpfs/JIM-Studie 2013, Angaben in Prozent; Basis: alle Befragten (n=1.200)

Tabelle

Wichtigkeit der Medien* 2013 (sehr wichtig/wichtig)

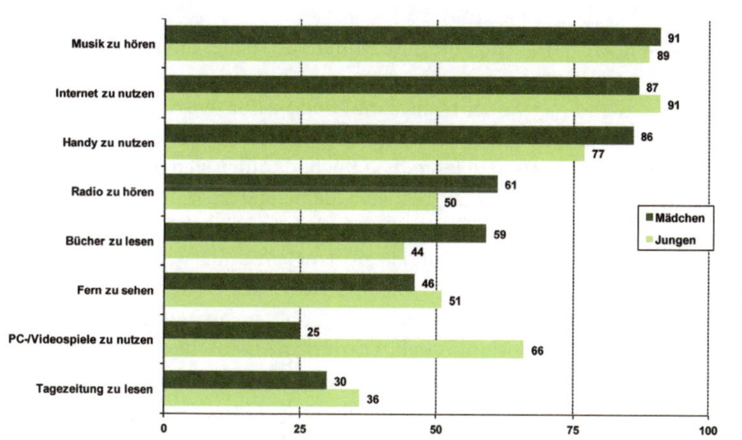

mpfs/JIM-Studie 2013, Angaben in Prozent; Basis: alle Befragten (n=1.200)

* egal über welchen Weg genutzt

Aufgabe

1. Beschreiben Sie den Aufbau der beiden Diagramme.

2. Benennen Sie die wichtigsten Informationen der Diagramme und überlegen Sie, ob (bzw. inwieweit) diese Umfrageergebnisse für Sie überraschend sind.

3. Vergleichen Sie die Ergebnisse mit Ihrer eigenen Mediennutzung und der Ihrer Mitschülerinnen und Mitschüler.

4. Verfassen Sie auf der Grundlage der Materialien dieses Teilkapitels eine Stellungnahme zum Thema „Jugendliche und das Medium Buch“.

Tipp zur Weiterarbeit

1. Sammeln Sie in Gruppen Fragen, die Sie selbst zum Leseverhalten Jugendlicher haben. Gestalten Sie aus Ihren Fragen einen entsprechenden Fragebogen und führen Sie die Umfrage an Ihrer Schule durch. Bereiten Sie anschließend die Ergebnisse entsprechend auf.

2 „Mit den Zeigefingern in den Ohren" – Funktionen des Lesens

Basistext

Peter Bichsel: Das Lesen (1997)

Mein erstes Buch war eine Zwangslektüre, eine echte Qual. Ich bekam es von einer Tante geschenkt, die glaubte, höheren Geist in der Familie vertreten zu müssen, und sogar ein Modejournal abonniert hatte. Es war ein Weihnachtsgeschenk, ich war neunjährig, und es war ein richtig dickes Buch, dick und ohne Bilder: „Christeli" von Elisabeth Müller, sehr sehr traurig und sentimental, sehr sehr brav und unspannend.

Ich begann einen Kampf mit diesem Buch. Ich hatte es zu lesen – selbst meine Eltern beharrten darauf, vor allem, weil meine Schwäche in Orthografie sich bereits zeigte und die Hoffnung bestand, durch Lesen zu besseren Diktaten zu kommen, durch bessere Diktate zu besseren Noten, dadurch zu besseren Erfolgschancen, zu einem besseren Lohn und einer schöneren Frau, zu einem größeren Haus und vielleicht einem Auto. Lesen war in diesem Zusammenhang immerhin noch karrierefreundlich. Zweitens hatte meine Mutter nicht die Absicht, sich vor ihrer Schwester mit Modejournal blamieren zu lassen. Sie wollte zum Mindesten einen Sohn haben, der auch liest, genauso liest wie der Sohn ihrer Schwester.

Das Buch war grauenhaft langweilig. Ich hatte zwei Lesezeichen darin: Das erste zeigte an, wie weit ich schon war, das zweite mein selbst gestecktes Ziel, bis da und da – bis auf Seite 48 – will ich heute durchhalten. Ich hielt nie durch und erreichte mein Tagesziel nicht. Immerhin war ich stolz darauf, dass mich die Tante für erwachsen genug hielt, ein Leser zu sein. Immerhin war ich einer mit Buch und fühlte mich im Geheimen allen Fußballern und Bäumekletterern ohne Buch überlegen. Ich hatte eine Ahnung davon, dass Bücherlesen etwas Besseres sei.

Ein Jahr später, am 23. Dezember, las ich die letzten zwei Seiten. Ich hatte ein ganzes Buch gelesen, ich hatte es geschafft, ich war stolz darauf und beschloss, ein Leser zu bleiben – einer, der richtige Bücher von der ersten bis zu letzten Seite liest. Als Fußballer war ich ohnehin schlecht.

Aufgabe

1. Stellen Sie dar, welche Haltung Bichsel zu den Leseforderungen sowohl der Tante als auch der Eltern einnimmt. Belegen Sie Ihre Einschätzungen am Text.

Basisstext

Günter Grass: Fortsetzung folgt ... (1999)

Text in alter Rechtschreibung

Der deutsche Schriftsteller Günter Grass erhielt 1999 den Nobelpreis für Literatur. In seiner Dankesrede erinnerte er sich an erste Leseeindrücke.

Doch vorerst las ich in mich hinein. Ich las auf besondere Weise: mit den Zeigefingern in den Ohren. Erklärend muß dazu gesagt werden, daß meine jüngere Schwester und ich in beengten Verhältnissen, nämlich in einer Zweizimmerwohnung, also ohne eigene Kammer oder sonst einen noch so winzigen Verschlag aufgewachsen sind. Auf Dauer gesehen war das für mich von Vorteil, denn so lernte ich früh, mich inmitten von Personen und umgeben von Geräuschen dennoch zu konzentrieren. Wie unter einer Käseglocke aufgehoben, war ich so ans Buch und dessen erzählte Welt verloren, daß meine Mutter, die zu Scherzen neigte, nur um einer Nachbarin die gänzliche Absenz ihres Sohnes zu beweisen, eine Butterstulle, die neben meinem Buch lag und in die ich ab und zu biß, gegen ein Stück Seife – nehme an, Palmolive – eintauschte, woraufhin beide Frauen – meine Mutter mit gewissem Stolz – Zeugen wurden, wie ich, ohne den Blick vom Buch zu lösen, nach der Seife griff, zubiß und kauend eine gute Minute brauchte, um aus dem gedruckten Geschehen geworfen zu werden.

Kolonialwarenladen = Lebensmittelladen

Solch frühe Einübung in konzentriertes Verhalten ist mir noch heute geläufig; doch nie wieder habe ich so besessen gelesen. Die Bücher fanden sich in einem Schränkchen hinter blauen Scheibengardinen. Meine Mutter war Mitglied in einem Buchclub. Dostojewskis und Tolstois Romane standen dort neben und zwischen einigen von Hamsun, Raabe und Vicki Baum. Auch Selma Lagerlöfs „Gösta Berling" war greifbar. Später fütterte mich die Stadtbibliothek. Doch den Anstoß hat wohl der Bücherschatz meiner Mutter gegeben. Sie, die genau rechnende Geschäftsfrau, die ihren Kolonialwarenladen zu Diensten unzuverlässiger Pumpkundschaft betrieb, liebte das Schöne, lauschte dem Volksempfängerradio Opern- und Operettenmelodien ab, hörte gerne meine vielversprechenden Geschichten, ging oft ins Stadttheater und nahm mich manchmal mit.

Aufgabe

1. Erklären Sie, welche Funktion die Seifen-Anekdote im Text hat.
2. Diskutieren Sie, ob Sie die Anekdote überzeugend finden oder nicht.
3. Vergleichen Sie die Texte von Grass und Bichsel und stellen Sie dar, welcher Stellenwert dem Lesen beigemessen wird.
4. Bewerten Sie die Glaubwürdigkeit der beiden Texte von Grass und Bichsel.

Basistext

Carlos María Domínguez: Das Papierhaus (2004)

Im Frühjahr 1998 kaufte Bluma Lennon in einer Buchhandlung von Soho eine alte Ausgabe der *Gedichte* von Emily Dickinson und wurde an der ersten Straßenecke, als sie gerade beim zweiten Gedicht angelangt war, von einem Auto überfahren.

Bücher verändern das Schicksal der Menschen. So mancher hat Der *Tiger von Malaysia* gelesen und ist an einer fernen Universität Dozent für Literatur geworden. *Siddhartha* hat Zehntausende Jugendliche zum Hinduismus geführt, Hemingway hat sie zu Sportlern gemacht, Dumas hat das Leben tausender Frauen auf den Kopf gestellt, und nicht wenige sind durch ein Kochbuch vor dem Selbstmord bewahrt worden. Bluma war ihr Opfer.

Aber nicht nur sie. Der Professor für klassische Philologie, Leonard Wood, wurde auf seine alten Tage halbseitig gelähmt, weil in seiner Bibliothek fünf Bände der *Encyclopedia Britannica* ihren Platz verließen und ihm auf den Kopf fielen; mein Freund Richard hat sich das Bein gebrochen, als er versuchte, *Absalom, Absalom* von William Faulkner aus einer Ecke zu angeln, wo es so ungünstig stand, dass er von der Leiter fiel. Ein anderer Freund aus Buenos Aires hat sich in den Kellern eines öffentliches Archivs die Tuberkulose geholt, und ich habe einen chilenischen Hund gekannt, der sich an den *Brüdern Karamasow* den Magen verdarb und gestorben ist, nachdem er es an einem wütenden Nachmittag komplett verschlungen hat.

Jedes Mal, wenn meine Großmutter mich beim Lesen im Bett erwischte, ermahnte sie mich: „Das solltest du lassen, weißt du denn nicht, wie gefährlich Bücher sind?“ Ich habe viele Jahre an ihre Unwissenheit geglaubt, aber die Zeit hat der Vernunft meiner deutschen Großmutter doch Recht gegeben.

Aufgabe

1. Deuten Sie die Aussage des Textes „Bücher verändern das Schicksal der Menschen“. Beziehen Sie die Texte von Peter Bichsel und Günter Grass in Ihre Überlegungen mit ein.
2. Erläutern Sie die Aussage „Bücher sind gefährlich“ und vergleichen Sie mit der Aussage „Bücher verändern das Schicksal der Menschen“.
3. Charakterisieren Sie die Erzählhaltung des Textes und beschreiben Sie die komische Wirkung des Textes. Überlegen Sie, welche Aussageintention der Schreiber verfolgt.

Kreative Aufgabe

1. Bereiten Sie ein eigenes Leseerlebnis anekdotisch auf.

Basistext

Alberto Manguel: Lies, um zu leben (1999)

Der Text stammt aus dem vielbeachteten Sachbuch „Geschichte des Lesens" des argentinischen Autors.

Ich war vier, als ich entdeckte, dass ich lesen konnte. Überall und immer wieder hatte ich gesehen, dass die Buchstaben, die ich kannte (weil man sie mir erklärt hatte), die Namen der Bilder formten, unter denen sie standen. Der in dicken schwarzen Strichen gezeichnete Junge mit roten Shorts und grünem Hemd (aus demselben roten und grünen Tuch), aus dem alle Bilder des Buches geschnitten waren, die Hunde und Katzen, die Bäume und die gertenschlanken Mütter) war, wie ich feststellte, auch in den strengen schwarzen Zeichen unter dem Bild enthalten, als ob er, der *boy*, in drei klare Teile zergliedert wäre: das *b* ein Torso mit einem Arm, das *o* ein abgetrennter, vollkommen gerundeter Kopf, das *y* die baumelnden Beine. Ich malte Augen in das runde *o*, dazu einen lachenden Mund, und füllte den leeren Torso mit Farbe aus. Aber das war noch nicht alles: Ich wusste, dass diese Zeichen den Jungen im Bild nicht nur einfach wiedergaben, sondern mir auch genau sagen konnten, was der Junge tat, indem er Arme und Beine von sich streckte. *Der Junge rennt*, sagten die Zeichen. Er sprang nicht, wie man hätte vermuten können, und er tat nicht so, als wäre er am Fleck erstarrt, er spielte auch kein Spiel. *Der Junge rennt.*

Und doch war dieses Erkennen nur ein gewöhnlicher Akt der Zauberei ohne großen Reiz, weil jemand anders ihn für mich vollführt hatte. Ein anderer Leser, wohl mein Kindermädchen, hatte mir die Zeichen erklärt, und jedesmal, wenn mir das Bild des lebenslustigen Jungen im Buch begegnete, wusste ich, was die Zeichen darunter bedeuteten. Das Vergnügen nutzte sich ab. Die Überraschung blieb aus.

Dann eines Tages sah ich durch das Autofenster (wohin die Fahrt ging, ist vergessen) eine Plakatfläche am Straßenrand. Ich bekam sie nur kurz zu sehen – vielleicht hielt das Auto einen Moment oder bremste nur ein wenig ab –, und dort prangten riesige Zeichen ähnlich denen in meinem Buch, und sie bildeten Folgen, die ich nie zuvor gesehen hatte. Trotzdem: Mit einemmal wusste ich, was sie bedeuteten. Ich hörte sie in meinem Kopf, die schwarzen Zeilen und die weißen Zwischenräume verwandelten sich in klaren, klingenden Sinn. Ich hatte es ganz allein geschafft. Niemand hatte den Zauber für mich vollbracht. Ich war mit den Zeichen allein, und in einem stummen, respektvollen Dialog gaben wir einander zu erkennen. Seit ich die dürren schwarzen Zeichen zu lebendigen Wirklichkeiten zusammenfügen konnte, war ich allmächtig. Ich konnte lesen. […] das Erlebnis, plötzlich verstehen zu können, ist mir heute noch so gegenwärtig wie damals. Es war wie die plötzliche Entdeckung eines neuen Sinnesorgans […].

Die Leser von Büchern, in deren Familie ich unwissentlich vorgestoßen war (bei jeder Entdeckung denken wir ja, dass wir die Einzigen sind, und jede Erfahrung – vom Tod bis zur Geburt – halten wir für eine einzigartige), pflegen eine Fähigkeit, die allen zu eigen ist. Das Lesen von Buchstaben auf einer Seite ist nur eine ihrer Erscheinungsformen. Der Astronom liest am Himmel in Sternen, die längst nicht mehr existieren; japanische Architekten lesen die Beschaffenheit des Grundstücks, auf dem sie ein Haus errichten wollen, um es vor bösen Geistern zu bewahren, Jäger und Naturforscher lesen die Wildfährten im Wald; Kartenspieler lesen die Gesten und Mienen ihrer Partner, bevor sie die entscheidende Karte ziehen. Balletttänzer lesen die Notierungen des Choreographen, und die Zuschauer lesen dann die Figuren des Tanzes auf der Bühne. Teppichweber lesen die verschlungenen Muster eines gewebten Teppichs, Organisten lesen mehrere simultane Stimmen, um sie zu einem orchestralen Klang zusammenzuführen, Eltern lesen im Gesicht ihres Babys, um nach Anzeichen der Freude, der Angst oder des Staunens zu suchen. Chinesische Wahrsager lesen uralte Zeichen, die in den Panzer einer Schildkröte geritzt sind, Liebende lesen den Körper der Geliebten nachts im Dunkeln unter der Decke. Psychologen helfen ihren Patienten, die eigenen befremdlichen Träume zu lesen; hawaiische Fischer lesen die Meeresströmungen, indem sie die Hand ins Wasser halten; der Bauer liest am Himmel, welches Wetter zu erwarten ist, und alle teilen sie mit den Lesern von Büchern die Fähigkeit, Zeichen zu erkennen und mit Bedeutung zu füllen. Manche dieser Lesevorgänge sind durch das Wissen geprägt, dass das Gelesene eigens zu dem Zweck von anderen Menschen geschaffen wurde – Notenschriften oder Verkehrszeichen zum Beispiel – oder von den Göttern – etwa der Schildkrötenpanzer oder der nächtliche Himmel. Andere sind dem Zufall zuzuschreiben.

Doch in jedem Fall ist es der Leser, der den Sinn in die Zeichen hineinliest, der einem Gegenstand, Ort oder Ereignis die Lesbarkeit abgewinnt. Der Leser ist es, der einem System von Zeichen Bedeutung beimessen muss, um es zu entziffern. Wir alle lesen in uns und aus der uns umgebenden Welt, um zu begreifen, wer wir sind und wo wir sind. Wir lesen, um zu verstehen oder auf das Verstehen hinzuarbeiten. Wir können gar nicht anders: Das Lesen ist wie das Atmen eine essentielle Lebensfunktion.

Aufgabe

! 1. Fassen Sie zusammen, wie Manguel sein Lesenlernen beschreibt.

! 2. Erklären Sie, wie Manguel den Begriff „Lesen" versteht.

Aufbautext

Hans-Joachim Griep: Die Tätigkeit „Lesen" (2005)

„Lesen" – wie beschreibt man diese Tätigkeit? Bedeutet sie das Lesen von Buchstaben, die in Holz oder Stein geritzt sind? Ist damit das Lesen von Schriftzeichen auf unterschiedlichen Materialien gemeint? Handelt es sich also um das Entziffern von codierten Zeichen?

Der Arzt liest z. B. an den Symptomen des Körpers Krankheiten ab, der Sternenhimmel füllte sich mit Bedeutung und man versuchte, aus der Maserung von Schildkrötenschale die Zukunft zu entdecken. Alberto Manguel gibt in seiner „Geschichte des Lesens" noch mehr Beispiele. [...] Manguels Sicht ist eine sehr literarische, für ihn fallen Deuten und Lesen zusammen. Daraus ergibt sich eine prinzipielle Lesbarkeit der Welt, eine Metapher [...].

Das Lesen ist ein Produkt der Evolution. Was wir lesen oder lesen können, ist kulturspezifisch angelegt. Aber beim Entziffern von Zeichen finden wir dennoch in allen Kulturen Ähnlichkeiten. Die Bedeutung von Lesen kann nur metaphorisch sein, da sie immer von dem angeleitet ist, was wir jeweils darunter verstehen. Diese Nicht-Eindeutigkeit der Bedeutung von Lesen finden wir auch in einem Passus unter dem Stichwort „Lesen" im Lexikon wieder:

Der Begriff L. ist nicht eindeutig. Normalerweise bezeichnet er eine individuelle Tätigkeit (oder eine allgemeine Fähigkeit), die das Rezipieren von geschriebener Sprache durch das Auge (Augenbewegung beim Lesen, Saccade) oder den Tastsinn (Blindenschrift) bezeichnet, wobei das Entnehmen von Bedeutung und Information im Mittelpunkt steht.

Da Lesen sich nicht eindeutig definieren lässt, gibt es die vielfältigsten, kulturspezifischen Zugangsweisen zu diesem Phänomen. Wann, wo und aus welchen Gründen Menschen anfingen zu lesen, wissen wir nicht. Die Frage nach dem Beginn des Lesens ist mit so vielen anderen Fragen verknüpft, dass sie sich nicht beantworten lässt. Die ältesten archäologisch identifizierten Höhlenmalereien sind ca. 50 000 Jahre alt und zeigen hauptsächlich Tiere. Ob sie schon als Schriftzeichen wahrgenommen wurden, ist ungewiss. Zumindest konnte man ihnen damals Bedeutungen und Informationen entnehmen, die sich nicht mit denen vergleichen lassen, die wir heute dem Bild eines röhrenden Hirsches entnehmen, das über dem Wohnzimmersofa hängt. Wenn hier als erstes Beispiel für die Anfänge des Lesens Höhlenmalereien erwähnt werden, die eingebettet sind in eine jeweils spezifische und sicher sehr magisch geprägte Lebensform, impliziert dies nicht eine geradlinige Entwicklung vom Bild zur Schrift. Der Weg zur Schriftlichkeit verläuft nicht von roh gezeichneten Bildern zu komplexen Wortschriften. Wortschriften haben sich nicht aus Bildern entwickelt, auch nicht in einem weiteren Abstraktionsschritt die Silben- und Buchstabenschrift. Eine solche teleologische Betrachtungsweise der Entwicklung der Schrift, die uns das abendländische Denken nahelegt und an deren Ende die beste aller Schriften mit der größtmöglichen Lesbarkeit steht, unterliegt dem Irrtum der Linearität.

teleologisch = auf ein Ziel hin gerichtet

Über die Anfänge des Lesens existieren zahlreiche Mythen. Stellvertretend seien hier nur zwei genannt, die damals wie heute für die Entwicklung der menschlichen Kultur extrem wichtig waren. Zum einen ist dies die Lesbarkeit des Himmels, zum anderen die Lesbarkeit der Körpersymptomatik bei Krankheiten. Die eine diente der Orientierung in Raum und Zeit, die andere dem Überleben des Stammes. Beide waren zwingende Voraussetzungen zur Entwicklung einer Kultur und Ethik.

Aufgabe

1. Erläutern Sie, was das Betrachten einer Höhlenmalerei vor 50 000 Jahren von der Betrachtung eines „röhrenden Hirsches" heute prinzipiell unterscheidet. !

2. Ergänzen Sie den folgenden Satz sinngemäß aus dem Text heraus:

Der Begriff „Lesen" kann nicht eindeutig definiert werden, weil

3. Erklären Sie, wie die Metapher der prinzipiellen Lesbarkeit der Welt zu verstehen ist: Was ist das Lesen nach Ansicht von Griep also nicht? !

4. Schreiben Sie selbst eine Definition dessen, was „Lesen" für Sie bedeutet. Tauschen Sie sich untereinander aus. Vergleichen Sie Ihre Definition mit den von Günter Grass und Peter Bichsel geschilderten Leseerlebnissen.

3 „Was wüssten wir ohne Literatur?" – Funktionen der Literatur

Impulstext

Elias Canetti: Schatzkästlein (1977)

Der Schriftsteller Elias Canetti (1905-1994) erinnert sich in seiner Autobiografie „Die gerettete Zunge" an seine Jugend. Als Abkömmling spanischer Juden im bulgarischen Rustschuk geboren, gelangt er mit seiner Mutter über wechselnde Stationen nach Wien.

Schon früh, in der zweiten Klasse, hatten wir als Wahlfach Stenografie. Ich wollte sie erlernen, aber sie fiel mir schwer [...]. Es widerstrebte mir, neue Zeichen an Stelle von Buchstaben zu setzen, die ich gut kannte und schon lange gebrauchte. Auch nahmen mir die Verkürzungen etwas weg. [...] An das Vorhandensein verschiedener Sprachen war ich von klein auf gewohnt, aber nicht an das verschiedener Schriften. Es war ärgerlich, dass es zu den lateinischen Buchstaben noch gotische gab, doch es waren in beiden Fällen Buchstaben mit demselben Bereich und derselben Anwendung, einander auch ziemlich ähnlich. Die Silben der Kurzschrift brachten ein neues Prinzip, und dass sie das Schreiben gar sosehr verringerten, machte sie mir verdächtig. Bei Diktaten kam ich nicht mit, ich machte haarsträubende Fehler. [...] Vielleicht wäre es so mit mir weitergegangen und ich hätte schließlich Stenografie als für mich widernatürliche Sache aufgegeben. Aber da brachte uns Schoch, unser Lehrer auch für Kalligrafie, ein Lesebuch in Kurzschrift: das „Schatzkästlein" von Hebel. Ich las einige Geschichten darin, und ohne zu wissen, um was für ein besonderes und berühmtes Buch es sich handle, las ich weiter. Ich las es in kürzester Zeit durch, es war nur eine Auswahl. So traurig war ich, als es zu Ende ging, dass ich gleich wieder von vorn begann. Das passierte mehrmals und die Kurzschrift, an die ich dabei gar nicht dachte – diese Stücke hätte ich in jeder Schrift gelesen –, war mir indessen von selber eingegangen. Ich las es so oft, bis das Heft in Stücke zerfiel, und auch als ich später das Buch in normalen Druckbuchstaben besaß, vollständig und in jeder Ausgabe, die es davon gab, kehrte ich am liebsten zu jenen zerfetzten Seiten zurück, so lange, bis sie sich unter den Fingern aufgelöst hatten.

Kalligrafie = Schönschrift

Die erste Geschichte „Denkwürdigkeiten aus dem Morgenlande" begann mit den Worten: „In der Türkei, wo es bisweilen etwas ungerade hergehen soll." Mir war immer zumute, als käme ich aus der Türkei, der Großvater war dort aufgewachsen, der Vater noch dort geboren. In meiner Heimatstadt gab es viele Türken, alle zuhause verstanden und redeten ihre Sprache. Wenn ich sie selbst als Kind nicht wirklich gelernt hatte, so hatte ich sie doch gehört, kannte auch manche türkischen Worte, die in unser Spanisch eingegangen waren, und war mir in den meisten Fällen ihres Ursprungs bewusst. Es kamen alle Nachrichten aus frühester Zeit dazu: wie der türkische Sultan uns zu sich einlud, als wir Spanien verlassen mussten, wie gut die Türken uns seither behandelt hatten. Bei den ersten Worten, die ich im „Schatzkästlein" las, war mir gleich warm zumute, was andere Leser als exotische Nachricht berühren mochte, war mir vertraut, als käme es aus einer Art Heimat. Vielleicht war ich darum auch doppelt empfänglich für die Moral der Geschichte: „Man soll seinem Feind keinen Stein in der Tasche und keine Rache im Herzen nachtragen." [...]

Von solchen Lehren, die sich nicht vergessen lassen, war Hebel voll und jede war an eine unvergessliche Geschichte gebunden. [...]

Ich glaube nicht, dass es irgendein Buch gibt, das sich mir so vollkommen und in jeder Einzelheit eingeprägt hat, ich wünschte mir, allen Spuren, die es in mir hinterlassen hat, nachzugehen und ihm in einer Huldigung, die ihm allein gilt, meinen Dank zu erweisen. Als die pompöse Jambenmoral, die in jenen Jahren meine Oberfläche beherrschte, zusammensank und sich in Staub auflöste, blieb jeder Satz, den ich von ihm hatte, intakt bestehen. Kein Buch habe ich geschrieben, das ich nicht heimlich an seiner Sprache maß, und jedes schrieb ich zuerst in der Kurzschrift nieder, deren Kenntnis ich ihm allein schulde.

Aufgabe

1. Informieren Sie sich über die Autoren Johann Peter Hebel und Elias Canetti und notieren Sie die wichtigsten Informationen.

! 2. Für Canetti war das Hebel'sche „Schatzkästlein" im wahren Wortsinne und in mehrfacher Hinsicht ein Schatzkästlein. Stellen Sie stichwortartig zusammen, welche Funktionen das „Schatzkästlein" für ihn hatte.

3. Überlegen Sie, welche Funktionen Literatur generell zukommen kann. Bilden Sie Sätze der Form „Literatur ist/kann/bewirkt/vermag/...". Belegen Sie Ihre Aussagen mit Beispielen.

Basistext

In der Wochenzeitung „Die Zeit“ machte sich Anfang des Jahrtausends die Literaturredakteurin des Blattes Gedanken über den Wert des Lesens und der Literatur.

Iris Radisch: Zeichen und Wunder (2003)

Gute Bücher bilden nicht nur Herz und Verstand: Sie machen auch glücklich

Früher, als es die Stiftung Lesen noch nicht gab, schickte der Herr ab und zu eine Botschaft aus dem Himmel, um die Erdbewohner zur Lektüre anzuhalten. Tolle, lege – Nimm und lies!, ermahnte eine rätselhafte Stimme den jungen Philosophen Augustinus, als dieser, zerknirscht wegen seiner Sünden, weinend unterm Feigenbaum saß. Augustinus stand auf und las. Augenblicklich durchflutete das „Licht der Zuversicht“ sein Herz. Es war der Anfang einer großen Liebe. Das stille Lesen – eines der großen weltumstürzenden Wunder.

Doch was taugt ein Weltwunder, das heute niemand mehr will? Was taugt eine Liebe, zu der man Leser, Bildungsreformer und Meinungsmacher inzwischen ermahnen und antreiben muss wie lahme Esel? Die schlimme Nachricht heißt: Nur noch sechs Prozent aller Deutschen greifen abends lieber zum Buch als zur TV-Fernbedienung. Das klingt zwar nach Bildungsapokalypse und Untergang des Abendlandes. Allerdings: Viel mehr Leser werden es zu Augustinus' Zeiten auch nicht gewesen sein. Die Probleme, die uns heute beschäftigen, sind nicht ganz neu. Kerner beliebter als Kleist? Wickert bekannter als Wieland? Auch damals wird es irgendeinen drahtigen Ansager gegeben haben, der die stammesfürstlichen Bulletins ausschrie. Und auch ihn wird man heftig verehrt haben.

Das Weltwunder Lesen war immer etwas für wenige. Bis die Aufklärung kam und eine grandiose Idee hatte: Gleichheit, Brüderlichkeit, Freiheit für alle – auch in der Erziehung. Folgt man der Idee, ist ein Verleger, der lieber Bücher über Steuertricks als Gedichte verlegt, ein kulturloser Geschäftemacher und sind Eltern, die ihr Automobil zwar vorbildlich parken, ihre Kinder aber blindlings vor dem Fernseher absetzen, gewissenlose Kinderverderber. Wie gesagt, eine großartige Idee.

Leider versagt sie in der Praxis. Denn in ihr kippen Fernseh- und Rundfunkintendanten ihre Kultursendungen haufenweise auf den Müll, steigt die Produktion von primitiven Wegwerfbüchern von Jahr zu Jahr, verbringen immer kleinere Kinder immer mehr Zeit vor dem Fernseher, sinkt die sogenannte Lesekompetenz nicht nur der Kinder. Politiker lassen nicht nur schreiben, sondern auch lesen, und die meisten ihrer Wähler können sich allenfalls noch auf Kürzesttexte konzentrieren. Was soll man machen?

Lesen kann man nicht befehlen, nicht mit erhobenem Zeigefinger und auch nicht mit Appellen. Wie sollten die denn aussehen? Soll man lesen, um dem Kulturbürgertum anzugehören und einen Sonnenaufgang brav im Stil von Thomas Mann mit dem Rosenrot im griechischen Götterhimmel vergleichen zu können? Soll man lesen, um seine Eheprobleme zu lösen oder gar um in der multimedialen Gesellschaft mitzuhalten? Das alles wird nicht verfangen.

Sowohl die bildungsbürgerliche wie die alltagspsychologische und die medienkompetente Aufforderung zum Lesen haben wenig bewirkt. In Wirklichkeit gilt: Literatur kann nur durch sich selbst überzeugen. Sie ist nicht dazu da, Lebenswirklichkeiten nachzuplappern, zu überhöhen oder Berufskarrieren zu begründen. Sie ist etwas Ernsteres. Sie ist eine echte Alternative, keine Flucht vor der Wirklichkeit, sondern eine Gegenwirklichkeit, mancher sagt: die eigentliche Wirklichkeit. Nur in großer Literatur sind vergangene Zeiten gegenwärtig, nur hier ist das Innere eines anderen für uns erfahrbar, nur hier können wir uns selbst als Fremde begegnen, nur hier sind Anarchie und Subjektivität wirklich zu Hause. Was wüssten wir vom Judentum, was vom Christentum oder den anderen Religionen ohne Literatur? Und wo kann man noch immer unendlich viel mehr über die Liebe erfahren als im elenden Nachtprogramm von RTL?

Augustinus (354–430) = Kirchenvater und Philosoph. Durch das Erweckungserlebnis unter dem Feigenbaum bekehrte er sich zum Christentum; vgl. auch S. 75

Heinrich von Kleist (1777–1811) = bedeutender deutscher Schriftsteller

Christoph Martin Wieland (1733–1813) = einflussreicher Literat des 18. Jahrhunderts

Gute Bücher erklären und öffnen uns die Welt, wie niemand sonst es vermag. Sie schärfen unseren Möglichkeitssinn, verfeinern unser Gehör, bilden unseren Geschmack. Sie zerreißen den Panzer aus Konvention und Banalität, der uns umgibt. Gut geschrieben ist immer auch gut gedacht: Niemand, der heute Tolstoj gelesen hat, wird sich morgen mit den Phrasen eines sprachdebilen Medienkapitalismus abspeisen lassen. Von der „Lesbarkeit der Welt" hat der Philosoph Hans Blumenberg geschwärmt. Lesend können wir die Welt erkennen. Die andere Welt. Die, in der nicht alle Zeiger auf Geld gestellt sind. Und das ist – obwohl die meisten guten Bücher schlecht ausgehen – ein großes Glück. *Nimm und lies!*

Aufgabe

1. Benennen und erklären Sie die Funktionen des Lesens, die im Text zur Sprache kommen. Charakterisieren Sie die Einstellung der Autorin diesen Funktionen gegenüber.
2. „Literatur kann nur durch sich selbst überzeugen." – Erläutern Sie, wie die Autorin diesen Satz argumentativ belegt. Überlegen Sie, ob Sie die Begründung nachvollziehen können oder nicht. Vergleichen Sie mit Ihren Antworten zu Aufgabe 3 des Canetti-Textes.
3. Halten Sie die Aussagen zum Lesen bzw. zur Bedeutung des Buches früher mit den entsprechenden Aussagen zur Gegenwart tabellarisch fest. Stellen Sie dar, was sich verändert hat, was dagegen nicht. Vergleichen Sie mit Ihren eigenen Erfahrungen.
4. Stellen Sie dar, wie die Autorin Buch und Fernsehen bewertet. Prüfen Sie die Argumentation der Autorin.
5. Untersuchen Sie die sprachlichen Mittel, die die Autorin einsetzt. Berücksichtigen Sie bei Ihrer Untersuchung Textsorte und Veröffentlichungsort.
6. Erörtern Sie schriftlich die Vor- und Nachteile der Medien Buch und Fernsehen.

Aufbautext

Martin Walser: Warum liest man überhaupt? (1978)

Bei dem Text handelt es sich um die gedruckte Fassung einer Rede, die Martin Walser bei der Übergabe des Stadtschreiberamtes an Nicolas Born in Bergen-Enteheim 1977 hielt.

Weil die Großmutter aufgehört hat zu erzählen; sei es, weil sie tot ist oder sich endgültig vor dem Fernsehapparat eingerichtet hat. Warum richte ich mich nicht auch endgültig vor dem Fernsehapparat ein? Weil es mir auf die Dauer zu anstrengend ist, so passiv zu sein. Ist das nur eine Papierblüte, dass das Passivsein, also das Nichtstun, anstrengend sei, oder steckt etwas dahinter? Wenn das Bewusstsein oder die Seele oder der Geist – egal, wie wir unsere innere Unruhe nennen –, wenn diese imaginäre Wesensmilch längere Zeit nicht selber brodeln darf, wird sie sauer. Unser Bewusstseinsseelengeist will ja selber ein Film sein, der andauernd läuft, und er geht einfach ein, wenn er längere Zeit bloß dem Beschluss oder Genuss fix und fertiger Außenfilme ausgesetzt ist. Wird also die Seele oder das Bewusstsein beim Lesen aktiver als beim Filmanschauen? Ja, weil das Geschriebene unfertig ist und von jedem Leser erst zum Leben erweckt und dadurch vollendet werden muss; kein bisschen anders als die Notenschrift des Komponisten durch den Sänger, den Pianisten und so weiter. Der Leser ist vergleichbar eher dem, der musiziert, als dem, der Musik hört. Der Leser braucht die gleichen Voraussetzungen, die der Musizierende braucht. Ich spreche nicht von Bildungsquanten. Wie klänge ein Schubert-Lied, wenn der, der es singt, nichts hätte als eine Stimme und eine Ausbildung, von dem Unerträglichen aber, gegen das diese Lieder geschrieben wurden, hätte er keine Ahnung! So wenig genügt es, lesen gelernt zu haben, um Kafka lesen zu können. Wer zum Beispiel unter Umständen lebt, die ihn über seine Lage hinwegtäuschen, liest nicht. Wer glaubt, nichts mehr zu fürchten und nichts mehr zu wünschen zu haben, kann ganz sicher keinen Kafka mehr lesen. Wer zum Beispiel glaubt, er sei an der Macht, er sei oben, er sei erstklassig, er sei gelungen, er sei vorbildlich, wer also zufrieden ist mit sich, der hat aufgehört, ein Leser zu sein. Der geht wahrscheinlich in die Oper. Wer aber noch viel zu wünschen und noch mehr zu fürchten hat, der liest. Lesen hat keinen anderen Anlass als Schreiben. Auch das Schreiben findet statt, weil einer etwas zu wünschen und zu fürchten hat. Lesen und Schreiben wären also eng verwandt? Es sind zwei Wörter für eine Tätigkeit, die durch die unser Wesen zerreißende Arbeitsteilung zu zwei scheinbar unterscheidbaren Tätigkeiten gemacht wurde. Also weil einem etwas fehlt, schreibt er, und weil ihm etwas fehlt, liest er? Wenn der Leser nicht die gleichen Erfahrungen gemacht hat, die der Autor gemacht hat, sagt ihm das Buch nichts, es ist tot für ihn. Man sagt dann, er kann mit dem Buch nichts anfangen. Ein Buch, das dem Wünschen und Fürchten von sehr vielen Menschen entspricht, mit dem schon sehr viele Menschen etwas

Franz Schubert (1797–1828) = österreichischer Komponist

anfangen konnten, ist zum Beispiel Robinson Crusoe. Jeder will weit fort und es soll letzten Endes doch gut ausgehen. Die Wirklichkeit macht meistens nicht mit. Sie vereitelt unseren Wunsch, unseren Anspruch, unser Recht. Auf diese Vereitelung, auf dieses Dreinpfuschen der Wirklichkeit antwortet jedes Buch. Man nennt den Wunschcharakter, den diese Antwort annimmt, Fiktion. In der Fiktion bestreiten wir der Wirklichkeit ihr Recht, in unsere Erwartungen hineinzupfuschen. Man muss es hundertmal sagen, dass das Schreiben nicht Darstellen ist, nicht Wiedergeben ist, sondern Fiktion, also eo ipso Antwort auf Vorhandenes, Passiertes, Wirkliches, aber nicht Wiedergabe von etwas Passiertem.

Deshalb ist Lesen auch nicht Zurkenntnisnehmen, sondern Entgegnung. Der Leser antwortet. Er antwortet mit seinem eigenen Wünschen und Fürchten. Er antwortet auf die Fiktion des Schreibens mit *seiner* Fiktion. Der Leser potenziert also die Fiktion. Erst in ihm entfaltet also die Fiktion ihre Protestkraft, Kritikkraft, Wunschkraft. Auch ein Buch, das kein Happy End hat, zeigt durch seine Stimmung, dass es lieber gut ausginge; dass es den Zustand beklagt, der zu diesem Unhappy End führte; dass es eine Wirklichkeit wünscht, in der das Ende glücklich wäre. Ich kenne nicht ein einziges Buch, in dem ein unglückliches Ende bejubelt wird, in dem der Schreiber sich glücklich zeigt über das unglückliche Ende, das seine Geschichte unter den herrschenden Umständen nehmen musste. Das ist das Gemeinsame: Leser und Schreiber wünschen ein besseres Ende jeder Geschichte, d. h., sie wünschen, die Geschichte verliefe überhaupt besser. Nur wenn die große und ganze Geschichte besser verläuft, können die unzähligen einzelnen Lebensgeschichten besser ausgehen. Leser und Schreiber sind also uneinverstandene Leute. Leute, die sich nicht abgefunden haben. Noch nicht. Hätten sie sich abgefunden, wären sie zufrieden mit sich und allem, würden sie nicht mehr lesen und schreiben, sondern gingen andauernd in die Oper.

eo ipso (lat.) = eben dadurch

Aufgabe

1. Stellen Sie dar (bzw. recherchieren Sie gegebenenfalls zunächst), was man unter „Fiktion" bzw. „fiktional" versteht. Vergleichen Sie Ihre Darstellung mit den Aussagen Walsers.

Fiktion: ____________________

____

____

2. Charakterisieren Sie mithilfe von Textzitaten den Leser im Sinne Walsers. Bilden Sie Sätze der Form „Der Leser ist/hat/will/…/…".

3. Stellen Sie dar, wie Walser die Aussage begründet, der Mensch sei beim Lesen aktiver als beim Filmeschauen. Prüfen Sie die Argumentation. !

4. Prüfen Sie die Aussage „Wenn der Leser nicht die gleichen Erfahrungen gemacht hat, die der Autor gemacht hat, sagt ihm das Buch nichts, es ist tot für ihn". Vergleichen Sie mit Ihren eigenen Erfahrungen. !

5. Analysieren Sie die sprachliche Gestaltung und die mögliche Wirkung des Textes. Beachten Sie bei Ihrer Untersuchung, dass es sich ursprünglich um eine Rede, nicht um einen geschriebenen Text handelt. !

6. Vergleichen und bewerten Sie die Argumente fürs Lesen und die Literatur von Iris Radisch und Martin Walser. !

7. Schreiben Sie eine Erwiderung zur Walser-Rede, in der Sie die Leistungen anderer Kunstformen (z. B. Oper, Film) für den Menschen hervorheben. !

4 „Aber das altmodische Wissen“ – Literatur und Lesen früher und heute

Basistext

Ulrich Greiner, Literaturredakteur der Zeit, setzte sich 1999 für die Wiedereinführung eines literarischen Kanons für die Schule ein. „Die Zeit“ stellte damals 100 Bücher zusammen, die diesen Kanon bilden sollten.

Ulrich Greiner: Der Kanon und die Kanonen (1999)

Der Kanon ist ein Spatz, auf den man nicht mit Kanonen schießen sollte. Aber kaum ist von ihm die Rede, regen sich die Aggressionen. Kaum führt die ZEIT (wie im Sommer 1997) eine Kanon-Debatte, um die großen Werke der Weltliteratur wieder ins Zentrum der Aufmerksamkeit zu rücken, da poltert es von allen Seiten: Oberlehrer, Gralshüter! Und kaum plädiert Bundespräsident Roman Herzog für literarische Bildung (wie jetzt wieder, als er in Weimar die Veranstaltungen zur „Kulturhauptstadt Europas“ eröffnete), verspottet ihn die Frankfurter Allgemeine Zeitung als „pensionierten Bahnwärter, der mit den Fähnchen winkt, während der Zug der Zeit vorbeirast“. Ja, der Zug der Zeit, wer da mitfahren könnte! Aber wohin fährt er?

Roman Herzog = Bundespräsident von 1994–1999

Seltsam. Als ob eine Zeitung, als ob ein Bundespräsident (und heiße er Herzog) verbindliche Leseverordnungen erlassen wollte, gar könnte. „Kultur und Zivilisation sind niemals ein für allemal fester Besitz. Sie müssen von jedem Einzelnen, von jeder Generation immer wieder aufs Neue errungen werden. Dazu gehört, dass man seine eigene Tradition kennt.“ Dass es gelingen kann, mit solchen (Pardon, Herr Präsident!) Banalitäten Anstoß zu erregen, ist ein schöner Zug der Zeit.

Er rast ja keineswegs nach Analphabetanien. Eine Hamburger Schulrätin sagte kürzlich gesprächsweise, dass es unter den Schülern, wie zu allen Zeiten, einen stabilen Kern von Lesern gebe. Für die ist sonnenklar (was ja auch die ZEIT-Serie „Mein Jahrhundertbuch“ zeigt), dass Proust oder Joyce oder Kafka oder Thomas Mann zum literarischen Bestand gehören. Das kann man Kanon nennen oder nicht. Aber etwas, so die Schulrätin, sei heute anders: Literarische Unbildung traut sich. Wer nicht liest, aus Mangel an Zeit oder Verstand, bekennt dies frohgemut.

Damit aber ist der Gewinn bedroht, den die Arbeiterbewegung, von den Bildungsvereinen bis zur Büchergilde, mühsam erkämpft hat: dass nämlich auch diejenigen, deren Elternhäuser frei von Bücherregalen sind, die Chance der Partizipation haben. Die ist eben kein Luxus. Es hat Folgen, ob einer seinen Geist und seine Sprache, also das Verständnis der Welt und seiner selbst, an Aristoteles und an der Bibel, am Parzival und am Faust, an Effi Briest und Madame Bovary schulen kann. Oder nicht.

Wenn öffentlich der Anschein erweckt wird, es sei letzten Endes egal, was man liest, eigentlich sei es sogar gescheiter, sich mit Windows zu befassen als mit der Antigone, dann gleicht das einem Betrug. Weil damit Bildung wieder zum alleinigen Besitz derjenigen wird, die sowieso Bescheid wissen und mit ihrer besseren Kenntnis von Tradition und Geschichte besser gerüstet sind für die Gegenwart. Diejenigen, die lesen können, werden lesen. Für die braucht man keinen Kanon, weil der sich unter Lesern immer neu von selber herstellt. Den Kanon, als das Verzeichnis der prägenden Werke, braucht man für die anderen, die das Glück einer guten Schule und eines anspruchsvollen Elternhauses nicht haben.

„Ich bin“, sagte der Bundespräsident in Weimar, „fest davon überzeugt, dass es der Bildung der Schüler nicht schaden würde, wenn man über einen Kanon nachdächte.“ Wäre das konservativ, gar reaktionär? Was der Kanon an Werten vermittelt, steht doch gar nicht fest, weil jede Lektüre ihr eigenes Recht hat, ihre eigene Lesart erzeugt. Und jeder Kanon bringt seinen Gegenkanon hervor. Das können selbst Kanonen nicht verhindern.

Basistext

H.J. Grünwaldt: Sind Klassiker nicht etwa antiquiert? (1970)

Schüler, die unter der Bettdecke heimlich „Wilhelm Tell“ lesen, existierten vielleicht schon immer nur in Wunschträumen von Lehrern, heute ist es gewiss so. Heutzutage weiß ein junger Mensch mit den sogenannten „klassischen“ Werken der Literatur, also mit jenen als „wertvoll“ bezeichneten Dichtungen, die vor der Jahrhundertwende geschrieben wurden, meist wenig anzufangen. Sofern ihm nicht von „Gebildeten“ ihnen gegenüber Befangenheit eingeredet worden ist, lehnt er sie eher spontan ab, als dass er sich für sie interessiert oder gar begeistert.

Fremd und nicht selten fast unverständlich ist ihm schon die Sprache, in der diese Texte abgefasst sind. Häufig muss er, um sie verstehen zu können, Spezialwörterbücher benutzen oder sich von eingeweihten Lehrern helfen lassen. Mancher Satz, der als besonders kunstvoll gilt, kommt ihm gekünstelt vor. Das rhetorische Pathos, mit dem einige Dichter ihre Leser mitreißen wollen, reizt ihn zum Lachen.

Er merkt, dass diese Literatur nicht für ihn geschrieben wurde. Es werden bei ihm als dem Angesprochenen mythologische, historische, auch literaturgeschichtliche Kenntnisse vorausgesetzt, die er gar nicht besitzt. Ist sein Gedächtnis damit jedoch vollgestopft worden (und auf welcher Schule müsste er das heute noch erdulden!), so fühlt er sich bei der Lektüre angesprochen als einer, dem Standesunterschiede selbstverständlich sind, der an Gott oder „die Götter“ glaubt, der Gehorsam für eine Tugend hält oder der glaubt, dass Menschen, wenn sie nur wollten, alles könnten. Er spürt, dass von ihm die Überzeugungen, die Vorurteile und Verhaltensklischees eines freien Griechen des 5. Jahrhunderts vor der Zeitrechnung ebenso erwartet werden wie die eines Ritters der Stauferzeit, eines bürgerlichen Fürsten- und Staatsdieners des 18. oder eines kleinbürgerlichen Gebildeten des 19. Jahrhunderts, dass er diese Menschen und das, was sie dachten und empfanden, zumindest verstehen soll. Sich in sie hineinzuversetzen, fällt ihm jedoch sehr schwer. Die in diesen Dichtungen dargestellten Menschen haben ganz andere Lebensgewohnheiten als er. Sie leben auf Burgen und Schlössern oder in altertümlichen kleinen Städten oder Dörfern. Sie kleiden sich anders. Wenn sie sich fortbewegen wollen, nehmen sie ein Pferd oder eine Kutsche und nicht das Auto. Nicht wenige von ihnen sind materiell unabhängig. Die Natur, die sie fürchten oder anbeten, ist der von Menschen noch nicht beherrschte und noch nicht verschandelte Bereich der Erde und nicht der wohlgeordnete Freizeitpark. Um manche Probleme dieser Menschen verstehen zu können, muss man sich daran erinnern, dass es weder eine Versicherung gab, die sie vor Unvorhersehbarem schützen, noch ein Sozialamt, das ihnen in der Not helfen konnte, dass sie häufig weder die Polizei noch Gerichte mit der Vertretung ihrer Interessen beauftragen konnten.

Selbstverständlich lassen sich all diese Verständnis-Hindernisse überwinden. Man kann die Schüler lehren, die Welt und die Menschen so zu sehen, wie der Autor in längst vergangenen Tagen sie sah oder sehen wollte, man kann sie lehren, seine Sprache und seine Probleme zu verstehen. Aber sollte man es, wenn dies so viel Schwierigkeiten bereitet? Die Arbeiten der noch lebenden Schriftsteller interessieren den jungen Menschen meist viel mehr als die Werke der Klassiker. Sollte man deshalb nicht diese zum einzigen Gegenstand des Literaturunterrichts an unseren Schulen machen? In ihnen wird die Welt mit den Augen eines Zeitgenossen gesehen und mit der Sprache eines Zeitgenossen beschrieben. Aus ihnen kann der junge Mensch etwas über seine Zeit und sich lernen. Sie sind „aktuell“, die Werke der Klassiker aber „antiquiert“, wie die Schüler sagen würden.

Aufgabe

1. Lesen Sie die Texte „Der Kanon und die Kanonen" von Ulrich Greiner und „Sind Klassiker nicht etwa antiquiert?" von Hans Joachim Grünwaldt. Fassen Sie stichwortartig zusammen, welche Position jeweils vertreten wird. !

2. Vergleichen und bewerten Sie die vorgetragenen Argumente. Legen Sie eine Tabelle an. !

3. Überlegen Sie, welche Position Ihrer Meinung (eher) entspricht und begründen Sie. Beziehen Sie bei Ihren Überlegungen auch den Text von Iris Radisch (vgl. S. 85 f.) ein. !

4. Diskutieren Sie, ob an der Schule ein Literaturunterricht möglich ist, der sowohl die Auffassung von Greiner als auch die Auffassung von Grünwaldt berücksichtigt.

Aufbautext

Hannelore Schlaffer: Setz einen Frosch auf einen Stuhl (2012)

Es gilt als ausgemacht, dass das Vergnügen am Lesen abnimmt. Der Grund dafür liegt, so meint man, auf der Hand: es sind die digitalen Kommunikationsmittel – sie sollen es dahin gebracht haben, dass heute, auf die Gesamtheit der Bevölkerung umgerechnet, mehr gelesen, mehr geschrieben wird denn je. Doch ist Internetnutzung eine Handlung, die auf praktische und vorübergehende Wirkung zielt – anders das klassische Buch, das dauerhafte Erlebnisse und Gedächtnisstoffe überliefert. Deshalb lässt sich nicht eigentlich der Untergang des Lesens und Sich-Informierens durch Buchstaben beklagen, sondern das Erlöschen einer großen Liebe, der Liebe zum Buch, und mit ihm das Verschwinden einer Existenzform: der *vita contemplativa*, in der das Buch ein Freund war.

vita contemplativa (lat.) = das dem Nachdenken und Überlegen gewidmete Leben, im Gegensatz zur *vita activa*

Seit gelesen wird, gehört die vergangene Literatur zur Leseübung; Lesen überhaupt gewinnt erst seine Autorität durch Namen, die seit Jahrhunderten gelten. Wenn heute akademische und pädagogische Projekte zur „Kompetenzmodellierung" erforschen, wie die „Kulturtechnik Lesen" am geschicktesten an Schüler und Studenten zu vermitteln sei, bleibt deshalb, selbst wenn die Eleven befähigt werden sollen, sich im Alltagsleben lesend zu orientieren, das Lernziel am Ideal eines solch kontemplativen Lesens ausgerichtet. Die Anstrengung, die Lesekompetenz zu schulen, übersieht aber, dass Lesen noch nie nur eine „Kompetenz" war, sondern ein Lebensstil, der in einer spezifischen Umgebung gedeiht. Das Ambiente jedoch, in dem ausdauerndes und emphatisches Lesen entstehen konnte, war längst im Wandel begriffen, ehe der Siegeszug der Neuen Medien einsetzte.

Während sich in der Pisa-Studie mangelnde Lesekompetenz an Beipackzetteln für Medikamente erweist, bemerken Professoren der geisteswissenschaftlichen Fächer eine tiefgreifende Unlust zu lesen an ihren Studenten. Schon 1994 beklagte der amerikanische Dozent und Essayist Sven Birkerts in seinem Buch „Gutenberg-Elegien" seine Misserfolge beim Versuch, Studenten Werke der vergangenen Literatur zugänglich zu machen: „Es war, als seien noch die letzten Lebensgeister aus ihnen herausgepumpt", nicht einmal mehr zum Widerstand gegen die Lektüre hätten sie sich aufraffen können, nur „schlechtgelaunte Apathie" sei ihm entgegengeschlagen. Birkerts und alle seine Kollegen von einst und heute erproben ihre Verführungskünste an jungen Leuten, von denen nur wenige noch von Hause aus mit klassischen Werken bekannt gemacht werden.

In der bewegungs- und reiselustigen Gesellschaft von heute bleibt wenig Muße zum Umgang mit diesem altmodischen und zeitraubenden Objekt. Zudem schleusen Eltern ihre Kinder, in der Angst, eine geniale Anlage unentdeckt zu lassen, durch ein Erziehungsprogramm, das sie mit allen Sparten von Sport und Kunst in Berührung bringt, dies überforderte Wesen am wenigsten ans Lesen erinnert. Das Buch tritt daher bescheidener auf als früher, als man ihm noch ansehen konnte, dass Lesen Luxus ist. Wo wären die gepunzten Ledereinbände, auf deren Rücken sich die Autoren durch goldgeprägte Namen als Autorität zu erkennen gaben? Sartres Großvater liebte das „Knacken" der stramm gebundenen und fadengehefteten Bände, und sein Enkel „hörte" das Buch, noch ehe er lesen konnte: Er nahm die Bände, „roch daran, betastete sie, öffnete sie nachlässig und ließ sie knacken". Ein solch sinnliches Erlebnis, das Auge, Hand, Nase beschäftigt, verspricht die Stapelware in heutigen Buchhandlungen nicht mehr. Die Pappbände, alle mit einem Cover im selben Stil, zeichnen sich durch keine Individualität aus, für die man sie „körperlich" lieben könnte. […]

Man muss den „Muttermund" nicht so doppeldeutig verstehen wie der Kulturwissenschaftler Friedrich Kittler in seinen „Aufschreibesystemen" (1985), um zu begreifen, wie prägend die mündliche Erzählung der Mutter ist. Die Märchen-CDs, die eilige Berufstätige ans Bett des Kindes stellen, können die leibliche Erfahrung von Literatur nicht ersetzen. Früher verkörperte sich die Neigung zum Buch meist in einer Person aus der Kindheit, sei diese ein lesendes Vorbild oder ein strenger Vater, der die Bücher unter Verschluss hielt, sodass sich die Leidenschaft fürs Buch gerade aus dem Verbot zu lesen entwickelte. Leselust gedeiht in klausnerischer Einsamkeit entweder als Akt der Verehrung oder des Aufstands. Dass sich jugendlicher Mut mit dem Lesen verbände, ist undenkbar in einer Zeit, da Bücher Allerweltsgeschenke sind, die meist mit pädagogischer Aufdringlichkeit überreicht werden.

Es besteht ein Zusammenhang zwischen der heutigen Einstellung zum Buch und jener zum

Alter. Ein Großvater, der die Fingerfertigkeit seines Enkels auf dem PC bestaunt, verbürgt ihm nicht die ewige Gültigkeit der Lektüre von Goethe und Schiller, und der junge Mann in der S-Bahn, der den alten Mann auf wackeligen Beinen stehen lässt, weil er ihn beschämte, wenn er ihm seinen Platz anböte, kann an die Autorität von Alter und Vergangenheit nicht glauben.

Nun war es aber nicht nur die bürgerliche Familie, die ihre Kinder auf die Lektüre klassischer Werke vorbereitete. Für die Gesellschaft, die sich zur „besseren" erklärte, war die Lektüre ein Mittel der Distinktion. Die Kenntnis der großen Autoren bewies die eigene Zugehörigkeit zu einer großen Tradition. Auf Denkmäler gehoben, waren zudem die Dichter in den Städten als Bürger von einst gegenwärtig. Freundeskreise bildeten sich, von Klopstock bis Joyce, um Dichternamen. In seinem Buch „Muttersohn" (2011) stattete Martin Walser den Helden Arno mit Verehrung für Arno Schmidt aus, dem Letzten wohl, zu dem eine lesende Jugend sich bekannte: „Arno Schmidt war für ihn ein Ausdrucksmittel. Was er selbst sagen konnte, sagte er mit Arno Schmidt."

Wenngleich auf nicht ganz so emphatische Weise wie in den Kreisen literaturbegeisterter Jünglinge verband das Dichterwort die Gesellschaft. Das klassische Zitat, Erbe des Bibelworts, war das Sprichwort der Gebildeten, es gehörte in jede Festrede, zu jedem Geburtstag, in jeden Stammtischwitz und in jede gelehrte Vorlesung. […]

Es gehörte zum Stil der heutigen demokratischen Gesellschaft, Reichtum, und sei es nur der Reichtum der Bildung, zur Schau zu stellen. Wenn der Großvater nicht mehr vom „weisen Salomo" oder „langen Laban" spricht, die Braut nicht mehr in „Paradiesbetten" schlummert, die Schülerin sich am Morgen nicht mit „Johanna geht, und nimmer kehrt sie wieder" verabschiedet und ihren Klassenkameradinnen kein Poesiealbum herumreicht, in das sich die Freundinnen mit frommen oder poetischen Sprüchen verewigen sollen, dann hat auch der „Zitatencrösus" nicht mit einem Epigramm Wilhelm Müllers zu protzen und seine Mitmenschen abzuwerten: „Setz einen Frosch auf einen weißen Stuhl / Er hüpft doch wieder in den schwarzen Pfuhl." Das Zitat diente eben nicht nur dem Schmuck der Rede, es fasste Erfahrungen in gedrängte Kürze, zeichnete aus und fällte Urteile. Das Zutrauen zu prägnant formulierten Lebensregeln aber ist geschwunden in einer Gesellschaft, die sich unentwegt neuen Technologien und Verhaltensweisen anpassen muss.

Der elitäre Charakter des Zitats zeigte sich an der gebundenen Sprache, die schwer zu verstehen, aber leicht zu erinnern ist. Doch selbst Romane und Erzählungen prägten sich früher dem Gedächtnis ein, denn immer gab es dort markante Figuren, die im Gespräch wie Zitate aufgerufen werden konnten, Don Quijote, Mignon, Anna Karenina, und vielleicht als letzte Figur, Günter Grass' Oskar. Heute beschäftigen Neuerscheinungen die Aufmerksamkeit des Literaturbetriebs; der einzige Gesprächsbeitrag dazu bleibt die schnell publizierte Rezension, wobei das nächste erfolgreiche Buch die Erinnerung ans vorhergehende schon wieder auslöscht.

Schon 1882 wandte sich Emil Du Bois-Reymond, Physiologe und Mediziner an der Universität Berlin, in einer Rektoratsrede unter dem Titel „Goethe und kein Ende" – der auf den Titel von Goethes Aufsatz „Shakespeare und kein Ende" anspielt – gegen die unzeitgemäße Verehrung der klassischen Dichtung. Zwar sollte diese „als stets bereiter Fittig zum Flug aus der Beschränktheit fachwissenschaftlichen Tagewerkes" weiterhin „genutzt" werden, doch dürfe sie nicht das Interesse an den Naturwissenschaften einschränken. Das, was das „fachwissenschaftliche Tagewerk" hervorbrachte, veränderte aber den Lebensstil der Menschen so grundsätzlich, dass sich heute ganz andere Möglichkeiten bieten, über die Beschränktheit alltäglicher Praxis hinauszukommen. Wer aber bräuchte noch Verse Goethes als „Fittig zum Flug"?

Friedrich Gottlieb Klopstock (1724–1803) = deutscher Dichter, Vertreter der Empfindsamkeit

Ernst Jünger (1895–1998) = deutscher Schriftsteller

Fittig = Flügel

Aufgabe

1. Unterteilen Sie den Text in Sinnabschnitte und formulieren Sie für jeden Abschnitt eine Überschrift. !
2. Stellen Sie dar, inwieweit sich die Bedingungen des Lesens laut Schlaffer seit dem 19. Jahrhundert verändert haben und formulieren Sie die zentrale(n) These(n) des Textes. !
3. Stellen Sie weitere Veränderungen des Lesens zusammen. Beziehen Sie eigene Erfahrungen bzw. Erfahrungen aus Ihrem persönlichen Umfeld mit ein. !
4. Diskutieren Sie (schriftlich), ob Sie Schlaffers zentraler These zustimmen können oder nicht.

Aufbautext

Peter Stein: Lesen und Lesekompetenz in der Medienwelt (2006)

Im Zeichen der Technisierung der Schreibwerkzeuge und Automatisierung der Schreibprozesse hat man das Maß und das Gewicht der modernen Schriftkultur immer mehr daran festgemacht, in welchem Umfang Lesekompetenz und -frequenz sich gegenüber anderen konkurrierenden Informations- und Unterhaltungstechniken behaupten können. Zunächst dominierten die Sorge vor einem „Zerfall der Lesekultur" bzw. einer „Mutation der Kulturtechnik Lesen", womit nicht nur der quantitative Rückgang des für das Lesen genutzten Zeitvolumens gemeint war. Eine viel erheblichere Befürchtung war, dass die Lesefähigkeit (als lebenslang gesicherte Kompetenz, als Durchhaltevermögen bei anspruchsvollen Texten, als Lesemotivation usw.) gerade bei der mediensozialisierten jungen Generation abnehme. Es etablierte sich – maßgeblich gefördert durch Institutionen der nationalen Buchindustrie, des Staates und überstaatlicher Organisationen (z. B. Bertelsmann-Stiftung, Stiftung Lesen, DFG, UNESCO) – eine empirische Lese(r)forschung, deren Befunde zur Grundlage von Prognosen wurden.

Von wirklich tragfähigen Aussagen für den Stellenwert des Lesens in der Mediengesellschaft sind die bisherigen Ergebnisse jedoch noch immer entfernt. Das Hauptproblem ist die mangelnde Vergleichbarkeit der älteren und jüngeren Untersuchungen. Hinzu kommt, dass sich das Medienumfeld durch immer neue und individualisierte Mediennutzungsangebote sowie das soziale Umfeld durch höheren Bildungsstandard (z. B. 20 % mehr Abiturienten pro Jahrgang), höhere Einkommen und ausgedehntere Freizeit massiv verändert haben. Erst die Enqueten seit etwa den 1990er-Jahren beziehen sich mit „Lesen" auf alle Printmedien und erfragen dessen Zusammenhang mit anderen medialen Nutzungen intensiver, wobei jedoch nach wie vor der Aspekt des Schreibens und Lesens von Gebrauchstexten unberücksichtigt bleibt. [...]

Unter Beachtung dieser Einschränkungen ergeben sich für die Jahrtausendwende in Deutschland folgende – in den einzelnen Untersuchungen z. T. leicht differenzierende – Befunde:

- Die Mengenverteilung von Viellesern, die täglich lesen, und Nichtlesern hat sich von je 25 % (1992) auf 28 % (Vielleser) bzw. 20 % (Nichtleser) verändert; es gibt aber auch Untersuchungen, die von bis zu 30 % Nichtlesern ausgehen.
- Diese Mengenverteilung gilt mehr oder weniger auch im europäischen Vergleich und ist seit vielen Jahren im Kern unverändert.
- Zeitunglesen rangiert weiterhin auf Platz 3 (30 %), Bücherlesen auf Platz 8 (19 %) der beliebtesten Freizeitbeschäftigungen.
- Lektüre von Sach- und Fachtexten („Qualifikationslesen") überlagert mehr und mehr belletristische Lektüre.
- Die für Lektüre aufgewendete Zeit ist zwar seit 1980 um ein Drittel zurückgegangen, vor allem bei den Jüngeren bis zu 30 Jahren, doch dafür stieg die Leseintensität. Im europäischen Vergleich liegt Deutschland damit auf einem mittleren Rang.
- Interessant ist, dass – anders als bei hohem Fernsehkonsum – PC-Nutzung und Bücherlesen signifikant korrelieren: „Auch der PC ist ein Lesemedium."
- Insgesamt wird jedoch ein zunehmendes Auseinanderdriften der aktiv agierenden Gruppe der Lese- und Medienversierten und der Gruppe der leseabstinenten Mediennutzer beklagt.

Die besondere Hervorhebung der Kulturtechnik Lesen rechtfertigt sich heute immer weniger mit dem bildenden Gehalt von (guter) Lektüre, die lange Zeit nicht ohne Ressentiment dem Amüsement-Angebot der elektronischen Medien entgegengestellt wurde. Lesen wird vielmehr als eine allgemeine Schlüsselkompetenz innerhalb der modernen Medienwelt betrachtet, wobei neuropsychologische, psychologische und linguistische Erkenntnisse sowie Ergebnisse der qualitativen Lese(r)forschung (Lesesozialisation, Medienbiographie, Leseförderung usw.) zusammenfließen. Der Satz „Lesen bildet" meint vor allem die (kognitive) Tätigkeit, dann erst das durch die Textinformation gewonnene Wissen. Dementsprechend ist die Sorge vor gefährlicher Lektüre gesunken. Die mediale Umwelt gilt nicht mehr per se als etwas, das Lesen verhindert, fördert es aber auch nicht automatisch. Sie kann in der für die Lesesozialisation wichtigen Kindheitsphase bis zum 13./14. Lebensjahr offene „Entwicklungsfenster" (für immer?) schließen, auf der anderen Seite können sich Lese- und Medienkompetenz gegenseitig stärken. Sollte dem so sein, ergäbe sich eine zunehmende „Wissenskluft" zwischen denen, die aufgrund ihrer Lese- und Medienkompetenz ihre Informationen steigern können, und denen, die das nicht können, weil sie diese Kompetenz nicht besitzen. Aus diesen Sachverhalten ergeben sich zwei Problemfelder: die Förderung schulischer und außerschulischer Lesesozialisation sowie die Auseinandersetzung mit den vielfältigen Formen des erwachsenen (Neo-)Analphabetismus.

Wo Lesen(können) als Schlüsselqualifikation zur Verbesserung von Bildungs- und Lebenschancen gilt, ist Leseförderung eine gesellschaftspolitische Aufgabe. In Deutschland widmen sich ihr neben der Schule die Bibliotheken mit ihren Kinder- und Jugendabteilungen, der Buchhandel mit speziellen Aktionen (z. B. Vorlese- und Schaufensterwettbewerbe u. a.), die 1988 gegründete Stiftung Lesen mit einer Fülle von Aktivitäten vom Kindergarten bis zur außerschulischen Jugendbildung sowie eine Vielzahl von kommunalen, kirchlichen und sozialen Einrichtungen. Wie nötig und immer noch nicht ausreichend diese Bemühungen sind, zeigt das Ergebnis der Studie des *Programme for International Student Assessment* (PISA) von 2003, in der u. a. die Leseleistung von Schulabgängern aus 30 Industriestaaten und 11 Nicht-OECD-Staaten getestet wurden und die Deutschland den 21. Platz bescherte. Dabei ist der für die Platzierung verantwortliche Durchschnittswert als rein rechnerischer kaum von Belang. Das eigentliche Problem verbirgt sich in der Gruppe jener schwachen Leser, die diesen Wert nach unten drückten: Diese Schulabgänger, die das Lesen und Schreiben gelernt haben sollten, bilden das Potenzial eines „funktionalen" bzw. Neo-Analphabetismus, das für eine funktionierende Schrift- und Medienkultur durchaus alarmierend sein könnte.

Dabei sind jedoch mehrere Gesichtspunkte zu berücksichtigen. In den Industrieländern liegt die Messlatte zur Bestimmung, ab wann ein Mensch als alphabetisiert gelten darf, sehr hoch [...]. Indem mit der „literacy"-Qualifikation auf die selbstbestimmte Partizipationsfähigkeit in der durchgehend von Schrift geprägten Gesellschaft abgehoben wird, werden die Übergänge zwischen primärem und sekundärem Analphabetismus, zwischen Nicht-Können, Nicht-Wollen und Zu-wenig-Können in der geforderten Kulturtechnik fließend und die Zweiteilung in Analphabeten und Alphabetisierte problematisch. Dementsprechend schwanken die quantitativen Angaben über das Ausmaß:

- Als primäre Analphabeten gelten zu Beginn des 3. Jahrtausends weltweit etwa 21 % der Bevölkerung (1970: 33 %), wobei in den Industriestaaten der Anteil nur bis zu 1 %, in den Schwellenländern bis zu 25 % und in den 50 ärmsten Ländern jedoch auf über 50 % geht. Die UNO hat sich mit ihrem Aufruf zur neuen Alphabetisierungsdekade 2003–2012 das Ziel gesetzt, allen Kindern eine vollständige Grundschulausbildung zu ermöglichen und die Zahl der erwachsenen Analphabeten um 50 % auf 400 Millionen zu verringern.
- Die Angaben über die Zahl der nach UNESCO-Definition funktionalen Analphabeten in den Industrieländer schwanken zwischen 2 und 15 %. Strittig ist, ob zu den Illiteraten und illiterat Gewordenen diejenigen zählen, die nur rudimentär alphabetisiert sind und ob auch die weiteren 10% von Weniglesern (Aliterate), die es nicht bis zum Buchlesen schaffen, hinzugerechnet werden dürfen.

Aufgabe

1. Klären Sie die unbekannten Wörter im Text und fassen Sie dann den Text abschnittweise zusammen.
2. In dem Text ist von den „vielfältigen Formen des erwachsenen (Neo-)Analphabetismus" (Z. 92 f.) die Rede. Halten Sie zunächst fest, welche Formen im Einzelnen konkret genannt werden. Klären Sie dann (gegebenenfalls durch Recherche), wie die einzelnen Formen genau definiert sind.
3. Stellen Sie dar, wie laut Peter Stein der Satz „Lesen bildet." zu verstehen ist. Welche Konsequenzen hat diese Auffassung? !
4. Erläutern Sie nach den Angaben im Text, weshalb eine Lese(r)forschung überhaupt entstanden ist. !
5. Ein wichtiger Befund der Lese(r)forschung besteht in der Erkenntnis, dass PC-Nutzung und Bücherlesen signifikant korrelieren. Formulieren Sie eine kurze schriftliche Einschätzung über den PC als Lesemedium und tauschen Sie sich mit Ihren Mitschülern aus. !
6. Erklären Sie, welcher Stellenwert dem Lesen heute zugesprochen wird und was daraus für die Gesellschaft folgt. !
7. Untersuchen Sie, wie der Text von Peter Stein den Artikel „Setz einen Frosch auf einen Stuhl" (S. 90 f.) von Hannelore Schlaffer inhaltlich ergänzt und bestätigt.

Aufbautext

David Gelernter: Von der Zukunft des Lesens (2012)

David Gelernter ist Informatiker und unterrichtet an der amerikanischen Universität Yale. Er publiziert regelmäßig in verschiedenen amerikanischen und auch deutschen Zeitungen.

[...] Wir befinden uns heute inmitten einer gigantischen Umwälzung, die enorme Auswirkungen darauf hat, wie eine Gesellschaft funktioniert: Wir nehmen alles, was mit geschriebener Sprache zu tun hat – Dokumente, Briefe, Notizen, Zeitungsartikel und sogar Bücher –, und verfrachten es in die Cybersphäre. Die Zukunft unserer Kultur und unserer Zivilisation wird dort geschrieben und nicht hier, nicht in realen Worten, sondern in *virtuellen*, nicht auf Papier, sondern als digitaler Code, in elektronischen, magnetischen oder anderen neuen Medien.

Es hat ganz sicher große Vorteile, alle Informationen und alles Wissen in der Cybersphäre abzulegen. Aber das altmodische Wissen bietet ebensolche Vorteile. Deshalb glaube ich, dass wir einen Kompromiss mit der Cybersphäre und der Technikindustrie anstreben müssen – anstatt uns mit einer vollständigen, passiven Kapitulation zufriedenzugeben. Wenn eine Lawine einmal rollt, kann man sie natürlich nicht mehr stoppen. Aber wir können sie ein wenig verlangsamen, ein wenig umleiten. [...]

Und auch auf ein paar Nachteile der Cybersphäre und der virtuellen Worte muss man hinweisen: Ihre Pulsfrequenz, ihr Tempo streben in Richtung Kontrollverlust – das hat bittere Konsequenzen für klares Schreiben, sorgfältiges Lesen und rationales Verhalten im Allgemeinen. Schon die ganz grundlegende, „existentielle" Verfasstheit digitaler oder virtueller Wörter unterminiert das Schreiben und Lesen. Denn virtuelle Wörter sind Wegwerfartikel; für einen Technologen meint „Dauer" zwanzig Minuten, wenn es hochkommt ein paar Jahre. Die Auswirkungen dieser Flüchtigkeit sind subtil, aber entscheidend. Es ist, als würden wir in einer Ebene leben, die alle paar Jahre überflutet, oder in einer Küstenregion, die immer wieder von Wirbelstürmen heimgesucht wird. Nach außen scheint das Leben seinen normalen Gang zu gehen, doch unter der Oberfläche ist es zu entscheidenden Veränderungen gekommen ...

Schreiben und Denken liegen nah beieinander. Wenn wir Kinder lehren, gut zu schreiben, lehren wir sie, gut zu denken. Wenn wir sie lehren, aufmerksam zu lesen, lehren wir sie, Informationen zu sammeln und gründlich über sie nachzudenken. Schreiben als originäres Denken, Lesen als gedankenvolle Aufnahme von Informationen sind die wichtigsten Dinge, die ein Schüler lernen kann. Gutes Schreiben und Lesen liegt allem zugrunde, was wir in Literatur, Kritik, Journalismus, Philosophie, Geschichtsschreibung und ganz sicher auch in den Naturwissenschaften tun. Wir sollten den besten Schülern Lesen und Schreiben jedes Jahr aufs Neue und auf einem immer höheren Niveau beibringen – vom ersten Schultag bis zum Ende des Studiums. Wenn ich könnte, wie ich wollte, würde ich meinen Studenten in Yale nichts anderes anbieten als einen Kurs in behutsamem Lesen und klarem Schreiben. Aber es ist schwer, die alten Trennlinien, die das Leben und die Lehre an modernen Universitäten nach wie vor regeln, zu durchbrechen.

Die Cybersphäre ist, wie gesagt, schon deshalb gefährlich, weil sie die Informationsrate, den „Cyberpuls" oder, ganz allgemein, das Tempo unserer Gesellschaft immer mehr beschleunigt. Dieser Cyberpuls ist in erster Linie eine Idee, nicht etwas, das man exakt bemessen kann. Aber wir können ihn grob als die Häufigkeit beschreiben, mit der wir auf neue Informationen stoßen. Vor hundert Jahren erreichten sie uns in handgeschriebenen Briefen, gedruckten Dokumenten, Zeitungen, Journalen, Büchern und Telegrammen, zwei Generationen später auch über das Telefon, über Illustrierte, Radio und Fernsehen. Heute überfluten uns Informationen durch E-Mails und Onlinemeldungen in Blogs und auf Websites, häufig auch über SMS, Mailboxnachrichten und Kommentare in sozialen Netzwerken. Die Informationsrate gerät immer stärker außer Kontrolle, derweil die westliche Welt entdeckt, dass sie nach dem Zeitalter der universellen Alphabetisierung ins Zeitalter des universellen Publizierens eingetreten ist. Nun kann nicht nur jeder lesen und schreiben, sondern auch alles veröffentlichen, was er zu veröffentlichen beliebt, und sein potentielles Publikum nähert sich mehr und mehr der gesamten Erdbevölkerung.

Kürzlich nahm ich an einer Sitzung teil mit jemandem, der Investments für Technologieunternehmen arrangiert. Sein Handy piepte jedes Mal, wenn eine SMS, ein Anruf oder eine E-Mail eintraf; er ignorierte das und redete weiter, aber wir alle hörten es, etwa alle 2 Minuten kam eine Nachricht – und so ging das den ganzen Tag. Die meisten von uns werden noch nicht mit einer derartigen Informationsrate konfrontiert. Aber das allgemeine Cybertempo wird immer höher. Und auch wenn Menschen flexibel sind und sich größeren Geschwindigkeiten anpassen können, gibt es eine Grenze, ab der die Qualität des Lesens und des Schreibens abnimmt und sich die Bedeutung der Worte verändert. Die Qualität dessen, was wir produzieren, verschlechtert sich, und vielleicht auch unser Leben und unser Glück. Ein guter Tennisspieler muss am Netz gut reagieren. Wenn der Ball vom Gegner kommt, muss er seinen Schläger schnell in die richtige Position bringen: So werden Spiele gewonnen. Die besten Tennisspieler beherrschen das Spiel am Netz geradezu mit Perfektion. Aber jeder hat eine persönliche Grenze, ab der er nicht mehr adäquat reagieren kann. Wenn wir ihn mit einer Ballmaschine schneller und schneller beschießen, ist auch der beste Spieler irgendwann überfordert. Im übertragenen Sinn passiert gerade genau das: Die Cybersphäre beschießt uns mit Informationen – ohne Rücksicht auf unsere persönlichen Grenzen. [...]

Ein außer Kontrolle geratener Cyberpuls ist natürlich nicht gleichbedeutend damit, dass Menschen automatisch nicht mehr genau lesen und schlecht schreiben. Aber er drückt sie in diese Richtung. So wie handgeschriebene Briefe und gedruckte Bücher ein langsames, vorsichtiges und gedankenvolles Lesen und Schreiben angeregt haben, entsteht durch die kleiner werdende Kluft zwischen Schreiben und Publizieren ein Druck, immer mehr und immer schneller zu schreiben. Zugleich zwingt die enorme Flut der von anderen erzeugten Texte in der Cybersphäre dazu, alles unmittelbar und weniger sorgfältig zu lesen. Die Gesellschaft verändert sich von mechanischer hin zu elektronischer Geschwindigkeit. Dieser Wandel entspricht etwa dem Übergang von Körpergeschwindigkeit zu Gehirngeschwindigkeit. Wir denken in Gehirngeschwindigkeit, können Informationen also schnell generieren, aber niemals ähnlich schnell absorbieren. Früher war es noch so, dass uns das Versenden einer Nachricht oder die Publikation eines Werks von Gehirn- auf Körpergeschwindigkeit verlangsamte. Die Verzögerung durch Stift und Papier war durchaus sinnvoll. Heute müssen wir uns zwar meist immer noch auf Körpergeschwindigkeit verlangsamen, wenn wir Wörter in den Computer eingeben. Doch wenn wir mit Hilfe von Wortprozessoren Wörter in höchster Geschwindigkeit und ohne innezuhalten herunterrattern, werden sie zu Feinden des guten Schreibens. Und der Schreibprozess wird sich in näherer Zukunft noch weiter beschleunigen: Der Computer wird unsere Sätze noch schneller schreiben, als wir sie tippen oder auch nur denken können, weil er durch sorgfältige Analyse unsere Schreibmuster kennt und erraten kann, was als Nächstes kommt. Manchmal weiß er, was wir schreiben wollen, bevor wir es selbst wissen.

Aber es gibt noch eine andere, seltener diskutierte Gefahr: Es geht um das, was ich den „existentiellen Status des Wortes" nenne, eine komplexere Formel, als eigentlich notwendig wäre. Digitale Worte, in Form von Bitcodes auf elektronischen Schaltern oder Magnetplatinen gespeichert, sind flüchtig, sind Wegwerfartikel wie Pappbecher oder Plastikgabeln. Der Unterschied zwischen elektronischen und echten Büchern aus Papier steht symbolisch für diesen Übergang zu leichtgewichtiger, flüchtiger Information. Während die praktischen Aspekte des Konkurrenzkampfes zwischen digitalem und realem Buch oft erwähnt werden, redet man zu wenig über die symbolische Bedeutung dieser Veränderung. Vielen Menschen fällt es schwer, ein Buch wegzuwerfen – selbst wenn es sich um eines handelt, das man weder braucht noch mag. An die Bücherverbrennungen der Geschichte erinnern wir uns als Verbrechen gegen die Kultur. Aber es fällt uns nicht schwer, eine Million digitaler Zeichen mit ein paar Befehlen zu löschen und nie wieder darüber nachzudenken.

Auf dem New Yorker Times Square hatte ich ein faszinierendes Erlebnis: Auf einem großen Plakat wurde für eine Ausstellung über die Qumranrollen geworben. 2100 Jahre alte hebräische Sätze standen da direkt neben gigantischen Reklamen für Filme, Broadwayshows und Handys. Für jeden, der des Hebräischen mächtig ist (und davon gibt es in Manhattan einige), war es bemerkenswert einfach, die alten, mit Tinte auf Pergament geschriebenen Worte zu lesen. Zum Glück haben die damaligen Schreiber ihre Dokumente keinem Computer anvertraut. Das geschriebene Wort ist seit mehr als zweitausend Jahren ein verlässlicher Bedeutungsträger. Wird die digitale Welt die nächsten zweitausend Jahre speichern können? Könnte man einen zweitausend Jahre alten Computer hochfahren? Oft ist es ja schon schwer genug, einen zehn Jahre alten PC zum Laufen zu bringen …

> **Qumranrollen** = älteste erhaltene Bibeltexte

Aufgabe

1. Definieren Sie den von Gelernter gebrauchten Begriff „Cyberpulse".
2. Erläutern Sie, wie er das Verhältnis von gedrucktem Buch und Neuen Medien sieht. !
3. Vergleichen Sie Gelernters Überlegungen mit eigenen Beobachtungen und Ihrem eigenen Verhalten. !
4. Diskutieren Sie die Folgen des „universellen Publizierens" (Z. 72 f.). !

5 „Ganz neue Möglichkeiten" – Literatur und elektronische Medien

Aufbautext

T. C. Boyle: Autoren-Dämmerung (2012)

Er hat als einer der ersten Schriftsteller Blogs auf seiner Website gepostet. Das macht T.C. Boyle inzwischen seit 13 Jahren. An E-Readern und E-Books dagegen hat der US-Romancier gar kein Interesse. Eine Bestandsaufnahme über das Schreiben und das Lesen im ausufernden digitalen Raum.

Ich war bereits Blogger, bevor es den Begriff überhaut gab. Als ich 1999 erstmals auf meiner damals neuen Website an meine Leser schrieb, war diese Art der Ansprache unter Schriftstellern nicht sehr verbreitet. Und ich muss zugeben: Ich wusste anfangs selbst nicht so genau, worauf das alles hinauslaufen würde.

Mein Sohn Milo, ein Computertüftler und damals Highschool-Absolvent, hatte mich dazu überredet. Er fand, sein Vater müsse jetzt unbedingt eine Website haben. Also hat er mir eine entworfen. Inzwischen arbeitet er für ein großes IT-Unternehmen. Aber – armer Milo – meine Website muss er weiterhin pflegen. Selbst schuld: Da hat er sich in jungen Jahren eine Lebensaufgabe aufgebürdet. Mich hat das damals vor allem deshalb gereizt, weil mir Website und Blogs ganz neue Möglichkeiten gaben, mit meinen Lesern zu kommunizieren. Das ist bis heute so geblieben. Und ist immer wieder inspirierend, diese stetig wachsende Community zu beobachten, die sich um meine Website herum gebildet hat. So gibt es inzwischen auch einen deutschen Ableger, www.tcboyle.de, wo meine Blogs übersetzt werden. Was mich am meisten fasziniert, ist, dass sich die Besucher meiner Site untereinander austauschen. Sie posten eigene Arbeiten oder verabreden sich für ein Treffen. Manchmal reisen meine europäischen Fans in die USA und übernachten dort auf den Sofas meiner amerikanischen Anhänger, dann wieder ist es umgekehrt. Und all das entsteht unabhängig von meinem eigenen Input.

Ich mag zwar ein Pionier des Blogs sein, inzwischen wohl eher sowas wie ein Old-School-Blogger. Egal. Es macht mir immer noch großen Spaß, gelegentlich auf meiner Website zu schreiben. Gelegentlich! Ich mache das vor allem, um zu unterhalten, ein paar Informationen einzustreuen. Aber meine Blogs sind keine literarischen Texte, auch keine Tagebucheinträge, es sind einfach Momentaufnahmen. Ich schreibe, wo ich grade bin, was mir durch den Kopf geht. Aber eben nicht jeden Tag.

Ich blogge also nur ein bisschen, in homöopathischen Dosen, ein bis zwei Mal im Monat. Das ist bis heute eher die Ausnahme. Es gibt Menschen, die scheinen inzwischen jeden wachen Moment mit Bloggen und parallel dazu noch mit Tweeten zu verbringen. Ich tweete nicht. Und ich hoffe, ich werde es nie machen müssen. Ich habe auch keinen Facebook-Account. Sollte es dennoch einen von mir geben, versichere ich hiermit: Er stammt nicht von mir! Ich habe Mühe, mir vorzustellen, dass Leute Twitter und Facebook tatsächlich ständig verfolgen. Und wenn ja – woher nehmen sie die Zeit dafür? Ich will mich von diesen Kommunikationskanälen nicht versklaven lassen. Und mein Eindruck ist, dass genau das passiert, wenn man sich erst einmal darauf eingelassen hat.

Dieses ständige Bloggen, Tweeten und Posten hat sich zum genauen Gegenteil dessen ausgewachsen, was man von uns Schriftstellern eigentlich erwartet: Dass wir uns Zeit zum Nachdenken nehmen, Zeit, in der wir nicht unterbrochen werden von all diesen Kommunikationsspielzeugen, die unser Leben bestimmen und kontrollieren. Ich lasse die meisten dieser Geräte nicht an mich herankommen – es sei denn, jemand kann mich überzeugen, dass ich diese Dinger brauche, um mich, wie all die anderen Tiere auf diesem Planeten, irgendwie weiterzuentwickeln.

Bisher ist das noch niemandem gelungen. Ich besitze weder einen Kindle noch einen anderen E-Reader. Meine Frau dagegen ist ein großer Fan des Kindle. Im Gegensatz zu mir liebt sie es, online zu stöbern und so auf Bücher und Themen zu stoßen, von denen sie dahin gar nicht wusste, dass sie sie interessieren könnten. Ich dagegen bevorzuge es, nach wie vor, ein richtiges, gedrucktes Buch in den Händen zu halten. […]

Es gibt andere Möglichkeiten, Literatur digital innovativ zu präsentieren – beispielsweise auf den Tablets. Kürzlich erschien im New Yorker meine Kurzgeschichte „Los Gigantes". Anschließend schlug mir das Magazin vor, die Geschichte selbst einzulesen. Sie nahmen es auf, das Video dazu ist jetzt auf der App zu hören und zu sehen. Das fand ich großartig, weil es eine sinnvolle Ergänzung zum gedruckten Buch ist.

Ich glaube zwar nicht, dass die E-Books die gedruckten Bücher vollständig verdrängen werden – auch wenn das immer wieder orakelt wird. Sie dürften allerdings den Taschenbüchern den Rang ablaufen. Wer sich früher die teure Hardcover-Ausgabe von, sagen wir, Günter Grass nicht leisten konnte, musste sich lange gedulden, bis die günstigere Taschenbuchausgabe erschien. Ich habe das mein Leben lang so gemacht. Heute kann man zeitgleich zum Erscheinen der teuren Hardcover-Ausgabe die viel günstigere E-Book-Version downloaden und sofort lesen. Das wird den Paperbacks das Leben schwer machen. […]

Wohin die Entwicklungen im E-Publishing letztlich führen werden, lässt sich zurzeit nicht wirklich absehen. Mir kommt es allerdings so vor, als würden wir unsere Gesellschaft allmählich dicht machen, uns zunehmend hinter den Türen und Mauern unserer Häuser abschotten, weil immer mehr Menschen nur noch online einkaufen.

Ich genieße es aber nach wie vor, in Buchhandlungen zu gehen. Ich liebe es, Bücher anzufassen, dort womöglich Leute zu treffen, mich zu verabreden – wer weiß, vielleicht landen wir am Ende ja in irgendeiner Bar. Aus den gleichen Gründen bin ich gerne in Plattenläden und Videotheken gegangen. Nur, die gibt es nicht mehr. Sie sind unwiederbringlich im Mülleimer der Geschichte gelandet. Und damit ging auch das Gemeinschaftsgefühl verloren, das an solchen Orten entstand.

Die E-Books werden es den kleineren, reinen Buchläden schwer machen. Die Folge wird sein, dass man gedruckte Bücher nur noch in Buchhandelsketten oder in den großen Supermärkten kaufen kann. […]

All diese Entwicklungen zusammen werden nicht unbedingt zur Erhöhung des literarischen Niveaus beitragen. Verlage werden sich künftig noch akribischer als bisher überlegen, welche Stoffe sie überhaupt noch als gedruckte Bücher herausgeben werden.

Andererseits heißt es, dass es schon jetzt viel mehr Veröffentlichungen online gibt, als in den Jahren zuvor. Darunter sind Debüts, die nur online verfügbar sind. Tendenz steigend. Alles prima. Nur gibt es bislang noch keinen zufriedenstellenden Überblick, der es literarisch Interessierten Menschen wie mir ermöglichen würde, all dieses Zeug zu finden und darüber hinaus auch Rezensionen zu diesen Werken aufzuspüren. In den Print-Medien werden sie meistens gar nicht besprochen. Aber egal, wie man es betrachtet: Diese Entwicklungen lassen sich nicht mehr aufhalten. Wir müssen es nehmen, wie es ist.

Aufgabe

1. Fassen Sie zusammen, wie Boyle persönlich zu Blogs, Facebook, Twitter, Tablets und E-Readern steht.
2. Stellen Sie dar, was nach Boyle von Schriftstellern erwartet wird und wie sich diese Erwartung mit der Präsenz in den Neuen Medien verträgt.
3. Arbeiten Sie heraus, welche gesellschaftlichen Wandlungen sich bereits ergeben haben und welche Boyle – auch aufgrund von E-Readern – erwartet. Unterscheiden Sie zwischen spezifisch literaturbezogenen und anderen Veränderungen.
4. Boyle beklagt, dass es für Literatur im Netz keinen Überblick gäbe. Diskutieren Sie, wie ein solcher Überblick geschaffen werden könnte.

Tipp zur Weiterarbeit

1. Diskutieren Sie, was eine weitgehende Digitalisierung von Literatur für Verlage und Autoren bedeuten könnte. Berücksichtigen Sie, welche Funktion Verlage (aber auch Buchhandlungen und Bibliotheken) heute auch haben.
2. Vergleichen Sie die Position Boyles mit der von Thomas Hettche. Lesen Sie dazu den Text „Wahre Literatur ist rücksichtslos" (Online-Code) und stellen Sie dar, welche Rolle Hettche dem Autor und seinem Werk zuschreibt.
3. Recherchieren Sie aktuelle Verkaufszahlen von E-Books und E-Readern und stellen Sie mögliche Trends fest.

Zusatztexte
- Thomas Hettche: *Wahre Literatur ist rücksichtslos*

2b5rm9

Basistext

Maik Söhler: Die neue Netzliteratur – Wo ist sie nur? Wo? (2006)

Weihnachtszeit, Lesezeit: Wann, wenn nicht jetzt, kommt man denn mal so richtig zum Lesen. In gedruckter Form, sprich: in Büchern, ist das Angebot derzeit überwältigend und wächst von Jahr zu Jahr immer weiter an. Aber im Internet tut sich Literatur seltsamerweise immer noch schwer. Warum nur?

Im Internet gibt es bekanntlich nichts, was es nicht gibt. Auf den ersten Blick gilt das auch für die Literatur. Jeder Verlag, der etwas auf sich hält und weiß, wie leicht es ist, im Netz unter Umgehung von Vertretern, Groß- und Einzelhandel Geld zu verdienen, hat seine eigene Website; bei Amazon und Ebay gehört der Verkauf von neuen oder gebrauchten Büchern längst zum Kerngeschäft; das Rezensionsfeuilleton, die Literaturfakultäten der Unis und selbst der traditionelle Buchhandel gehen in Scharen online.

Allein, wer genauer hinsieht, kommt dabei zu seltsamen Ergebnissen. Wer sich hierzulande aus literarischen Kreisen im Netz tummelt, nutzt deswegen noch lange nicht die Stärken und Möglichkeiten, die dieses Medium bietet: Aktualität, Schnelligkeit, technische Innovation, Subjektivität, Interaktion und vor allem: Vernetzung. Sehen wir uns doch einfach mal in der Literaturszene um, überprüfen, wie sich Verlage, Autoren und Rezensenten online präsentieren und schauen, ob und wie die Literatur das Netz beeinflusst bzw. umgekehrt, ob und wie Literatur sich durch das Internet verändert.

Beginnen wir mit jenen, die den höchsten Stellenwert in der Literatur haben sollten: den Autoren. Da war doch mal was, es ist noch gar nicht so lange her. Rainald Goetz brillierte im Netz mit „Abfall für alle", die jungen deutschen Literaten versammelten sich wahlweise am Pool (www.ampool.de) oder im „Forum der Dreizehn" und wem das zu kollektiv war, der ließ sich vom Verlag ein so genanntes Writersblog einrichten.

RSS = Format, das einfaches Verändern von Websites möglich macht

Blogroll = Linksammlung

Heute suchen Sie nach Goetz – nicht nur im Netz – vergeblich. „Am Pool" wird fündig, wer ein Hotel mit Pool sucht, das „Forum der 13" kommt nicht nur optisch grau in grau daher und zahlreiche Writersblogs sind längst wieder dicht oder wollten ohnehin nie eins sein. Haben Schriftstellerinnen und Schriftsteller im Netz einfach nichts mehr zu sagen? Das kann nicht sein. Die Linkliste zu bloggenden deutschsprachigen Autoren auf blog.literaturwelt.de ist lang und, wie die Betreiber selbst schreiben, alles andere als vollständig. Sie reicht von A wie Alban Nikolai Herbst bis zum Y wie in Yuniversum. Z entfällt ganz, weil Peter-Paul Zahl und Raul Zelik zwar eine eigene Webpage, aber kein Blog haben, und Feridun Zaimoglu ein liebenswerter Technikmuffel ist, der nicht mal seine Mails abruft.

William Gibson/ Neal Stephenson = US-amerikanische Science-Fiction-Autoren

Dave Eggers = US-amerikanischer Schriftsteller

Dabei stehen neue, auf die Netzbegleitung eines aktuellen Buches zielende Blogs wie Oliver Maria Schmitts Punkblog neben älteren Spezialistenblogs wie Jochen Schmidts regelmäßiger Proust-Lektüre, freie Autoren wie Bov Bjerg konkurrieren mit von Medien oder Verlagen unterstützten Literaturbloggern wie Jan Weiler oder Thomas Kapielski um die Aufmerksamkeit der Netzbesucher. Manche Schriftsteller mischen in weiteren kollektiven Blogs mit – was wäre die Riesenmaschine ohne Kathrin Passig und Wolfgang Herrndorf? –, einige bloggen gemeinsam und doch getrennt, andere führen ein verbissenes dichterisches Einzelkämpferdasein.

Was aber macht der Schriftsteller in seinem Blog? Ist für ihn das Netz bloß eine Abwurfstelle für bisher unveröffentlichte Texte? Lässt er dort seinem Mitteilungsdrang – ungehindert von Lektoren, Lesern und Verkaufserwartungen – freien Lauf? Oder ist er im Gegenteil gehemmt, weil jede Veröffentlichung im Internet eine Veröffentlichung woanders weniger bedeuten kann, da Printmedien und Verlage immer noch Wert auf Exklusivität legen?

Nehmen wir ein Beispiel, das typisch und untypisch zugleich ist – typisch, wo es um die Inhalte geht, untypisch in der Form: Alban Nikolai Herbst wartet mit Aphorismen, Lyrik, Begriffsbestimmungen, Skizzen sowie selbstreferenziellen Passagen auf. Man muss ihn als Schriftsteller nicht mögen, um ihm doch ein gutes Gespür für das Schreiben im Netz zu bescheinigen. Seine Blogbeiträge lesen sich wie Vorarbeiten zu literarischen Texten, sie sind kurz, variabel im Tempo und halten eine adrette Balance zwischen der Subjektivität des Tagebuchs und einem gewissen Überschuss, den es manchmal braucht, um daraus Literatur werden zu lassen – prätentiöse Passagen inbegriffen.

Auch formal steht Herbst im Netz gut da. Viele Beiträge sind verlinkt, aktuelle Einträge werden gesondert aufgezeigt, es gibt Kommentar- und Suchfunktionen sowie RSS und ein Archiv, Hinweise zum sonstigen Werk des Autors sind vorhanden, aber dezent in die Seite eingearbeitet. Die Blogroll ist jedoch recht dürftig. Dass Herbsts stellenweise arg behäbiger Stil nicht recht zum Internet passt, kann man ihm zwar zum Vorwurf machen, das betrifft aber mehr den Schriftsteller und weniger den Blogger. Immerhin: Hier hat jemand begriffen, wie sich Literatur im Netz ansatzweise behaupten kann.

All das ist immer noch weit entfernt von einer Literatur im Netz, die das Wissen um den Publikationsort in sich trägt, die sich also allein dadurch verändert, dass sie im und fürs Internet geschrieben wurde. William Gibson und Neal Stephenson haben in ihren Werken sehr früh über das Netz geschrieben, und das in einer Sprache, die sowohl buch- wie netzkompatibel war und somit beides – Literatur- und Netzsprache – nachhaltig beeinflusst und verändert hat. Beide haben sich in ihren jüngsten Romanen mehr oder weniger vom Internet abgewandt, sodass ähnlich wie in Deutschland nach Goetz eine Lücke entstanden ist, die derzeit niemand zu füllen in der Lage ist.

Niemand? Man sollte nicht den stets umtriebigen Dave Eggers vergessen. Zwar ist er weder Blogger noch war er je Cyberpunk, doch sein Internetauftritt und vor allem seine Schreibweise sind sehr avanciert. Jeder seiner Romane – auf Deutsch ist gerade „Ihr werdet (noch) merken, wie schnell wir sind" erschienen – liest sich wie Literatur, die im und fürs Netz geschrieben wurde. Und doch sind sie dort nur in Auszügen vorhanden, wer sie ganz lesen will, muss zum Buch greifen. Wie unfair!

Aufgabe

1. Fassen Sie zusammen, wie Söhler die Internetpräsenz von Autoren im Netz quantitativ und qualitativ einschätzt.
2. Diskutieren Sie, welche Motivationen es für Autoren geben könnte, im Netz aktiv zu sein (also über eine eigene Website mit üblichen Inhalten wie Lebenslauf oder Veröffentlichungen hinaus). Beziehen Sie den Text von T. C. Boyle (vgl. S. 96 f.) mit ein.
3. Überlegen Sie, ob bzw. wie sich „Literatur im Netz“ (Z. 96 f.) von gedruckter Literatur unterscheiden müsste.
4. Beschreiben Sie, wie ein Literaturforum oder ein Internetauftritt eines Autors gestaltet sein müsste, damit Sie diese Site gerne besuchen würden.
5. Bewerten Sie Internetauftritte von Gegenwartsautoren, von denen Sie schon Texte gelesen haben. Formulieren Sie gegebenenfalls konstruktive Verbesserungsvorschläge.

Aufbautext

Elfriede Jelinek: Neid (2008)

Text in alter Rechtschreibung

Mit „Neid“ hat die Literaturnobelpreisträgerin Elfriede Jelinek einen „Privatroman“ im Internet und für das Internet geschrieben. Das Buch, das so gesehen kein Buch ist, weil es nicht gedruckt und gebunden ist, kann im Internet gelesen (oder allenfalls ausgedruckt) werden.

Kleine Lebenswelten stürzen nach außen, die dazupassenden kleinen Lebensweisheiten nach innen. In der Mitte treffen sie einander. Touristische Aktivitäten zur Vermarktung von Kultur und Geschichte sollen, ausgerechnet an so einem Ort, plötzlich zusammengefügt werden wie kurzgeschlossene Drähte, bis sie, nicht einmal ein Auto in Gang setzend, funkensprühend, zischend zurückschlagen, um den Einzug in unser Fassungsvermögen ordentlich vorzubereiten, was bedeutet: Spaßfaktor! Spaßfaktor! Der wird gesucht, bitte, ich verdiene ja nichts daran, und Sie verdienen es nicht besser. Lesen Sie, daß ich dem Substandard zuzurechnen bin, das heißt, mir wird faktisch nichts mehr zugerechnet, denn ich habe schon alles und brauche nichts. Meine Größenordnung ist nicht alarmierend, aber ich bin doch ziemlich groß geworden, und ich sehe derzeit keine Nachfolgerin. Nein, ich sehe nur noch Nachfolgerinnen und bekämpfe sie entschlossen. Aber diese Gegend und diese Menschen brauchen ihre stille Reserve (ich brauche sie nicht!), die Größenordnungen dessen, was fehlt, sind nicht allzu alarmierend, und man muß ja bedenken, daß ein funktionierender Markt auch eine Mobilitätsreserve in Form von zeitweilig Arbeitslosen und/oder zeitweilig leerstehender Wohnungen benötigt, denn man muß die Arbeitslosen ja irgendwo hineintun, wo es noch leer ist, sonst stehen sie im Eck oder am Eck und spielen Geige, nur schlechter als ich oder Brigitte, von der die Rede ist, nein, noch nicht, aber bald. Was ich benötige, interessiert keinen, das ist wahrscheinlich auch der Grund, weshalb ich es nicht bekomme. […]

Aufgabe

1. In einem Interview mit der „Frankfurter Allgemeinen Zeitung“ äußerte sich Elfriede Jelinek über ihre Motive, ihren Roman im Internet zu publizieren. Erläutern Sie Jelineks Sicht des Internets. Diskutieren Sie, ob Sie diese Auffassung teilen oder nicht.

FAZ: Sie bezeichnen Ihren Text im Internet als „Privatroman“? Warum? Ist das eine Gattungsbezeichnung?

Jelinek: Das bedeutet, dass der Roman nur privat erscheint, sozusagen im Selbstverlag, aber auch, dass, umgekehrt, mehr Privates in den Text einfließt als sonst.

FAZ: Sie stellen den Privatroman ins Internet, den öffentlichsten aller möglichen Orte. Warum tun Sie das?

Jelinek: Das Internet ist aber eine andere Form der Öffentlichkeit, denn die Öffentlichkeit im Netz ist virtuell. Wenn alle etwas lesen können, dann kann es eben auch keiner. Ich schreibe den Text, aber gleichzeitig kann ich mich auch hinter ihm verstecken, denn er ist ja sozusagen nicht-geschrieben.

Tipp zur Weiterarbeit

1. Informieren Sie sich über die beiden im Text genannten US-Autoren Gibson und Stephenson. Prüfen Sie, inwieweit ihre Sprache „sowohl buch- wie netzkompatibel“ (Z. 102) ist.

Basistext

Daniel Kehlmann: Ein Beitrag zur Debatte (2009)

Text in alter Rechtschreibung

Der Internetsüchtige aus der Geschichte „Ein Beitrag zur Debatte" (vgl. S. 36 f.) trifft auf einer Geschäftsreise in einem Hotel den Schriftsteller Leo Richter, dessen Werke er vorbehaltlos bewundert. In Kehlmanns Roman „Ruhm", der geschickt unterschiedliche Erzählstränge verbindet und mit verschiedenen Erzählebenen spielt, ist Richter der Held der zweiten Geschichte „In Gefahr".

Unter dem Vordach stand ein Mann und Zigarette. War schon fast dunkel, so daß ich zuerst nur seine Umrisse und den Licht-Punkt sah. Bat um Feuer, und während er nervös kramte, erkannte ich ihn.

„Leo Richter!"

Zuckte zusammen. Sah mich an. Er wars!

Okay. Ich frag euch jetzt: Was hättet ihr gemacht? Muß vorausschicken: War seit Jahren ein Fan von ihm, aber Irrsinn wie. Das eine Buch, Titel weiß ich jetzt nicht, in dem Lara Gaspard in Paris unterrichtet und dann diesen völlig abgewrackten Typen trifft und dann in der letzten Story ins Totenreich steigt. Ich hab das gelesen und, totaler Irrsinn, gar nicht glauben können, war einfach der riesen Trip. Der Stil, der Witz, alles stahlgut, aber vor allem: diese Frau. Muß dazu sagen, so richtig lucky war ich nie beim andren Geschlecht, immer so rum und blabla und dann immer „Laß mich in Ruhe, bist ja ein netter Typ, aber nicht auf die Art, geh jetzt weg!" und so weiter, all der Bullshit, den ihr auch kennt, und bei Parship, auch wenns zuerst eins a lief, immer No Response, sobald ich mein Fotobild freigeschaltet habe. Aber Lara, das wußte ich, da wärs anders gelaufen. Die ist nicht äußerlich. Und obwohl die selbst aussieht wie Irrsinn, ist die doch so klug, daß sie sich nicht schert, wie ein Mann von außen. Und sie denkt wie ich! Und ich wie sie! Weiß schon, so soll man Bücher nicht lesen, aber manchmal. Na ja. Klingt das crazy?

Ich meine, ich weiß, daß sie erfunden ist. Weiß auch, denn natürlich hab ich damals gleich gegoogelt, daß Leo Richter das geschrieben hat, als er selbst in Paris war, und dann, als seine Frau ihm den Stiefel gegeben hatte, kamen die drei Storys, wo Lara ihren Husband verlässt. *Der Mond und die Freiheit, Herr Müller und die Ewigkeit*, und Titel von der dritten hab ich vergessen. Also: Was ihm zustößt, das passiert dann ihr, was er macht, macht später sie, und wer ihn trifft, kann in einer Story auftauchen. Im literaturhaus-Forum nannte das einer *autobiographischen Narzißmus*, aber dem hab ich sowas von Feuerstahl gegeben, der chattet nie wieder über Zeug, das er nicht überzieht, der Müllhund. Nur die Story von der alten Lady, die in die Schweiz fährt, um sich niedergiften zu lassen, hab ich gar nicht gemocht, da war nichts von ihm selbst drin, und der Schluß hat gar keinen Sinn gehabt, keine Ahnung, wer den überziehen soll, ich jedenfalls nicht.

„Ihr Buch! Was glauben Sie, wo ichs gelesen hab?"

Dann Schluckauf. Logischer Fall: die Aufregung. Fällt mir eben schwer, mit Fremden zu reden, tue ich sonst auch nicht. Aber ich war einfach Irrsinn wie excited. „Zwischen München und Brüssel! Speisewagen! Als ich ankam, war ich fertig."

Er sah mich an. Drehte sich weg, dann wieder zu mir. Hatte seltsame Movements, irgendwie eckig und nervös.

„Hat exakt genau die richtige Länge! In München fährt man los, fängt an. Wenn man in Brüssel ankommt, ist man fertig. Paßt! Ich hatte dort ein Seminar über UMTS."

„Bemerkenswert", sagte er.

(Bitte, ich erfinde das nicht! Habe seine Worte dann gleich im Zimmer aufnotiert. Weil, logischer Fall, hab sofort ans Forum gedacht.)

Ich: „Wie kommen Sie auf Ihre Ideen?"

Er drehte sich weg, sah auf den Kies-Boden, dann rauf zum Vordach, dann wieder zu mir. „In der Badewanne."

„Ey was. Stahlgut. Echt?"

„Versprochen."

„Kalte Sache. Ich schluck den Hund! Badewanne."

Dann schwiegen wir ein bißchen. Er rauchte, ich rauchte, und der Regen machte sein Regending.

Dann ich: „Und schreiben Sie grad was? Was macht Lara, was ist im Plan? Kann ich Du sagen?"

Er warf seine Zigarette weg. „Ich muß wieder rein."

„Was machst du denn hier? Of all places?"

„Vortrag."

„Ey?"

„Eine Bank gibt ein Seminar, und die haben mich über meinen Agenten engagiert. Ich dachte, warum nicht, ein paar Tage im Grünen. Aber es regnet immer." Sah mich an, als wär ich dran schuld, und noch mal: „Immer." Drehte sich um und zurück ins Haus.

Ich stand da, rauchte noch eine, chillte und versuchte zu überziehen, was grad abgegangen war. Mein Gott. Wow. Dann ging ich aufs Zimmer.

Ich gebs zu, ich war ziemlich durchgebraust und wackelmoodig. Kam viel zusammen: Der Streit mit Mutter und daß ich so blöd gewesen war, meine IP rauszugeben. Und die Angst wegen morgen: Okay, ein Profi wie ich kann eine Presentation schon machen, aber ich war neun Stunden dreißig nicht Internet gewesen und gar nicht mehr auf dem laufenden! Keinen Funken, was lordoftheflakes, icu_lop, ruebendaddy und pray4us auf meine Postings geantwortet hatten. Drehte mir den Magen um, wenn ich nur daran dachte. Ich glotzte bißchen auf den Fernsehscreen, aber da kam nur riesen Mist, und dann sah ich, daß ich keine Dusche hatte, nur Wanne, so schmal, daß man gar nicht reinkam. Also auch hygienemäßig würde heute nichts weitergehen.

Paar Minuten noch vor dem Laptop. Power Point, schwer zu bedienen. Tippte ein wenig, schob Fenster hin und her. Brachte es einfach nicht. Na würd schon laufen morgen. Also Bett und Licht aus und Kissenklammern. Traumolympiade, wie Mutter immer sagt.

Konnte aber nicht schlafen. Im Stockwerk unter mir sangen betrunkene Nerds. Immer wieder Trampeln auf dem Gang. Ist ja so bei den Kongressen, die Schreibtischtypen packen es nicht und schütten Alkohol wie die Tiefsee. Mir gingen komische Sachen durch den Kopf. heiliger Dreck: Im selben Haus wie Leo Richter, Erfinder von Lara Gaspard. Der Typ, der bestimmte, was sie sah und tat. Ihm die Hand schütteln, das war fast, als ob man ihre Hand – überzieht ihr, was ich meine?

Und da, in diesem Moment, in meinem dunklen Zimmer, hatte ich die eins a Stahlidee. Wenn einer so viel Internet unterwegs ist wie ich, dann weiß er, daß – wie soll ichs sagen? Also dann weiß er, daß Wirklichkeit nicht alles ist. Daß es Räume gibt, in die man nicht mit dem Körper geht. Nur in Gedanken und trotzdem da. Lara Gaspard treffen. *Das war possible!* Eben in einer Story.

Leo verwendete Dinge, die er sah? Typen, die er traf? Events, die passierten? Ja, mich konnte er verwenden. Nichts dagegen! In einer Story vorkommen – irgendwie auch nichts andres als in einen Chatroom gehen. Transformationen eben! Sich selbst übertragen in was andres. In einer Geschichte wäre ich ein andrer, aber auch ich selbst. In der gleichen Welt wie Lara.

Kapiert ihr? Ich verehre diesen Mann wie Irrsinn, und ich wollte in eine Geschichte rein. Er mußte mich kennenlernen. Ich mußte ihm auffallen! Entweder sein Buddy werden, oder ... Hauptsache, er bemerkte mich. Mein ganzes Drecks-Leben, der ständige Streit mit Mama, der üble Boss und das riesen Schwein Lobenmeier: Mir war, als gäbs Erlösung. Als ich einschlief, war ich glücklich wie lang nicht. Und wißt ihr, was noch? Ich fühlte mich leicht.

Aufgabe

1. Charakterisieren Sie die Figur des Ich-Erzählers. Nutzen Sie dazu auch Ihre Vorarbeiten von S. 36 f.

2. Deuten und bewerten Sie den Wunsch des Ich-Erzählers, Held in einer fiktiven Geschichte zu werden. Beziehen Sie dabei Ihre bisherigen Arbeitserkenntnisse zu den Begriffen real, virtuell und fiktiv ein.

3. „Daß es Räume gibt, in die man nicht mit dem Körper geht." – Ein solcher Raum stellt sowohl das Buch als auch das Netz dar. Vergleichen Sie die beiden „Räume" und diskutieren Sie über Gemeinsamkeiten und Unterschiede.

4. Stellen Sie in einem Informationstext den Unterschied zwischen Fiktionalität und Virtualität dar. Verdeutlichen Sie Ihre Ausführung am konkreten Beispiel, indem Sie erläutern, was es bedeutet, mit Lara in einer Story zu sein, und was, wenn Sie mit einer „echten" (d. h. physischen Person namens) Lara zum Beispiel im Internet chatten, ohne sich je getroffen zu haben.

5. Diskutieren Sie: Wäre der Text „Ein Beitrag zur Debatte" ein gutes Beispiel für Internetliteratur? Klären Sie im Rahmen Ihres Gesprächs auch, was Sie von spezieller Netzliteratur erwarten.

Tipp zur Weiterarbeit

1. Lesen Sie die Geschichte „Ein Beitrag zur Debatte". Ordnen Sie das Foto aus der Verfilmung in den Handlungszusammenhang. Verfassen Sie eine Analyse und Interpretation der Geschichte.

Szenenfoto aus der Verfilmung des Romans „Ruhm", 2012

Basistext

Jörg Schöning: Dann lieber untreu sein (2012)

Wie wild wechseln in der Verfilmung von Daniel Kehlmanns Roman „Ruhm" die Schauplätze und Schicksale. Der geballten deutschen Schauspielprominenz gelingt es aber nicht, die Figuren glaubhaft darzustellen. Und woran scheitern Senta Berger oder Heino Ferch? An der Vorlage.

Senta Berger in einer Inge-Meysel-Rolle – schon das verzeiht man dieser Daniel-Kehlmann-Verfilmung nicht. Sie erzählt von einer Handvoll Protagonisten, die man für die Projektionen eines in der Krise befindlichen Autors halten möchte. Das könnte die schwarzen Löcher, in denen die Figuren zwischendurch verschwinden, zwar nicht entschuldigen – aber immerhin erklären.

Aus neun Geschichten, die sich nicht recht zum Roman fügen, setzt sich „Ruhm" zusammen, Kehlmanns Buch, das 2009, vier Jahre nach dem Weltbestseller „Vermessung der Welt", erschien. Sieben Hauptpersonen daraus sind in den Film übernommen worden. Natürlich auch besagter Schriftsteller Leo Richter (Stefan Kurt), in dem man bei der Lektüre ein Selbstporträt des Autors Kehlmann erkennen mochte. Auf der Leinwand begegnet die Figur nun seinem Schöpfer – in Gestalt eines Laudators, den Daniel Kehlmann verkörpert und der sein eigenes Geschöpf nun mit eben jenen Kritikerworten preist, die einmal ihm selber galten.

Selbstironie? Eitelkeit? Ruhmsucht? Oder womöglich ein kalkulierter Cameo-Auftritt, der dem Spiel zwischen Fiktion und Wirklichkeit, bei dem in Kehlmanns Roman acht Personen einen Autor umkreisen, noch mal einen Twist und damit eine weitere Realitätsebene verleiht? Nein. Denn das Produkt kann nicht halten, was das Konstrukt verspricht.

Cameo-Auftritt = überraschendes, kurzes Auftreten einer bekannten Persönlichkeit in einem Film

Für die Brandrede, mit der Kehlmann vor drei Jahren in Salzburg gegen das Regietheater gewettert hat, erhält er jetzt im Kino die Quittung: Die Verfilmung von „Ruhm" ist so werkgetreu, wie Kehlmann es sich nur wünschen kann. Aber leider auch uninspiriert. TV-Regisseurin Isabel Kleefeld erzählt in ihrem Kinodebüt Episode um Episode routiniert vor sich hin, wobei ein telekommunikatives Worst-Case-Szenario den roten Faden des Films abgibt.

Alles wirkt wie ausgestellt

Ein bislang handyresistenter Elektroingenieur (Justus von Dohnányi) lässt sich widerstrebend zur Anschaffung eines Mobiltelefons überreden. Prompt wird dem im Alltag und der Ehe überforderten Weichei die Rufnummer des testosterongesteuerten Macho-Filmstars Ralf Tanner (Heino Ferch) zugewiesen. Für beide bedeutet dies genau jene lebensentscheidende Wende, wie sie der Schriftsteller Leo Richter für solch einen Fall auf dem Papier imaginieren möchte.

Bisher hat der gefeierte Autor mit großem Erfolg die Taten seiner Lebensgefährtin Elisabeth (Julia Koschitz), die sich als Medizinerin bei „Ärzte ohne Grenzen" engagiert, in Dichtung verwandelt. Und er hat mit der krebskranken Rentnerin Rosalie (Senta Berger) seine vornehmlich weiblichen Leser zu Tränen gerührt. Doch seine Schaffenskrise ist perfekt, als ihm beide Frauen von der Fahne gehen: die eine, indem sie die Koffer packt. Die andere, indem sie den vorgesehenen Suizid in der Zürcher Sterbeklinik plötzlich verweigert.

Einem Abstecher in ein postkommunistisches Land, wo eine Autorenkollegin (Gabriela Maria Schmeide) allerlei Unbill erleidet, und einem Seitensprung ihres bei einem Provider angestellten Ehemanns (Thorsten Merten) folgt schließlich die Antwort auf die Frage: Wer hat das Durcheinander der anfangs vertauschten Telefonnummern verursacht?

Gerade der Zwang, in diesem schicksalsmächtigen Puzzle immerfort Sinn herzustellen, lässt die Schauspieler aber stets ganz vorn an der Rampe agieren. Nichts ist nebenbei gesagt, alles wirkt wie ausgestellt. In dem Bemühen, fortwährend Bedeutung zu schaffen, treibt „Ruhm" seinen Protagonisten jede Wahrhaftigkeit aus.

Selbst der patente Mutterwitz, mit dem Senta Berger als robust ergraute Selbstmordkandidatin dem Tod buchstäblich von der Schippe hüpft, wendet sich gegen ihren Erfinder. Was auf dem Papier ein Federstrich ist, erscheint auf der Leinwand als die willkürliche Rücknahme eines ausschließlich zu pädagogischen Zwecken konstruierten Charakters.

So wie diese Figur wirkt „Ruhm" insgesamt: bloß zu Kopf gestiegen.

Aufgabe

1. Legen Sie eine Tabelle an und halten Sie stichwortartig fest, welche Sachinformationen Sie im Text über die Romanvorlage und die Verfilmung erhalten.

Roman „Ruhm"	***Film „Ruhm"***

2. Stellen Sie dar, wie Schöning die Verfilmung bewertet und mit welchen Begründungen.

3. Informieren Sie sich im Text „Literatur und Film" von Christian Horn, den Sie unter dem Online-Code abrufen können, über die Werktreue-Diskussion und beziehen Sie begründet Stellung zu dieser Diskussion.

!

Zusatztexte
- Christian Horn: *Literatur und Film*

9s394f

Tipp zur Weiterarbeit

1. Sehen Sie sich den Film „Ruhm" an und verfassen Sie selbst eine Rezension zu diesem Film.

Kompetenzen

Was Sie wissen müssen:

- Medienverhalten Jugendlicher
- Funktionen des Lesens und der Literatur
- Begriffe „Lesen" und „Fiktion"
- Aspekte der Geschichte des Lesens und seiner Bewertung
- Begriff „funktionaler Analphabetismus"
- Aufgabenfelder der empirischen Leseforschung
- Lesen in der Mediengesellschaft
- Literatur in den Neuen Medien (Tablets, E-Reader, Blog, …)
- Literaturverfilmungen und die Werktreue-Diskussion

Was Sie können müssen:

- Informationen recherchieren
- Bild- und Textaussagen vergleichen
- Diskontinuierliche Texte erfassen und auswerten
- Daten durch eine Umfrage erheben, auswerten und darstellen
- Texten Informationen entnehmen
- Textaussagen und -intentionen ermitteln
- Argumentationsgang und -aufbau beschreiben und erfassen
- Schlussfolgerungen aus einem Text ziehen
- Textaussagen und -intentionen kritisch bewerten (erörtern)
- Eigene Positionen beziehen und begründen
- Aussagen unterschiedlicher Texte vergleichen und aufeinander beziehen
- Fachsprachlich angemessen schreiben

Gut zu wissen: Merkwissen zum Nachschlagen

Der Begriff Lesen

Das Wort Lesen ist ein Lehnwort und leitet sich vom lat. *legere* „lesen", aber auch „auswählen" und „sammeln" ab. Im weiteren Sinne bedeutet „Lesen" allgemein die Deutung (Interpretation) von Zeichen jedweder Art, also auch von indexikalischen oder ikonischen Zeichen (in diesem Sinne ist etwa Rauch ein Zeichen für Feuer oder ein Bild ein Zeichen für einen Vorgang oder einen Gegenstand). In diesem weiteren Sinne der Wortbedeutung sprechen wir also etwa davon, „eine Karte zu lesen", „ein Gesicht zu lesen" oder „eine Fährte zu lesen".

Im engeren Sinne bedeutet „Lesen" die visuelle (im Falle der Blindenschrift auch taktile) Umsetzung von symbolischen Zeichen (d. h., dass die Zeichen keinen direkten Bezug zum bezeichneten Inhalt haben) in Informationen. Im Falle der Schrift werden also Schriftzeichen in lautsprachliche Einheiten übertragen. Gelesen werden in diesem Sinne können aber etwa auch Musiknoten (die Notenzeichen werden dann in Laute und Klänge übertragen) oder mathematische Formeln (die Übertragung von Zeichen in Rechenprozesse).

Geschichte des Lesens

Es ergibt sich hieraus, dass die **Geschichte des Lesens** (im engeren Sinne) eng verknüpft ist mit der Geschichte bzw. **Entwicklung der Schrift**, die vermutlich mit der Erfindung der Keilschrift im 4. Jahrtausend vor Christus in Mesopotamien begann. Die europäischen Schriften sind deutlich jünger. Vermutlich im 10. Jahrhundert vor Christus übernahmen die Griechen die phönizische Schrift und passten sie ihrem Sprachsystem an. Von der griechischen Schrift leitete sich die lateinische ab. Ursprünglich wurden dabei nur Großbuchstaben verwendet und die Zeichen ohne Wortgrenzen fortlaufend aufgeschrieben. Ende des 8. Jahrhunderts entsteht in Frankreich die sogenannte karolingische Minuskel, die erste Schrift mit Klein- und Großbuchstaben, aus der sich in der Renaissance schließlich die heutigen Kleinbuchstaben der lateinischen Schrift entwickelten. Damit verbunden war eine entsprechende Klarheit und Einfachheit des Schriftbildes.

Lesen bedeutete, so nimmt man an, ursprünglich zunächst immer „vorlesen" bzw. „laut lesen" des Lesekundigen für den Unkundigen bzw. kaum des Lesens Kundigen. Vermutlich war dieses Lesen meist in rituelle Kontexte (vergleichbar dem Lesen heute in Gottesdiensten oder bei notariellen Beurkundungen), seltener in das alltägliche Leben (z. B. Vorlesen bei der Arbeit) eingebunden. Das Lesen war so lange ein Privileg einer Bildungsschicht (zunächst von geistlichen und weltlichen Gelehrten, mehr und mehr dann auch von Hofbeamten und Kaufleuten), die sich erst durch die Erfindung des Buchdrucks allmählich erweiterte und sich seit der Aufklärung auf eine breite bürgerliche Schicht erstreckt. Vor allem seit der Einführung der allgemeinen Schulpflicht verschwand in Mitteleuropa seit dem 19. Jahrhundert das Analphabetentum fast völlig.

Lesefähigkeit/funktionaler Analphabetismus

Dass es in Mitteleuropa kaum mehr Analphabeten gibt, sagt noch wenig über die **Lesefähigkeit** der Menschen aus. Lesen als Prozess umfasst verschiedene Stufen – vom buchstabierenden Lesen (auch „lautieren", d. h. dem schrittweise Entziffern eines Wortes) bis zum sinnerfassenden Lesen längerer und gedanklich komplexer Texte. Das heißt, dass es zwischen Analphabeten im engeren Sinne und sogenannten „funktionalen Analphabeten" zu unterscheiden gilt. Nach einer Definition der UNESCO sind **funktionale Alphabeten** Personen, „die sich an all den zielgerichteten Aktivitäten ihrer Gruppe und Gemeinschaft, bei denen Lesen, Schreiben und Rechnen erforderlich sind, und ebenso an der weiteren Nutzung dieser Kulturtechniken für ihre eigene Entwicklung und die ihrer Gemeinschaft beteiligen" können. Umgekehrt bedeutet **funktionales Analphabetentum** die Unterschreitung der gesellschaftlichen Mindestanforderungen an die Beherrschung der Schriftsprache, deren Erfüllung Voraussetzung zur sozial streng kontrollierten Teilnahme an schriftlicher Kommunikation in allen Arbeits- und Lebensbereichen ist. Funktionales Analphabetentum kann dabei resultieren aus rudimentärer Alphabetisierung (= Illiterate; d. h., man hat nie „richtig" lesen gelernt) oder aus mangelnder Übung (= Aliterate, d. h., man ist Wenigleser und hat es insbesondere nie geschafft, sich längere Texte, z. B. ein Buch, gedanklich anzueignen). Nach einer Studie der Universität Hamburg waren in Deutschland im Jahr 2011 circa vier Prozent bzw. zwei Millionen der Erwachsenen totale sowie 14 Prozent bzw. sieben Millionen funktionale Analphabeten.

Bedeutung des Lesens heute

In der westlichen Welt gilt Lesen (mit dem Schreiben und dem Rechnen) als die zentrale Kulturtechnik, durch die man, wie es Peter Bichsel zwar überspitzt, aber durchaus richtig beschreibt, „zu besseren Erfolgschancen, zu einem besseren Lohn und einer schöneren Frau, zu einem größeren Haus und vielleicht einem Auto" kommt. Der Zusammenhang von Bildungs- bzw. Ausbildungsgrad und Einkommen ist signifikant (je höher die Schulbildung, desto besser der durchschnittliche Verdienst); eine höhere Bildung ist umgekehrt ohne eine gut entwickelte Lesekompetenz kaum zu erreichen.

Auch wenn keine genauen Zahlen vorliegen, sind durch die Neuen Medien und insbesondere das Internet die Zahl der Texte und damit die Bedeutung des Lesens noch einmal rasant gewachsen. Interessanterweise verdrängt dabei das Internet nicht klassische Schreib- bzw. Lesemedien. Im Jahr 2010 erwirtschaftete etwa der deutsche Buchhandel fast 10 Milliarden € Umsatz (+ 0,4 Prozent um Vorjahr) bei über 95 000 Neuerscheinungen (+ 2,9 Prozent um Vorjahr).

Die immer wieder geäußerten Befürchtungen, das Lesen verliere – vor allem bei der jüngeren Generation – zunehmend an Stellenwert, ist dabei unbegründet. **Jugendliche** greifen heute nicht seltener zum Buch als früher, lesen (und schreiben) dank des Internets insgesamt sogar mehr.

Die bloße Zahl der (gelesenen) Texte sagt dabei aber nichts über die Leseinhalte aus. Hierbei ist zu bedenken, dass insbesondere in der akademischen Welt das Lesen (von belletristischer Literatur) einen hohen Stellenwert einnimmt, weshalb es auch immer wieder zu Diskussionen um einen **Literatur-Kanon** kommt, der Frage also, was (und ggf. auch wie viel) man zum Beispiel als Abiturient (und damit als jemand, der nach herkömmlichen Verständnis höher gebildet ist) gelesen haben sollte.

Funktionen der Literatur

Die Kanon-Diskussion lässt sich nicht führen, ohne dass man (für sich) die Frage nach den **Funktionen von Literatur** beleuchtet. Bücher können für ihre Leser vieles sein, zum Beispiel spannend, heiter, lehrreich, subversiv (etwa wenn man verbotene Bücher liest). Auf jeden Fall wirken sie persönlichkeitsbildend und bewusstseinserweiternd, weil sie die Übernahme fremder Perspektiven ermöglichen und so die eigene Wahrnehmung schärfen und erweitern. Unabhängig davon stellen belletristische Werke aber auch ein Kulturgut dar, sodass das Lesen auch die Teilhabe (und die Fortschreibung) von kultureller Tradition und Wissen darstellt und damit innerhalb eines Kulturkreises auch identitätsstiftend ist, womit freilich die Frage was (und ggf. auch wie viel) man gelesen haben sollte, nicht beantwortet ist. Und auch kaum beantwortet werden kann, denn wer wollte sich anmaßen festzulegen, welche zehn oder zwanzig Werke dieses kulturelle Gedächtnis ausmachen bzw. unverzichtbar sind.

Im schulischen Zusammenhang stellen sich zwei weitere Fragen. Zunächst die (rhetorische) Frage nach dem Ort: Wo, wenn nicht in der Schule, sollen junge Menschen überhaupt noch Kontakt zu klassischen Werken der Literatur bekommen? Dann die (ebenfalls rhetorische) nach dem Zweck: Ist es nicht zuallererst die Aufgabe der Schule, junge Menschen zum Lesen überhaupt anzuregen und ihre Lesefähigkeit zu schulen? Auch wenn sich vielleicht in einigen Fällen beides erreichen lässt (man macht die Jugendlichen z. B. mit dem „Faust" bekannt und weckt dadurch ihre Lust am Lesen), so dürfte sich die Zahl der jungen Menschen, die z. B. durch „Iphigenie auf Tauris" zu begeisterten Lesern wurden, in eher engen Grenzen halten.

Bedacht werden sollte im Zusammenhang, dass eine identitätsstiftende Funktion dem Buch kaum alleine zukommt, vielmehr meist den literarisch verarbeiteten Stoffen an sich, die freilich über andere Medien (etwa als Theateraufführung oder Literaturverfilmung) auch vermittelbar sind, wobei es vor allem bei **Literaturverfilmungen** nicht so sehr um die Frage gehen kann, wie gerecht der Film dem literarischen Werk wird; vielmehr folgt die Übersetzung des Stoffes in ein anderes Medium eigenen Gesetzen, die es zu erarbeiten gilt.

Schreibtraining:
Adressatenbezogenes Schreiben

Zusatztexte
· Schreibtraining: *Erörterung pragmatischer Texte*
c32rs4

Aufgabenstellungen zum adressatenbezogenen Schreiben sind in der Regel zweigeteilt: Der erste Aufgabenteil ist analytisch und verlangt die Wiedergabe wesentlicher Inhalte eines Ausgangstextes (Anforderungsbereich II/III); der zweite Aufgabenteil verlangt eine eigene Textproduktion, in der inhaltlich auf den Ausgangstext zurückgegriffen werden soll (Anforderungsbereich III). Das adressatenbezogene Argumentieren lässt sich in die folgenden sechs Arbeitsschritte unterteilen.
(Ein Schreibtraining „Erörterung pragmatischer Texte", einer Aufsatzform, die häufig beim Abitur gefordert wird, können Sie sich unter dem angegebenen Online-Code herunterladen.)

Arbeitsschritte:

1. Erstes Überfliegen des Textes – Aufgabenstellung erfassen
- Auffälliges, Interessantes, Widersprüchliches, Kontroverses notieren
- Aufgabenstellung in ihren Teilaspekten erfassen
- Zentrale Textaussagen markieren
- Vorläufige Verstehenshypothese formulieren

↓

2. Text aspektorientiert untersuchen
- Text erneut gründlich lesen
- Argumentationsaufbau und Argumentationsweise untersuchen
- Leserlenkung berücksichtigen
- Position des Autors bestimmen
- Sprachliche Gestaltung des Textes und ihre Wirkung untersuchen
- Zusammenhang von Argumentation, Intention des Autors, Textform und sprachlicher Gestaltung charakterisieren
- Deutungsthese des Textes formulieren

↓

3. Eigenständige Position entwickeln/Gestaltungsideen überlegen
- Eigenes Vorwissen/eigene Kenntnisse zum behandelten Sachverhalt zusammentragen
- Argumente und Positionen des Autors vor diesem Hintergrund kritisch prüfen und bewerten
- Eigene Position ausformulieren, mit Argumenten stützen und durch Beispiele belegen
- Charakteristika der geforderten Schreibform (z. B. Kommentar, Leserbrief, Glosse, Essay) zusammenstellen
- Gestaltungsideen einbringen (Schreibhaltung, Leseransprache, Sprache und Stil)

↓

4. Gliederung erstellen
- Gliederung entsprechend der gewünschten adressatenbezogenen Textsorte (z. B. Kommentar, Leserbrief, Essay, …) erstellen – Einteilung grundsätzlich in Einleitung, Hauptteil (mit der Entfaltung der eigenen Position) und Schluss

↓

5. Klausur schreiben
- Merkmale der Textsorte berücksichtigen
- Eigene Position überzeugend begründen
- Auf logischen Gedankengang achten
- Passende und korrekt zitierte Textbelege einfügen
- Auf angemessene Sprachform (Rechtschreibung, Stil), korrekte Verwendung von Fachbegriffen achten

↓

6. Klausur überarbeiten
- Klausur anhand der Kriterien aus Schritt 5 überprüfen und verbessern

Aufgabenstellung

1. Analysieren Sie, wie der Autor Christoph Koch seine Position im Artikel „Alle Freunde auf einen Klick“ (vgl. S. 48 ff.) argumentativ entwickelt. Berücksichtigen Sie dabei auch ausgewählte sprachliche Mittel.

2. Schreiben Sie einen Kommentar für eine Tageszeitung, in dem Sie sich ausgehend von Christoph Kochs Position mit Freundschaftskonzepten im Zeitalter der allgemeinen Beliebtheit von Online-Netzwerken auseinandersetzen.

Ihr Kommentar sollte etwa 800 Wörter umfassen. Wählen Sie eine geeignete Überschrift. Der Schwerpunkt der Gesamtaufgabe liegt auf der zweiten Teilaufgabe.

1. Erstes Überfliegen des Textes – Aufgabenstellung erfassen → 2. Text aspektorientiert untersuchen → 3. Eigenständige Position entwickeln/Gestaltungsideen überlegen → 4. Gliederung erstellen → 5. Klausur schreiben → 6. Klausur überarbeiten

1a. Lesen Sie den Text „Alle Freunde auf einen Klick“ und halten Sie Ihre ersten Eindrücke stichwortartig fest.

1b. Formulieren Sie die Position von Christoph Koch zur Frage, wie Online-Netzwerke mit Blick auf Freundschaftspflege zu bewerten sind.

1. Erstes Überfliegen des Textes – Aufgabenstellung erfassen → **2. Text aspektorientiert untersuchen** → 3. Eigenständige Position entwickeln/Gestaltungsideen überlegen → 4. Gliederung erstellen → 5. Klausur schreiben → 6. Klausur überarbeiten

Inhalt und Gestaltung von Sachtexten (pragmatischen Texten) sind von der Intention des Autors bestimmt, z. B. zu unterhalten, zu informieren, überzeugen, … Entsprechend wird die Aufmerksamkeit des Lesers durch den inhaltlichen Aufbau, Schwerpunktsetzungen, sprachliche Mittel usw. gelenkt. Neben der Ermittlung von zentralen Textaussagen ist es deshalb bei der Analyse von Sachtexten hilfreich, die wesentlichen Gestaltungsmerkmale zu ermitteln und in Bezug zu den Textaussagen und der Intention des Autors zu setzen.

Infobox: Sachtexte untersuchen

Textimmanente Aspekte zum Erschließen von Sachtexten
- *Textaufbau, Entfaltung des Themas:* Die induktive Form geht von konkreten Beispielen aus. Aus deren Analyse wird entweder eine allgemeine These entwickelt oder der Leser muss aus diesen Beispielen eigene Schlussfolgerungen ziehen. Die deduktive Form geht von einer allgemeinen These aus, Beispiele dienen der Bestätigung bzw. Veranschaulichung.
- *Argumentationsaufbau:* steigende (lineare) Argumentation, Pro-Kontra-Argumentation, dialektische Argumentation
- *Argumentationsweise:* sachlich, wertend, appellativ, mit Bezug auf Gegenpositionen, ...; rhetorische Taktiken wie Provokation, Übertreibung, Aufstellung von Scheinalternativen, ...
- *Sprachliche Gestaltung/Stil:* rhetorische Figuren, Verwendung von Fachsprache, Satzbau, Adressatenbezug, Gliederungssignale, ...
- *Textsorte:* Essay, wissenschaftlicher Aufsatz, Glosse, Reportage, ...

Textüberschreitende Analyseaspekte
- Zeitkontext: politisch-soziale und geistesgeschichtliche Situation
- Mediale Verbreitung (Zeitungsartikel, öffentliche Rede, Fernsehkommentar), Publikationsform (Tageszeitung, Wochenzeitung, Fachzeitschrift)
- Biografie und Werk des Autors
- Perspektive des Lesers: Interessen, Vorkenntnisse, ..., aktuelle Bezüge bzw. Relevanz

2a. Stellen Sie die inhaltliche und argumentative Entfaltung im Text tabellarisch dar. Fassen Sie dazu jeden Abschnitt stichwortartig zusammen und halten Sie jeweils zentrale Aussagen und ihre Begründung fest. Unterscheiden Sie hierbei zwischen den verschiedenen Begriffen von „Freundschaft". Arbeiten Sie auf einem gesonderten Blatt.

Abschnitt	*Zusammenfassung/Freundschaftsbegriff*	*zentrale Aussagen*	*Begründung*
Z. 1–			
...			

2b. Charakterisieren Sie die Sprache im Text. Belegen Sie Einschätzungen durch Beispiele aus dem Text.

Sprachliche Gestaltungsweise	*Beispiel(e)*

2c. Prüfen Sie die Argumentation kritisch. Beziehen Sie in Ihre Überprüfung die Besonderheiten der Sprachverwendung mit ein. Halten Sie anschließend Kritikpunkte an der Argumentation stichwortartig fest.

1. Erstes Überfliegen des Textes – Aufgabenstellung erfassen → **2.** Text aspektorientiert untersuchen → **3. Eigenständige Position entwickeln/Gestaltungsideen überlegen** → **4.** Gliederung erstellen → **5.** Klausur schreiben → **6.** Klausur überarbeiten

Infobox: Eigenständige Position zum Text entwickeln

Um einen eigenen Standpunkt zur Streitfrage zu gewinnen, können Sie die Argumentation des Ausgangstextes hinterfragen:
- Ist die Argumentation in sich stimmig?
- Beruhen die Argumente auf Voraussetzungen, die gut begründet und unumstritten sind? Oder sind die Voraussetzungen strittig oder zweifelhaft?
- Welche Konsequenzen ergeben sich aus der Argumentation? Sind auch diese Konsequenzen gewünscht bzw. werden sie von Ihnen akzeptiert?
- Welche Gegenpositionen lassen sich grundsätzlich vertreten? Auf welchen Voraussetzungen beruhen diese Positionen, welche Konsequenzen haben sie?

3a. Halten Sie schriftlich fest, wie Sie den Begriff „Freundschaft" verstehen. Unterscheiden Sie dabei zwischen verschiedenen Arten von Freundschaft.

3b. Formulieren Sie Ihre eigene Position zur Frage, wie Online-Netzwerke mit Blick auf Freundschaftspflege zu bewerten sind, und sammeln Sie Argumente für Ihre Auffassung. Gewichten Sie anschließend Ihre Argumente und prüfen Sie, ob und wie sie sich durch (provokante) Beispiele stützen lassen.

Eigene Position:

Argumente:

Beispiele:

3c. In der Aufgabenstellung wird von Ihnen das Schreiben eines Kommentars gefordert. Überlegen Sie sich Merkmale und Ziele eines Kommentars. Machen Sie sich Notizen.

Infobox: Wichtige journalistische Textsorten beim adressatenbezogenen Argumentieren

Kommentar: Ein Kommentar ist ein Text, in dem man zu einer Nachricht oder einem Ereignis Stellung bezieht. Dabei werden nicht nur die Hintergründe und, wenn nötig, die übergeordneten Zusammenhänge beleuchtet, sondern auch unterschiedliche Auffassungen - argumentativ gestützt - abgewogen, wobei man zu einem eigenen (subjektiven) Standpunkt gelangt. Ziel eines Kommentars ist es, die Leser dazu anzuregen, sich eine eigene Meinung zu einem Thema zu bilden oder auch für den eigenen Standpunkt zu werben.

Glosse: Die Glosse ist eine Form der schriftlichen Stellungnahme, bei der oft in ironischer und/oder satirischer Weise eine Meinung pointiert dargelegt wird. Glossen sind nur bedingt argumentativ, sondern leben vielmehr von der Verknüpfung scheinbar nicht zusammengehöriger Ereignisse, Fakten und Informationen. Originelle Beispiele, witzige Vergleiche und ungewöhnliche Bezüge zu finden, ist hier besonders wichtig.

Essay: Im Essay (franz. *essai* „Versuch, Probe") wird meist ein kulturelles, gesellschaftliches oder wissenschaftliches Problem aus subjektiver Sicht argumentativ beleuchtet. Der Schreiber verzichtet bewusst auf wissenschaftliche Systematik und Vollständigkeit, d. h., das Thema wird locker, ausschnitthaft und teils assoziativ umkreist. Sprachlich sind Essays in der Regel anspruchsvoll und pointiert.

3d. Entscheiden Sie sich für eine Schreibhaltung, d.h. prüfen Sie, ob und wo Sie auf sprachliche Gestaltungsmittel (rhetorische Fragen, Ausrufe, unvollständige Sätze, Steigerungen usw.) zurückgreifen wollen.

3e. Benennen Sie sprachliche Mittel, mit denen Sie den für einen Kommentar geforderten Adressatenbezug herstellen können: Wie können Sie die Leser dazu anzuregen, sich eine eigene Meinung zu einem Thema zu bilden?

3f. Sammeln Sie Ideen für einen motivierenden Einstieg in den Text und einen prägnanten Schluss.

1. Erstes Überfliegen des Textes – Aufgabenstellung erfassen	→	2. Text aspektorientiert untersuchen	→	3. Eigenständige Position entwickeln/Gestaltungsideen überlegen	→	**4. Gliederung erstellen**	→	5. Klausur schreiben	→	6. Klausur überarbeiten

Mithilfe der Gliederung werden die Untersuchungsergebnisse geordnet. Am besten entwerfen Sie Ihre Gliederung vom Ende her, indem Sie zunächst festhalten, worauf Sie hinauswollen. Überlegen Sie im nächsten Schritt, welche zentralen Argumente zu diesem Ergebnis führen und wie sie sich belegen lassen. Entwerfen Sie anschließend Ihren Einstieg. Beachten Sie, dass Sie einen Bezug zum Text von Christoph Koch herstellen und auf ihn verweisen müssen.

Infobox: Hinweise zur Gliederung

- Durch den Text muss sich ein „roter Faden" ziehen. Das heißt, dass ein Bezug zwischen Textanfang und -ende bestehen sollte und die Abfolge der einzelnen Textteile in sich logisch sein muss.
- Der Leser muss zu Beginn des Text „abgeholt" und wieder aus dem Text entlassen werden. Gerade bei einer journalistischen Textform wie dem Kommentar ist es wichtig, gleich zu Anfang die Aufmerksamkeit des Lesers zu wecken.
- Ihre Meinung muss deutlich werden und nachvollziehbar begründet und belegt sein.

4a. Erstellen Sie eine Gliederung für Ihren Kommentar. Bemühen Sie sich um eine griffige Titelformulierung.

1. Erstes Überfliegen des Textes – Aufgabenstellung erfassen →	**2.** Text aspektorientiert untersuchen →	**3.** Eigenständige Position entwickeln/Gestaltungsideen überlegen →	**4.** Gliederung erstellen →	**5. Klausur schreiben** →	**6.** Klausur überarbeiten

Infobox: Einen argumentativen Text schreiben

Beachten Sie beim Schreiben argumentierender Texte folgende Hinweise:
- Grenzen Sie die Sinnabschnitte Ihrer Arbeit deutlich voneinander ab.
- Gestalten Sie die Textübergänge sprachlich abwechslungsreich. Verwenden Sie dabei Pronomina und Pronominaladverbien (Pronominaladverbien werden mit den Adverbien „da", hier" und „wo" und einer Präposition gebildet: darin, darauf, dadurch, dafür, dagegen, dabei, darum ...; hieran, hierdurch, hierzu ...; woran, woraus, womit, worüber ...).
- Verwenden Sie für Ihre Erklärungen und Begründungen nicht immer die Konjunktion „weil", sondern variieren Sie die sprachlichen Mittel der Kausalität (Kausalpräpositionen: aufgrund, infolge, wegen, durch, ... - Kausaladverbien: folglich, also, deshalb, ...).

5a. Verfassen Sie Ihren Kommentar. Achten Sie auf korrekte Zitate.

1. Erstes Überfliegen des Textes – Aufgabenstellung erfassen →	**2.** Text aspektorientiert untersuchen →	**3.** Eigenständige Position entwickeln/Gestaltungsideen überlegen →	**4.** Gliederung erstellen →	**5.** Klausur schreiben →	**6. Klausur überarbeiten**

6a. Nehmen Sie sich nach dem Schreiben ausreichend Zeit für eine gründliche Überarbeitung der Klausur. Lesen Sie Ihren Aufsatz mehrmals unter den folgenden Gesichtspunkten durch.

Infobox: Kommentar überarbeiten

Überprüfung des Inhalts
- Entspricht der Inhalt den Anforderungen der Aufgabenstellung?
- Ist der Text sachlich korrekt (Überprüfung der genannten Autoren, Jahreszahlen usw.)?

Überprüfung der Textsorte
- Wird der eigene Standpunkt deutlich und ist er nachvollziehbar und anschaulich begründet?
- Wird der eigenen Standpunkt mit anderen Positionen verglichen und, wenn nötig, in einen übergeordneten Zusammenhang gebracht?
- Werden genügend Mittel der Leserlenkung eingesetzt (z. B. rhetorische Fragen, anschauliche bzw. alltagsnahe Beispiele, direkte Leseransprachen, Appelle, ...)?
- Ist die sprachliche Gestaltung abwechslungsreich durch den Einsatz rhetorischer Mittel (z. B. Antithesen, Steigerungen, Bildern und Vergleichen)?
- Wurde eine griffige Überschrift formuliert?

Überprüfung der Stringenz (Folgerichtigkeit)
- Ist der Aufbau stimmig? Wird er eingehalten?
- Ist der Text aus sich heraus verständlich?
- Sind die verschiedenen Aspekte sinnvoll miteinander verknüpft?
- Gibt es einen roten Faden?

Überprüfung der Sprache bzw. der äußeren Form
- Ist die Wortwahl präzise?
- Ist der Klausurtext abwechslungsreich formuliert und wurden nicht notwendige Wiederholungen sowie Floskeln, Leerformeln usw. vermieden?
- Ist der Satzbau grammatisch korrekt und sind die grammatischen Bezüge eindeutig?
- Ist der Klausurtext frei von Rechtschreib- und Zeichensetzungsfehlern?

6b. Überarbeiten Sie nun gegebenenfalls Ihren Kommentar.

Textquellen:

S. 7: Beispiel 3, aus: Gerhart Hauptmann, Die Ratten, Stuttgart/Leipzig 2007: Ernst Klett Verlag, S. 42
Beispiel 4, aus: Sven Regener, Herr Lehmann, Frankfurt a. M.: Eichborn Verlag 2001, S. 11
Beispiel 5, aus Ewald Harndt, Französisch im Berliner Jargon, Berlin: Jaron Verlag 2005
Beispiel 9, aus: Norbert Dittmar/Ursula Bredel, Die Sprachmauer. Die Verarbeitung der Wende und ihre Folgen in Gesprächen mit Ost- und WestberlinerInnen, Berlin: Weidler 1999, S. 9 f.
S. 9: Mario Wandruszka: Mehrsprachig in der Muttersprache, aus: Mario Wandruszka, Die Mehrsprachigkeit des Menschen, München: Piper Verlag 1979, S. 23
S. 10: Heiko Meixner: Krass history, aus: Stefan und Erkan, Krassbuch: München: Droemersche Verlagsanstalt Th. Knaur Nachfolger 2001, S. 11
S. 11 f.: Interview mit Heike Wiese: „Ich bin Alexanderplatz", aus: Süddeutsche Zeitung vom 8. Februar 2012. (Das Interview führte Marc Felix Serrao.)
S. 12: Lexikonartikel: „Dialekt", aus: Metzler Lexikon Sprache, hrsg. von Helmut Glück, Stuttgart/Weimar: Metzler 2000, S. 150
S. 13 f.: Helmut Glück: Sachtemang mit dit Kiezdeutsche, unter: http://www.vds-ev.de/sn-mobil/54/S6A1_sachtemang.html (eingesehen am 10.07.12). (Eine Kurzfassung des Textes erschien am 04.04.2012 in der Frankfurter Allgemeinen Zeitung.)
S. 16: Wörterbuch der Szenensprachen, aus: Peter Wippermann/ Dirk Bathen, Das neue Wörterbuch der Szenesprachen, hrsg. von Trendbüro © Bibliographisches Institut AG 2009, Mannheim
S. 17.: Alex Rühle: Affengeil hat ausgefetzt, aus: Süddeutsche Zeitung vom 21./22. August 2004, unter: http://www.sueddeutsche.de/ panorama/26/374835/text/
S. 18: Beispiel 1, aus: Uwe Tellkamp, Der Turm, Frankfurt a. M.: Suhrkamp Verlag 2008, S. 9
Beispiel 3, aus: Süddeutsche Zeitung vom 13. November 2008
Beispiel 4, Yasmin Koppen: Forumbeitrag „Ist unsere Alltagssprache heute ärmer als früher?" v. 27.07.2008. Unter: http://www.comicforum.de/showthread.php?96861-Ist-unsere-Alltagssprache-heute-%E4rmer-als-fr%FCher/p (Stand 12. 12. 12)
S. 20: Peter Braun: Das theoretische Modell der inneren Mehrsprachigkeit, aus: Peter Braun, Tendenzen in der deutschen Gegenwartssprache. Sprachvarietäten, Stuttgart et. al.: Kohlhammer Verlag 1998, S. 11–14
S. 20: Grafik von Helmut Henne, aus: Helmut Henne, Jugend und ihre Sprache. Darstellung, Materialien, Kritik, Berlin/New York: de Gruyter 1986, S. 220 (2. unveränd. Aufl. Hildesheim: Georg Olms 2009)
S. 21: Heinrich Löffler: Die Varietäten des Deutschen, aus: Heinrich Löffler, Germanistische Soziolinguistik, Berlin: Erich Schmidt Verlag 1994, 3. Auflage 2005, S. 79 f.
S. 24: André Meinunger: Nun doch etwas zu Anglizismen, aus: André Meinunger, Sick of Sick? Ein Streifzug durch die Sprache als Antwort auf den „Zwiebelfisch", Berlin: Kulturverlag Kadmos 2008, S. 146 f. u. 150–152
S. 24: Wikipedia – Artikel An•gli•zi s•mus, aus: Wikipedia, TheFreeDictionary.com Deutsches Wörterbuch © 2009 Farlex, Inc. and partners
S. 26 f.: Wolf Schneider: Volkes Maul ist nicht genug, aus: Wolf Schneider, Deutsch für Profis. Wege zu einem guten Stil, München: Goldmann 1986, S. 197–201
S. 27 f.: Dieter E. Zimmer: Migrationshintergrund, aus: Dieter E. Zimmer, Die Wortlupe. Beobachtungen am Deutsch der Gegenwart, Hamburg: Hoffmann und Campe 2006, S. 134–138
S. 28: Uwe Pörksen: Die Sprache einer internationalen Diktatur, aus: Uwe Pörksen, Plastikwörter. Die Sprache einer internationalen Diktatur, Stuttgart: Klett-Cotta 1988, S. 14 und S. 78 ff.
S. 30 ff.: Tobias Hürter: Welches Deutsch sprechen wir in 50 Jahren? aus: Peter Moosleitners Magazin (PM) 10/2008, S. 72 ff.
S. 33: SMS-Texte, unter: http://www.ids-mannheim.de/prag/ sprachvariation/tp/tp7/SMS-Kommunikation.pdf
S. 34: Dieter E. Zimmer: Internet-Postings, aus: Dieter E. Zimmer, Sprache in Zeiten ihrer Unverbesserlichkeit, Hamburg: Hoffmann und Campe 2005, S. 59–82
S. 35: Peter Schlobinski: SMS-Texte – Alarmsignale für die Standardsprache, unter: http://www.mediensprache.net/de/essays/2/ (23.11.2005)
S. 36 f.: Daniel Kehlmann: Ein Beitrag zur Debatte, aus: Daniel Kehlmann, Ruhm. Ein Roman in neun Geschichten, Hamburg: Rowohlt 2009, S. 133–137
S. 40: Johannes Boie: Das schwarze Wort, aus: Süddeutsche Zeitung vom 14./15. Dezember 2013 (Nr. 289)
S. 42: Tabelle: Aktivitäten im Internet – Schwerpunkt Kommunikation, zitiert nach: http://www.mpfs.de/index.php?id=620 (eingesehen am 24.02.2014)
S. 42 ff.: Urs Gasser: Surfen macht schlau, unter: http://www.faz.net/ aktuell/technik-motor/computer-internet/jugend-und-das-internet-surfen-macht-schlau-1758040.html (eingesehen am 13.07.12)
S. 46: Tabelle: Mehrheit nennt vollen Namen, zitiert nach: http://www.bitkom.org/de/presse/74534_72558.aspx (eingesehen am 30.09.2013)
S. 46 f.: C. Theile/B. Warmbrunn: Generation öffentlich, aus: Süddeutsche Zeitung vom 01. August 2013 (Nr. 176)
S. 48 ff.: Christoph Koch: Alle Freunde auf einen Klick, zitiert nach: Zeit online vom 9. August 2010, unter http://www.zeit.de/digital/ internet/2010-08/soziale-netzwerke-freunde
S. 51: Peter Kruse: Wie die Neuen Medien die gesellschaftliche Wirklichkeit verändern, unter: http://www.stifterverband.info/ meinung_und_debatte/2011/kruse_neue_medien_gesellschaft/ (eingesehen am 11.10.2013)
S. 52 f.: Harald Martenstein: Im Sog der Masse, aus: Die Zeit vom 10. November 2011 (Nr. 46)
S. 54: Zur Geschichte der Medien (chronologische Übersicht), aus: Heinz Moser, Einführung in die Medienpädagogik, Opladen: VS Verlag für Sozialwissenschaften 2000, S. 43
S. 55: Bertolt Brecht: Der Rundfunk als Kommunikationsapparat. Rede über die Funktion des Rundfunks, aus: Bertolt Brecht, Gesammelte Werke in zwanzig Bänden, Frankfurt a. M.: Suhrkamp Verlag 1966, Band 18, Schriften zur Literatur und Kunst, S. 127 f.
S. 56 f.: Hans-Dieter Kübler: Medien- und Massenkommunikation. Begriffe und Modelle (2003), unter: http://www.mediaculture-online.de/fileadmin/bibliothek/kuebler_begriffe/kuebler_begriffe.pdf (eingesehen am 07.07.12)
S. 58: Hans Magnus Enzensberger: Altes Medium, aus: Hans Magnus Enzensberger: Kiosk, Frankfurt a. M.; Suhrkamp Verlag 1995
S. 58 ff.: Wolfgang Frühwald: Medienwandel – Über die Zukunft des Buches im Zeitalter des Internet. Copyright Professor Dr. Wolfgang Frühwald 2011, unter: http://www.nibis.de/nli1/gohrgs/13_ zentralabitur/zentralabitur_2015/Fruehwald2011.pdf
S. 61 ff.: Gerhard Lauer: Am Ende das Buch – Lesen im digitalen Zeitalter. Copyright Gerhard Lauer, Göttingen 2012, unter: http:// gerhardlauer.de/files/5113/5531/0600/Lauer_Am_Ende_das_Buch.pdf
S. 64 f.: Manfred Spitzer: „Kinder lernen besser ohne Computer", unter: http://www.tagesspiegel.de/zeitung/hirnforscher-manfred-spitzer-kinder-lernen-besser-ohne-computer/965756.html (eingesehen am 09.07.12)
S. 67 f.: Gerhard Lauer: Computerspielen macht nicht notwendig dumm, aus: Gerhard Lauer: Am Ende das Buch – Lesen im digitalen Zeitalter. Copyright Gerhard Lauer, Göttingen 2012, unter: http:// gerhardlauer.de/files/5113/5531/0600/Lauer_Am_Ende_das_Buch.pdf
S. 68 f.: Kathrin Passig: Standardsituationen der Technologiekritik, aus: Merkur, Zeitschrift für europäisches Denken, Heft 727, Dezember 2009
S. 69 f.: Kathrin Passig: Missmut über das Neue, aus: Kathrin Passig, Standardsituationen der Technologiekritik aus: Merkur, Zeitschrift für europäisches Denken, Heft 727, Dezember 2009
S. 75 f.: Laura Wieland: Jugend ohne Buch (2008), unter: http://www.tagesspiegel.de/wissen/studie-jugend-ohne-buch/ 1388252.html (eingesehen am 20.07.2012)
S. 77: Josef Rödl: Die Apachen hinter den Scheunen, aus: Süddeutsche Zeitung vom 7. September 2012
S. 78: Johanna Spyri: Heidi, unter: http://gutenberg.spiegel.de/buch/ 5611/11 (eingesehen am 17.07.2012)
S. 79: Tabelle: Bücher lesen 2011, aus: mpfs/JIM-Studie 2011, unter: http://www.mpfs.de/?id=243 (eingesehen am 16.07.2012)
Tabelle: Wichtigkeit der Medien, aus: mpfs/JIM-Studie 2011, unter: http://www.mpfs.de/?id=240 (eingesehen am 16.07.2012)
S. 80: Peter Bichsel: Das Lesen, aus: Peter Bichsel, Der Leser. Das Erzählen. Frankfurter Poetikvorlesungen, Frankfurt a. M.: Suhrkamp 1997, S. 40